橘木俊詔『“フランスかぶれ”ニッポン』訂正表

本書において、下記の誤記がございましたので訂正させていただきます。読者、関係者の皆様に深くお詫び申し上げます。

藤原書店編集部

110頁本文6行	（誤）エミール・　→（正）エミール・ガレ（以下ツメ）
114頁本文13行	（誤）一九一二（明治四十五・大正元） →（正）一九一三（大正二）
116頁本文6行	（誤）画風に魅力を感じたが、彼自身がこの画風で仕事をしたという形跡はない。 →（正）画風に魅力を感じていた。
119頁本文7行	（誤）日本画万能の時代 →（正）日本画がまだやや優勢な時代
119頁本文14行	（誤）ブームになっていたので →（正）ブームになりつつあったので
120頁本文15-16行	（誤）一九四〇　→（正）一九四九
318頁参考文献追加	東京国立博物館、東京文化財研究所他編（二〇一六）『生誕150年 黒田清輝――日本近代絵画の巨匠』美術出版社

“フランスかぶれ”ニッポン

橘木 俊詔

藤原書店

セザンヌ『サント・ヴィクトワール山』（1887年頃、コートールド・ギャラリー）

セザンヌは自分の住むエックス・アン・プロヴァンスからこの山を描き続けた。郷土が誇る山である。

バルザック（1799–1850 年）

『人間喜劇』など多数の作品で知られる。『ペール・ゴリオ』は経済学でも用いられた。

ポール・セザンヌ（1839–1906 年）

印象派画家の一人。筆者も彼のいたエックス・アン・プロヴァンスに滞在し、アトリエを訪れた。

ミュシャ『四季』の『春』
（装飾パネル連作、1896 年）

チェコ育ちで、フランスにおけるアール・ヌーヴォー美術運動の中心画家。

カトリーヌ・ドヌーブ（1943 年 –）

一世を風靡した女優。『シェルブールの雨傘』など。

岸恵子（1932 年 –）

1950 年代のテレビドラマ『君の名は』で知られる女優で、フランス滞在中に文筆にも努めた。

辰野隆（1888–1964 年）

東大仏文教授として多くの弟子・作家を育てた。

木下杢太郎（1885–1945 年）

詩人・作家と医学教授を見事にこなした達人。

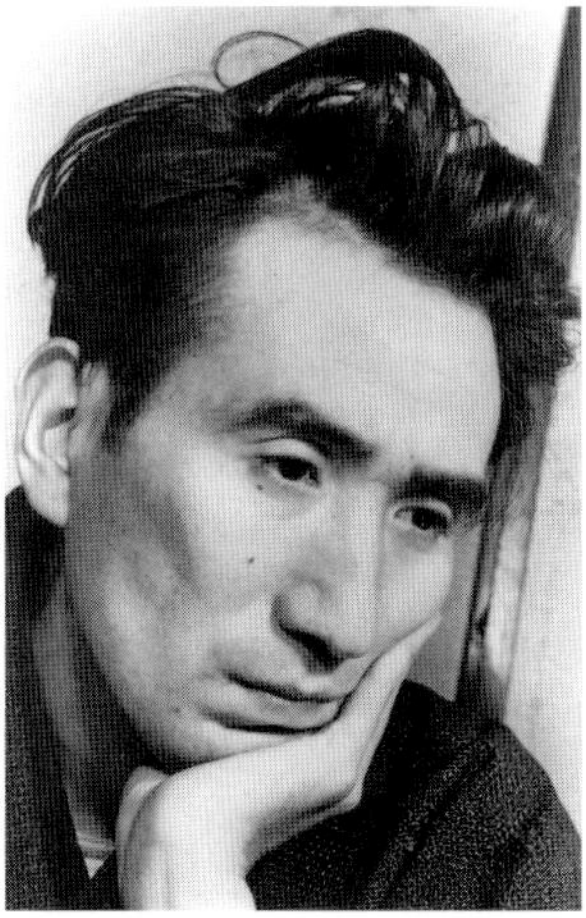

太宰治（1909–48 年）

『斜陽』などで知られる無頼派の東大仏文中退の作家。

加藤周一（1919–2008 年）

医者から文芸評論に転向した知的巨人。筆者も自伝『羊の歌』に感銘。

トマ・ピケティ（1971年–）
『21世紀の資本』で資本主義における格差の拡大を証明。

ブレーズ・パスカル（1623–62年）
哲学者・数学者であり、『パンセ』で知られる。「パスカルの定理」を主張した。

ガブリエル・フォーレ
（1845–1924年）
フランスを代表する作曲家の一人で、室内楽の大家。『レクイエム』は三大レクイエムの一つ。

アドルフ・アダン（1803–56年）
バレエを音楽舞踊芸術として確立した『ジゼル』が有名。

藤田嗣治（1886–1968 年）

日本人の画家の中でももっとも有名な人であり、乳白色の裸婦像で知られる。

薩摩治郎八（1901–76 年）

大富豪として育ち、パリで豪遊するも「パリ学術都市の日本館」を建立。

永井荷風（1879–1959 年）

『あめりか物語』でアメリカの非文化国家を嘆き、『ふらんす物語』でフランス文化を賛美した。

西園寺公望（1849–1940 年）

公家出身の政治家で首相・元老の職にあった。若い時にフランス留学。

ガブリエル（ココ）・シャネル
（1883–1971 年）

貧困から富豪経営者になったファッション界の大物。

オーギュスト・エスコフィエ
（1846–1935 年）

フランス料理を普及させるのに貢献し、「フランス料理の父」とも称される。

レオン・ワルラス（1834–1910 年）

『一般均衡理論』というミクロ経済学の大成者。

ル・コルビュジエ（1887–1965 年）

スイス生まれでフランスで活躍した建築家で、鉄筋コンクリートの利用による建築で知られる。

島崎藤村（1872–1943 年）
『夜明け前』『破戒』などで知られる作家。フランスに行ったのは逃避行が理由。

大江健三郎（1935 年 –）
東大仏文出身でノーベル文学賞を受賞した作家。

湯浅年子（1909–80 年）
キュリー夫人の下で研究した女性の物理学者の先駆者。

与謝野鉄幹（1873–1935 年）
与謝野晶子の夫であり、『明星』を創刊して詩歌や小説の普及に貢献した。

渋沢栄一（1840–1931年）

若い時にフランスに滞在し、現地の社会､経済､産業を見聞した。「日本資本主義の父」と称される。

東久邇宮稔彦王（1887–1990年）

公家出身でフランス留学を経験。リベラル思想の持主で、敗戦直後の首相を務めた。

シャルル・ド・ゴール
（1890–1970年）

ナチス・ドイツに抵抗した軍人・政治家で､戦後は大統領にもなった。

秋山好古（1859–1930年）

フランス軍の学校に留学し、日本で騎兵軍団を育成したことで知られる。

〝フランスかぶれ〟ニッポン

目次

第1章　憧れのフランス　67

第5章　フランスから日本への憧憬　295

〝フランスかぶれ〟ニッポン

装丁　作間順子

はじめに

文学・美術・音楽・ファッション・料理

近代日本の作家はフランスに大変憧れを抱き、〝フランスかぶれ〟と称してよいほど、フランス文学を愛して、フランスの放つあらゆる文化、文芸作品を吸収しようとした。もとより、英文学、独文学、露文学に魅せられた文人も多くいたが、フランスへの思い入れは異常と言ってよいものであった。萩原朔太郎の有名な言葉として、「ふらんすへ行きたしと思へども、ふらんすはあまりにも遠し……」というのがあり、死ぬほどの思いでフランスへの憧憬を詩に託した。

日本の画家も作家に負けていない。日本画家はともかく、洋画を志す大半の画家は、できればフランスに行って、かの印象派のフランス画家の描くフランスの風景、人物、静物を自分の目で確かめて、しかも画風や描き方を学びたいと熱望した。現に日本人の画家が大挙してフランスに渡ったのである。中には成功して有名になった画家（代表例は藤田嗣治）もいたが、そのかなりの人は夢破れて画業を諦めたのである。筆者の在仏中に、画家崩れがパリのラーメン屋で働いているという声を耳にしたことがある。

ここまでは文人、画家といったやや特殊なプロフェッショナルな職に就く人を考えてみたが、ごく普通の人にとってもフランスは憧れの対象であった。それは本屋さんに行けば、数多くのフランス人作家の文芸作品（小説、詩歌、戯曲など）が書棚一杯に陳列されていることでわかるし、時折開催されるモネ、ルノワール、セザンヌ、ミレーなどフランス画家の展覧会はいつも満員の鑑賞者で埋め尽くされている。一般の人も〝フランスかぶれ〟の中にいるのである。

何を隠そう、この筆者もその〝フランスかぶれ〟の一人である。文学、美術の世界からとても遠い場所、すなわちなんと経済学という、夢も希望もない、俗世間の真中にいる学問を専攻しておきながら、フランスには格別の思いを抱いていた。その経緯については後に紹介する。

明治時代の日本文学はフランス文学の影響をどのように受けたのであろうか。それはまずフランス詩歌への賞賛と共感から始まった。有名なボードレール、マラルメ、ヴェルレーヌなど当時のフランス人による詩歌が、上田敏などの名和訳に助けられ文学雑誌『明星』などに掲載され、日本の文学青年がこぞってこれらの詩を読み耽った。自然とフランスへの憧れはそれらの人の胸に刻まれた。

そこではパリをはじめ美しい街並みが描写され、緑の草木や美しい花の咲き誇る姿が描かれた。永井荷風の「あゝ！　パリ！　自分は如何なる感に打たれたのであらうか！……」を引用すれば充分であろう。さらに人間生活の常としての男女の愛が語られて、生きる喜び、悲しみ、やるせない思い、憂鬱、などが生々しく記述されていた。当時の日本では恋愛はご法度だったので、若者はこれらフランス詩人のあからさまな告白に心打たれたのである。多くの詩人、文人は島崎藤村、与謝野晶子、木下杢太郎などを含めて、これらに触発されて自らが自己の信条を詩歌に表現したのである。本書では、これらフランスの詩人、日本の詩人をかなりの数取り上げて、筆者なりの感想を添えて紹介した。一部の作家はフランスまで行って滞在したこともあるので、現地でどういう生活をしていたかを書いてみる。

詩歌の次は小説、戯曲である。有名なイギリス人作家であるサマセット・モームは、世界十大小説を論じたことがある。詳しくはモーム（一九九七）参照。彼によるとその十名の作家は、モームがイギリス人であることで多少割り引く必要があるが、イギリス人が四名で最大、次いでフランス人の三名という多さである。スタンダールの『赤と黒』、バルザックの『ペール・ゴリオ』（『ゴリオ爺さん』の邦題名もあり）、フロベールの『ボヴァリー夫人』である。筆者からするとバルザックに関しては、彼の代表的恋愛小説である『谷間の百合』を推したいが、実は『ペール・ゴリオ』は本文で詳しく論じるが、経済学と関係があることを知ってほしい。経済と言えば、エミール・ゾラが百貨店をはじめ経済に関することをかなり書いている。

ここで挙げたモームによる三名のフランス人作家は、世界を代表する恋愛小説の大家である。これが日本人の作家を大いに魅了して、恋愛小説を書く際の手本としたのである。その代表例の一人としては永井荷風が登場してよい。彼の『あめりか物語』と『ふらんす物語』は筆者にも影響を与えた。すなわち『あめりか物語』では荷風がいかにアメリカが魅力に乏しい国であるかを描き、フランスにいかに憧れているかを書いており、『ふらんす物語』ではリヨンやパリでの情景や生活を描きながら、フランス女性がいかに男を魅了する力に満ちており、フランス詩人の恋愛に対する見方をも論じたのである。

やや横道にそれる話題を四つほど提供しておこう。一つは白人男性の理想は次の五つにあるとされる。

(1) イギリスの家に住む
(2) 日本人の妻を持つ
(3) 中国の料理人を雇う
(4) アメリカで稼ぐ
(5) フランスの女性を恋人に持つ

である。それぞれの国の特色が出て興味深いが、すべてを成就するのは不可能なほどかなり身勝手な欲望である。残念ながら日本人妻が夫にかしずく姿を望んでいるので、日本人女性にとって好ましいとは言えないかもしれない。フランス女性を恋人に持つ望みは、まさにフランスでは女性が男性を魅了する姿に満ちて、恋愛を賛美することの証拠になる。これからもわかるように、フランスが世界に冠たる恋愛小説を送り出してきたのである。

第二は、筆者が在仏中にフランス人に「フランスの作家のうちトップの人は誰か」を問うと、圧倒的にヴィクトル・ユゴーであった。既に列挙した三名のうちの一人を筆者は想定していたが、ユゴーには人気の高い詩や戯曲が数多くあるようで、『レ・ミゼラブル』以外の作品の存在が理由となっている。

第三は、本書では日本人の作家でフランス語、フランス文学を学んだ人の多いことを示すが、高等教育でフランス語を学ぶ人は卑下されていた。戦前の旧制高校では、志願者を第一外国語の選択（英、独、仏）によって、甲、乙、丙に区分していたが、学問（特に理工系）、産業、医学に強い英語と独語の人気が高く、仏語はかなりの少数派であった。「軟文学好みの軟派」の集まる丙クラスとして、嘲笑の的になっていた。仏語専攻者が卑下されていたなら、そういう人は逆に対抗心を強めて、ますます仏語と仏文学に熱狂するのであり、そうした姿を本書で記した。

第四は、東大文学部仏文科の存在である。極小の学科でありながら日本を代表する作家（例えば大江健三郎など）と仏文学者を生んだ。フランス語を学ぶことが卑下されながらも、教授と学生の堅い結びつきが功を奏して、一流の人を生み出したことを本書で紹介する。

話題を本論に戻そう。洋画と言えば印象派を筆頭にしたフランス絵画が日本での最大の人気であった。その起源がどこにあるかを辿れば、一つは日本の美術教育にある。明治の初期に本来はフランスに法律を学ぶために渡った黒田清輝が、現地で画家の修業に転じて、帰国後に東京美術学校（現・東京藝術大学）の教授になって、そこで多くの後輩を育てたからである。そこで有望な新人を見つけたら、積極的にフランスに送り込むことが伝統になり、洋画を目指すならまずはフランスへ、しかも公費留学というのが優秀な美術学校生の風習とすらなったのである。後に藤島武二、佐伯祐三、小磯良平など多くの有名な画家を輩出した。

ところがである。一人の特殊な人物のいることを忘れてはならない。それは藤田嗣治である。東京美術学校で学んだが、学生としては将来有望な画家としてみなされていなかったので、自費でパリ絵画修業に渡ったのである。本人の隠れた才能と並々ならぬ努力が実って、フランスでも超人気の画家になってしまった。藤田の人物と仕事に関して、そして日本の美術学校の先生方との関係については、かなり詳しく論じることにする。

美術に関しては、二人のユニークな日本人がいる。それは画商の林忠正と、パリにいる日本人画家を支援した薩摩治郎八（通称、バロン薩摩）である。バロン薩摩は大富豪の息子としてパリに憧れて渡り、パリ学術都市の日本館を建設したし、藤田嗣治の絵を館内に飾ったことで有名である。画商の林とバロン薩摩の評価は功罪半ばしているのであり、その妙味を本書で味わってほしい。

音楽の世界に目を転じてみると、クラシック音楽の本場はどうしてもドイツ、オーストリアである。バッハ、モーツァルト、ベートーヴェンなどの巨人を生んだ国柄なので当然ではあるが。ドイツ音楽に重厚さでは負けるが、フランス音楽には光と色があり、フランスも捨てたものではない。筆者個人の趣味を出して申し訳ないが、フォーレの『レクイエム』とベルリオーズの『イタリアのハロルド』が、筆者の愛好曲である。その他にもピアノの好きな人のドビュッシー愛は有名である。フランス音楽界で名を挙げた人の多くは、コンセルヴァトワール・パリ（パリ音楽院）出身なので、この学校と卒業生を詳しく検討する。

フランスのことを知るにつけ、世界の人々をフランスが魅了するのは文学、美術、音楽だけでなく、他の分野においてもフランスが憧れの対象になっていることに気が付く。いくつかを挙げれば、映画、ポピュラー音楽、レヴュー、料理、ワイン、ファッションなどである。フランスは「ヌーヴェルヴァーグ（新しい波）」で映画の世界を席巻したし、ポピュラー音楽では「シャンソン」として人気があったし、レヴューは日本における「宝塚歌劇」の本家である。料理の世界では西洋料理といえばまずはフランス料理が代表であるし、フランスワインは高級ワインのシンボルである。ファッションは「パリコレクション」で代表されるように、世界の流行の最先端を行くとみなされている。

本書でもこれらの分野において、まずは、なぜフランスがその最高峰の水準に達したのかを分析し、そして日本がそれをどのように学んで吸収してきたかを明らかにする。ここで述べた分野はミーハーと称してよいほど大衆に人気があるか、あるいは裕福な人の好む高級感の漂う分野であることに気付いてほしい。大挙して日本の画家はフランスに渡ったが、実は料理人の卵やファッションの世界で活躍したいと希望した人も、フランスに渡って修業したのである。

特に本書ではファッションと料理に注目して、フランスファッションの発展に尽くしたフランス人、そしてそれを現地で学んで日本で発展させた人、そして現地のフランスで人気を博した日本人をも論じる。同じようにフランス料理にも関心を寄せて、フランス人のシェフ、そして日本人でフランス料理のシェフとして有名になった人を論じた。

政治・経済・学問

政治や経済、それに学問の分野はどうであろうか。まず学問について述べると、フランスの誇る分野は哲学である。デカルト、パスカル、ルソー、モンテスキュー、ヴォルテール、ベルクソン、サルトルなど続々と世界の哲学界に影響を与えた人の名前が挙がる。哲学専攻でない筆者がフランス哲学を論じるのは荷が重いし、誤解を与えるといけないので、それらの記述は抑制し、筆者が専攻の経済学にはかなりの注意を払った。

公平に評価すると、経済学に多大な貢献をした人々といえば、まずはイギリス人が登場する。経済学の父と称される『国富論』を記したアダム・スミスを筆頭に、リカード、ミル、マーシャル、ケインズなど枚挙にいとまがないが、フランスもそれに負けない貢献をしてきた。レッセ・フェール（自由放任主義）を最初に言い出したのはフランソワ・ケネーであるし、自由主義、資本主義の良さを主張したスミスの学説は、ケネーからのヒントである。その他にも独占・寡占経済を研究して、現代におけるゲーム理論の基礎を提案したクールノー、そして一般均衡論の大成者であるワルラスなどは、古典的な業績を示したフランスの経済学者である。最近ではピケティという格差論のスターも登場した。これらの経済学者の貢献をかなり詳しく紹介した。

政治の世界では、江戸時代の幕末では、幕府はフランスのアドヴァイスを得ていたので、フランスへの関心が強く、フランスに渡った政治家がいた。その代表は公家出身の首相まで務めた西園寺公望である。フランスのリベラルな思想に感化された側面があり、無能な政治家との評価もなくはないが、興味深い人物である。そして筆者が特筆した特異な人は、太平洋戦争直後にほんの数か月間首相を務めた東久邇宮稔彦《なるひこ》王である。

稔彦王は実は公家出身の軍人であり、フランスの有名なサン・シール陸軍士官学校への留学組である。この学校には司馬遼太郎の『坂の上の雲』で有名になった秋山兄弟の兄・好古《よしふる》が学んでいて、日本騎兵隊の発展に尽くした人である。この学校はエリート校であり、数多くのフランス軍隊の大将、元帥、さらに大統領（代表例はド・ゴール）までを輩出しているのである。

経済の世界でいえば、数多くの企業の設立に関与した意味での「日本資本主義の父」と称される財界人の渋沢栄一が代表である。幕府の役人になっていた渋沢は、パリ万国博に幕府が出展するに際して、随行員の一人としてフランスに渡った。そこで能力のある渋沢は当地の銀行や企業組織を学び、日本に帰国後に彼が多くの会社を興すに際しての参考にしたのである。特に当時のフランスはサン＝シモン、フーリエなどの空想的社会主義の勢いがあった時代で、渋沢はこの思想を自己の合本主義による経営において参考にした点を、本書で主張する。

フランスとのかかわり

ここで筆者とフランスのかかわりを少し述べておこう。少年時代はフランスの文学、美術、音楽に特段の関心を寄せているのではなかった。敢えて言えば、加藤周一著『羊の歌』を読んで、この知的巨人が若い頃フランスに滞在していたこと、高校の同窓生で硬軟両刀使い（すなわち『沈黙』と『狐狸庵閑話』など）で有名でファンだった作家の遠藤周作が、若い頃リヨンにいてカトリックを勉強していたこと、森有正の『バビロンの流れのほとりにて』でフランス哲学や文明への憧れを感じた程度であった。これら魅力のある人がフランスに行っていたので、漠然とフランスにいつか行ってみたいと思ったのは確かであった。大学の第二外国語でフランス語を学び、フランス文学に魅了されたので、日本語訳ではあるがフランスの小説を読み耽った。

しかし、経済学を学ぶため大学院をアメリカで過ごすことになった。永井荷風の『あめりか物語』で記されたアメリカは物質に優れているが、文化に乏しい国とされているが、それを在米中に自分で実感するようになった。そして『ふらんす物語』にあるように、自分も荷風のようにアメリカから直接大西洋を越えて、その文化に直接接してみたいと思うようになっていた。幸いにその機会が訪れることになったのである。

結局フランスに四年間研究職として滞在した。大学院生活のような貧困すれすれの生活ではないし、時間もふんだんにあったので、フランス文化の吸収に全身全霊を傾けた。フランス語は当然として、パリにおれば容易に読める日本語の文献も多数あるので、吸収には何も問題はなかった。それに何よりも現地で見聞を広め、生活体験できることが大きかった。日本にいた頃、そこそこの知識しかなく、格別にフランスモノに接していなかったハンディはあったが、小説、美術、音楽、その他あらゆることを積極的に学ぼうと取り組んだ。在仏中に本格的に〝フランスかぶれ〟になってしまったのである。帰国後は経済学者として大学に在籍したが、同時にフランスへの関心は持ち続け、自分なりに研鑽に励んだし、何度も渡仏したので、それらの成果が本書である。

最後に述べておきたいことがある。本書が示すように、日本とフランスの間は一方的な日本のフランスへの片想いと憧れであった。でも一度だけフランスが日本に思いを寄せたことがあった。それはヨーロッパ画人の浮世絵への憧憬であった。モネ、ゴッホなどを筆頭に浮世絵の画法を自分たちの絵画に取り入れようとした時代があった。

その片想いを象徴する事象があるので紹介しておこう。日本人からすると、フランス人の作家、画家、音楽家、学者の名前はそれこそ一〇〇人以上挙げられるが、フランス人に日本人の名前を知っているかを聞くと、ほんの数人の浮世絵画家の名前が挙がるだけである。

さらに、フランスの外交官で駐日大使を務め、作家としてそれなりに名前が知られ、かつ日本文化をフランスに紹介したポール・クローデルを知っているか、とフランス人に聞くと、多くの人は

「NON」であった。まさに日仏間は一方通行で片想いであると思い知らされた。

とはいえ、ごく最近はフランス人、特に子どもや若者の間で日本のマンガやアニメが超人気である。フランス人の友人が孫二人を連れて、京都のマンガミュージアムの見学にやってきて驚かされた。片想い、一方通行の流れが是正されつつあるので、これら逆方向の流れがもっと盛んになることを祈念したい。

ここまで日本が片想いのようにフランスに憧れ続けていたのはなぜか、その歴史的経緯と現状について、幅広い分野に焦点を合わせて論じてきた。何を隠そう、フランスかぶれの筆者のフランス論なので、独断と偏見があるかもしれない。しかし片想いは独断と偏見があるからこそ生じることもあるので、それに免じて本書を読み進めてほしい。

本書では、日本からフランスに渡って、文化をはじめ種々の分野を吸収してから日本に帰国し、日本で花を咲かせた人を数多く紹介した。中には日本に戻らず、現地で死亡した（代表例は画家の藤田嗣治）例もある。なぜこういう人がフランスに憧れたのか、そしてフランスで何を学んだのか、そして日本でそれをどう生かしたのかを論じた。これに関係付けて、フランスではそういうフランス人がこれらの分野で先駆者となっていたかを詳しく論じてみた。〝フランスかぶれ〟も結局は、人の話題に凝縮される。どういう人々であったかを、筆者のコメントを含めて評価したので、それを味わってほしい。

序章　フランスに憧れる経緯

シスレー『モレのロワン運河』（1892年、オルセー美術館）
イギリス人を父母にもつフランス生まれの画家。印象派の重鎮の一人であり、フランスの田舎を中心にした風景画を描いた。フランスの田舎を旅行すると、シスレーの絵そのものの風景が残っている。

1　十九世紀フランスが文化で栄える背景

フランスの歴史を知っておこう

国が文化で強くなるには、背景として国が政治・経済的に強くて、文化を指導者層が後押しするとか、経済が繁栄して人々が文化・芸術を楽しむ余裕ができるというのが一つの条件である。十九世紀のフランスは文学、哲学、美術などを中心にして文化が世界に誇れるほど繁栄するが、その背景になる国の歴史を簡単に知っておこう。

十八世紀末のフランス革命（一七八九年）を経験する前のフランスは、基本的に土地を保有する封建領主が農業を中心として地域を支配し、その上に国王が存在していた。有名な国王は一七五〇年代から六〇年代にかけての太陽王と呼ばれたルイ十四世（一六三八―一七一五）の栄華であった。その時代は封建制の国家であったが、十八世紀になると金融・商業・工業の発展が見られ、それに従事する人々は経済力を備えつつあった。これらの人をブルジョワジー（今で言うお金持ちではなく、市民とみなした方がよい）と称するが、そういう人々は封建領主や王制による圧制に不満を持ちつつあった。重要な動向は、こういうブルジョワジーが自由主義を求めるようになり、封建領主と王制を倒す気を持つようになる。

その目的の成果がフランス革命であり、ルイ王朝は消滅した。革命の主役はブルジョワジーであり、都市の下層民や農民の出番はなかった。彼達はもうしばらくその出番を待たねばならなかった。一七九二年にフランスは共和政（第一共和政）の国家になったが、民主派、守旧派、過激派、王党派などが抗争を続ける政治的に大変不安定な時代となった。ついにはナポレオン（ボナパルト。一七六九—一八二一）による帝政の国家になるのが一八〇四年であった。ナポレオンは地中海の孤島コルシカ生まれの軍人だったが、軍歴は華麗でヨーロッパ諸国との戦争に勝利を続けたことにより、国民からは英雄とみなされたのである。現に今日でもフランスでは随一の英雄がナポレオンである。

ナポレオンはモスクワ遠征などに失敗し、一八一四年に退位した。その後復帰して一〇〇日天下を経たが、翌年にワーテルローの戦いで敗れて退位した。ナポレオンは法典の編纂、フランス銀行の設立、最高裁と議会の創設、エコール・ポリテクニーク（理工科学校）の設立など、近代化の基礎である立法、行政、司法、教育の諸制度の創設を行ったので、功績には絶大なものがある。

ナポレオンの退位後は、一八三〇年に一時的に七月革命を経験するが、基本的には一八四八年までは王政が続く。この年に二月革命があって、ナポレオンの甥であるルイ・ボナパルト（一八〇四—七三）が共和政の大統領（第二共和制）になった。しかし一八五一年にルイはクーデターを起こし、五二年には皇帝（ナポレオン三世）になり第二帝政が始まった。この帝政は一八七一年のパリ・コミューンまで続いた。前年の一八七〇年にプロイセンとの戦争に敗れたのがナポレオン三世の失脚の契機であった。この普仏戦争は強大国・プロイセンに対して弱小国・フランスを認識させるところとなり、フランスは強国にならないといけないという意識をフランス国民に与えた。なお一八七一年以降、一九四〇年までは第三共和政と呼ばれる時代となった。本書は十九世紀が主たる関心なので、一九四〇年以降の歴史については述べない。

文化の発展はどうであったか

ヨーロッパの文化史を古い時代から評価すると、フランスは目立たない後進国であった。文学、哲学、美術、音楽などの世界においてフランスが文化で栄華を極めたのはごく最近（十八、十九世紀から）であり、例えばギリシャ・ローマ時代の哲学、イタリアのルネッサンスの美術に比較すると劣位が明らかである。あえて見るべきものがあるとすれば、十六世紀のロワール河流域のシャンボール城、ルイ王朝時代のヴェルサイユ宮殿で象徴されるように、城郭や宮殿の建築と庭園の美しさであった。

とはいえ、十七世紀に入ってからフランス文化は、哲学・思想の世界で世界に冠たる影響力を与えることになる人々が出てくることになった。これらの思想はフランス革命の担い手である市民の思想的な根拠となったのみならず、世界全体の哲学・思想の分野で古典とみなせるほど価値の高い考えを提供した。当然のことながら後に述べるように、日本の哲学・思想家にも大きな影響を与えた。それらの人とは、デカルト（一五九六―一六五〇）、パスカル（一六二三―六二）、モンテスキュー（一六八九―一七五五）、ヴォルテール（一六九四―一七七八）、ルソー（一七一二―七八）など、巨人とみなせる思想家が続々と輩出した。

十七世紀のデカルトは『方法序説』によって近代合理主義の基礎を築いたし、解析幾何学の創設者でもあった。パスカルはデカルトの影響を受けて、哲学と数学の分野で独創的な仕事をした。大著作は『パンセ』である。幾何学や物理学における合理性を重視するが、パスカルは同時に人間の心性をも重視して、それこそ後世の人に大きな影響を与えた思想家・科学者であった。筆者の好みを出して申し訳ないが、パスカルは「気晴らし」という言葉を好んで用い、人々は人生において仕事に没頭するとか、ある特定な思想だけに染まるのではなく、適当な遊びをも含んだ「気晴らし」も必要と説いた。

十八世紀に入ってから、まずはモンテスキューである。彼の代表作は有名な『法の精神』であり、民主主義での立法、行政、司法の三権分立を主張した。現代の自由主義と民主主義の国のほとんどでこの三権分立は定着しているので、モンテスキューの思想は貴重である。さらに、アメリカの憲法制定やフランス革命の思想的バックボーンにもなったのであり、封建制や王制の打破と民主制・共和制への貢献は大きい。

次はヴォルテールである。代表作は『哲学書簡』であり、フランス合理主義思想に基づいて、百科全書派の一人として有名な啓蒙思想家である。この百科全書はディドロ（一七一三―八四）とダランベール（一七一七―八三）の監修の下に、一七五一年から一九八〇年にかけて出版されたのであり、旧来の体制を崩壊せんとするフランス革命の思想的背景となった書物である。さらに旧い体質のカトリックのキリスト教の批判をもたらしたのである。百科全書は当時の知識総体を社会に提供する目的で出版されたのであるが、その哲学的思想は旧政治体制とカトリックの古い体制を批判する内容を含んでいたので、繰り返すが後に発生するフランス革命の思想的根拠を与える役割を果たしたのである。

ルソーは「自然に帰れ」という有名な言葉で知られる啓蒙家である。代表作は『社会契約論』『人間不平等起源論』『エミール』など十九世紀哲学の世界を代表する一人である。自然を愛し、人間性の大切さを説いた思想は重要であるが、筆者は後期の二冊が好みである。『人間不平等起源論』は人間社会には不平等の存在が避けられない理由を探究して、今日の格差社会論争の先がけとなる役割を果たした。『エミール』は子どもの教育の大切さを説いたもので、教育論の一つの金字塔である。特に子供の養育と教育において母親の役割を強調したので、現代のフェミニズム思想からは子育てを女性に押しつける古くさい思想であるとして評判はよくないが、当時の社会の現状からすると仕方のないことであった。

最後に、十八世紀フランスのみならず世界の思想界を代表した三名の特色を端的に表現する言葉がル＝ゴフ他（二〇一二）にあるので、それを引用しておこう。すなわち「世界は、ヴォルテールによって真理を、モンテスキューによって正義を、ルソーによって幸福を教わったのである」（pp.

326)。これら三名に加えて、前世記のデカルトとパスカルが一七八九年のフランス革命を起こす思想の根底になったことを再述しておこう。

2　栄華を極めた十九世紀フランス文学と絵画

栄光のフランス文学

十九世紀のフランス文学は、小説であれば前半のバルザック、スタンダール、後半であればフロベール、ゾラで代表されるし、詩であればユゴー（一八〇二―八五。小説でも有名）、ボードレール（一八二一―六七）、ヴェルレーヌ（一八四四―九六）、ランボー（一八五四―九一）、マラルメ（一八四二―九八）で代表される。他にも綺羅星のごとく文学関係の人が多く出現した。フランスの長い歴史の中でも文学では随一の栄光の時代であったし、世界文学の立場においてもこの時期のフランスはもっとも輝ける時代だったのである。後に紹介するように、それこそ日本人の読者の心を集めたし、文人でフランス文学に憧れる人が多く出たのは当然であった。

ここでは何人かの文人を、多少経済の話題に関係付けながらごく簡単に論じてみたい。

①バルザック

小倉編（二〇一四）では、近代小説の世界において最高峰に位置する作家であり、質・量ともに別格であるし、小説のあり方を一変させた人との評価である。バルザック（一七九九―一八五〇）は売文だけで生活の糧を得ることになった本格的作家の一人であった。文学、音楽・美術といった芸術の世界では、パトロンがいて生活の保障がなされていたケースの多いことはよく知られている。バルザックは一八三〇年代から流行作家になっていたし、質・量ともに別格であれば、売文だけで食べていけるのでさもありなんと思われる。

バルザックでもっとも重要な作品は、小説群とも称される九〇編にも達する『人間喜劇』であるが、筆者の好みからすると恋愛小説の極めつけの『谷間の百合』である。ここは筆者が経済学専攻であることから、『ペール・ゴリオ』を論じてみたい。二〇一三年（翻訳は二〇一四年）にフランスの経済学者、トマ・ピケティ（一九七一―）が『21世紀の資本』という専門書を出版し、世界的なベスト・セラーとなった。この本は資本主義経済は宿命として所得・資産分配の不平等化が避けられないとして、理論の説明と二〇カ国のデータを検証して主張したものである。実はピケティは英仏の小説を引用して、格差の問題を『ペール・ゴリオ』から引用したのである。いかにこの問題が社会で根付いているかを、小説を例にして論じた箇所がある。

どんな題材かを簡単に述べておこう。南仏で育った没落貴族の青年・ラスティニャックは青雲の志を持ってパリにやってきて、人生の成功者にならんとして弁護士を目指し、必死に勉強するのである。しかし、あるとき好々爺から次のような言葉をもらう。「お金持ちになりたいのなら、必死に努力するよりも、お金持ちの娘と結婚する策の方がはるかに手っ取り早い」という言葉である。

この言葉は現代の格差問題を理解する上でも名言である。人生で成功しようと思えば、何も資源を持たない裸一貫から始めて努力を重ねるよりも、資源を多く持つ家庭に入り込んで、すなわち資産家の娘と結婚してそれを引き継ぐ策の方が、確実であるとの主張である。これは経済学でいう世代間の資産移転（遺産のこと）であり、資産家の家に入れば資産家になれることを意味し、何も遺産のない人が人生で苦労して大いに勉強したり一所懸命に働くよりも、はるかに確実にお金持ちになれるのである。人生は遺産か、努力か等に関して、橘木（二〇一七a）が論じている。

ピケティはこの事実をフランスのみならず、世界各国のデータを用いて証明したのである。バルザックの文学作品の中においても、経済学の定理が語られていることをピケティは紹介して、現実の経済と架空の文学とが無縁ではないと示して、説得力を高めたのである。

②スタンダール（本名 アンリ・ベール）

ロマン主義とリアリズムにまたがる作家であり、既に四十七歳になっているときに代表作『赤と黒』を出版した。他にも名作『パルムの僧院』がある。多分不本意であったろうが、スタンダール（一七八三―一八四二）は自分の生きているときに名声を得ることはなく、それは死後のことである。

バルザックのように生前から流行作家になったのと大きな違いである。作家・芸術家にとってバルザック型かスタンダール型、どちらが幸福かと問われれば一概には言えない。当然のことながら本人にとっては生前に有名になるのが好ましいが、世の中には死後に有名になった人は作家のみならず、芸術家にもかなりいる。

この二作ともに若い男性が主役であり、女性との恋愛が主要な事象となるが、犯罪にコミットすることもからんでおり、人間の本質とは何かを問う小説であり、現代においても輝きを失っていない名作である。

③フロベール

ロマン主義全盛の時代の作家であり、代表作は四年半もかけて書いた『ボヴァリー夫人』である。この小説は次のようである。ノルマンディーという地方の娘が医者と結婚するが、夫への不満と地方生活の退屈さから、二人の男性との不倫の愛に走る。当時この小説は社会の公序に反するとして裁判沙汰にまでなったが、結局は無罪を勝ち取った。この書によってフロベール（一八二一—八〇）は名声を高めたのである。フロベールは最後まで自己の欲望に忠実だった人間の生き方を書いたのであった。フロベールは寡作な作家として有名であり、後に出した自伝的小説『感情教育』は失敗作との評価を受け、経済的な困窮も経験した。しかし、その後再評価を受けることになり、カフカやプルーストの文体にも影響を与えた。

④ゾラ

自然主義文学の代表者であり、『ルーゴン・マッカール叢書』が有名である。ゾラ（一八四〇―一九〇二）の作品はイギリスに遅れて発生したフランス産業革命によってフランス経済が強くなりつつある時代に書かれ、かつ人々の経済生活との関係における題材で小説を書いたので、筆者のように経済に関心のある者からして魅力のある作家である。以前の作家のように、男女の恋愛や人の心の動きを中心題材にしたのではない。とはいえ、矢張り作家の性か、ゾラは恋愛も作中に散りばめている。特に『パリの胃袋』『ボヌール・デ・ダム百貨店』は人々の生活を題材にした代表作である。

ここでは『ボヌール・デ・ダム百貨店』を取り上げてみよう。十九世紀後半のフランスは産業と商業の発展が著しかったが、この小説は当時いくつかの躍進しつつあったデパートが、大衆消費社会を引っ張る姿を小説にしたのである。主眼は二つあって、第一は女性が華やかな服装に憧れる姿を百貨店のショー・ウィンドーから語ることと、第二にデパート経営者がいかに売り上げを上げていくか、その努力の姿を書くことにあった。第一は、フランスが後にファッション大国になる姿と重ねてよいし、第二は、中小の衣服屋や商店を大規模百貨店が倒していく姿を資本主義の実現と見たのであり、いかにゾラが経済との関係に注目したかが分かる。

ゾラは資本主義の発展は労働者の搾取につながるとの認識から、当時フランスで勢いのあったサン＝シモンやフーリエに代表される空想的社会主義の支持者であったことを付記しておきたい。空想的社会主義とは、後にマルクス（一八一八―八三）やエンゲルス（一八二〇―九五）が自分達の社会主義を科学的社会主義と呼ぶための対比としてそう呼んだ思想である。すなわち綿密な理論構成によって打ち出されたものではなく、資本主義において労働者は弱い立場にいるので救援されねばならない、とナイーブな主張を述べているにすぎない思想とみなしてよい。あるいは具体的な策の提示はなかった。このようにしてゾラは小説家のみならず、社会批判派の顔をも有していたのである。

以上が十九世紀のフランスを代表する四大作家であるが、これ以外にも有名な作家が目白押しである。小倉編（二〇一四）によれば、ロマン主義としてスタール夫人（一七六六―一八一七）、ミュッセ（一八一〇―五七）、メリメ（一八〇三―七〇）、サンド（一八〇四―七八）、ネルヴァル（一八〇八―五五）、ゴーチエ（一八一一―七二）、デュマ（一八〇二―七〇）、自然主義作家としてモーパッサン（一八五〇―九三）、ドーデ（一八四〇―九七）、反自然主義作家としてユイスマンス（一八四八―一九〇七）、ロティ（一八五〇―一九二三）、さらに何人かの大衆文学者も挙げられている。本書は文学史書ではないので、これ以上言及しない。

詩と演劇

小説家以外にも詩歌、演劇などで活躍した文人がいる。筆者はフランス滞在中にフランス人に「フランスにおける最大の文人は誰か」と問うと、過半数はヴィクトル・ユゴーと答えていた。彼には誰でも知っている国民的小説とされる『レ・ミゼラブル』があるので、小説家としてのヴィクトル・

ユゴーを想定したが、専門家からすると彼は詩と演劇のジャンルに入れられている。フランス人がユゴーをフランス第一の文人と評価するのは、小説、詩、演劇の分野で超人的な業績を示したからであろう。

若い頃フランス小説に多少かぶれた筆者であるが、詩や演劇には疎いのでコメントなしで、小倉編（二〇一四）で列挙された作家を簡単に述べておこう。まずはロマン主義の代表者、ユゴーによる演劇『クロムエル』『エルナニ』、詩集としては『東方詩集』『静観詩集』『懲罰詩集』などがある。最後の『懲罰詩集』は皇帝になったナポレオン三世の批判集である。ユゴーはこの作品で亡命を強いられたのは有名な逸話であるが、このあたりの事情もフランス人がユゴーを愛する理由の一つと思われる。

次に有名な詩人はボードレールである。これまでの詩は叙情詩が中心であったが、彼は一八五七年に『悪の華』を出版し、悪徳の賛美とまでは言わないが、人間の頽廃的な側面を描いて新しい風を詩の世界に吹き込んだ。作品が非道徳的であるとして、罰金刑を受けるほどであった。しかし次の世代の詩人、ランボー、ヴェルレーヌ、マラルメなどに与えた影響は大きかったし、後に述べるように日本の詩人にも絶大な影響を与えたのである。彼が「近代詩の父」と呼ばれる理由でもある。

ランボーには生前に印刷された唯一の詩集『地獄の一季節』があるのみである。死後に『イリュミナシオン』などがある。次に続く人ヴェルレーヌはそれこそ酒、女、同性愛、背徳、犯罪などという言葉が献上されるほどの波乱万丈の文人であった。ランボーとは同性愛のもつれから発砲事件まで起こしているほどである。マラルメの詩は難解であることと、音楽家・画家といった他のジャンルの人との交流の深いことで有名であった。ボードレール、ランボー、マラルメなどの詩は象徴主義と称されている。日本においても彼達の作品に影響を受けた人は多かったのである。

画壇においてひときわ輝く印象派

後に示すように日本の画家はフランスにものすごい憧れを抱いていて、画家としての修業をフランスに求める人が多かった。なぜフランスなのか、を知るために印象派を知っておこう。

フランスの絵画史は、十五世紀から十七世紀に栄えたイタリア・ルネッサンスと比較すれば地味なものであった。フランス・ルネッサンスという言葉がル＝ゴフ他（二〇一二）によって書かれているが、絵画というよりは宮殿や彫像といった建築物や彫刻が、フランス・ルネッサンスの中心であった。代表例はロワール川のほとりのシャンボール城、アンボワーズ城などの城の建築で象徴されるのである。

十七世紀から十八世紀はいわゆる古典派による歴史画や宗教画を描くのが盛んであり、アカデミー派と称される画家グループが画壇に君臨していたのである。アカデミー派はサロン・ド・パリを持っていて、会員が審査員となって優秀な作品には賞が与えられ、画家としての一定の地位を得たのである。一八六三年にマネ（一八三二―八三）の『草上の昼食』が審査で落選となった事件が起きた。マネの属していた画人グループはこれに反抗して、新しい運動を起こすようになった。それが印象派と称されるグループである。印象派については島田（二〇〇四）から知りえた。

ところでこのマネの『草上の昼食』が落選した理由は、裸婦の女性が描かれていることにあったが、現代の視点からすると異常な絵ともみなせる。なぜならば、女性のみが裸であり、まわりの男性は着衣の姿である。フェミニストからするとこれは許せないとの批判がありそうと、この原画を見た筆者は思った。現にこの批判の声は現実にあると後に聞いた次第である。

印象派に属する画家は、ルノワール（一八四一―一九一九）、モネ（一八四〇―一九二六）、セザンヌ（一八三九―一九〇六）、ドガ（一八三四―一九一七）、シスレー（一八三九―九九）、ピサロ（一八三〇―一九〇三）と言った有名な人々であり、アカデミー派とは別の画風で描き続け、人気を博していった。なぜ「印象派」と呼ばれるようになったかは、一八七四年の第一回グループ展にモネの出展した「印象―日の出」という作品から生じたとされることはよく知られている。画風としてはイギリスの画家・ターナー（一八四一―一九一〇）の技法を取り入れているので、純粋にフランス産とは言えないかもしれない、あざやかな単色の色彩を用いるし、光線を大切にして郊外の景色や人物、あるいは静物などを絵画の対象にしたのである。

日本人にとって印象派に属する画家の人気は昔から今まで変化がない。例えばクロード・モネが没するまで住んでいたジヴェルニーの家屋と庭園には今でも多くの日本人が訪れるし、パリにあるオランジュリー、マルモッタン、オルセーなど印象派の絵画を多く展示している美術館も大人気である。これは一昔前の日本の画家も同様であり、多くの画家の卵がフランスへ、フランスへと画家修業に向かったのである。

個人的な体験を書くことを許していただきたい。筆者はマルセイユから北東に少し行ったところの小都市、エックス・アン・プロヴァンスに三カ月ほど滞在したことがある。南フランスの学術都市であるが、かの印象派に属するポール・セザンヌの生地であり、かつ近郊にアトリエを持っていた。セザンヌは近郊のモン・サン・ヴィクトワール（一つの山）をかなりの数にわたって描いており、筆者も彼のアトリエとその山を見ることができた。画才のない筆者ではあるが、想い出だけは大切にしたい。

もう一つは、印象派の中で誰が好きかと問われれば、アルフレッド・シスレーである。イギリス人の父母を持つパリ生まれの画家である。何度もフランス国籍を申請したが認められなかったので、印象派としては珍しい英国人である。風景画が得意であり、彼の絵はフランスの地方風物を見事に描いており、十九世紀に彼の描いた風景は今でも地方を巡れば、そのままの姿を残している。画風は単色を中心にした、明るい光線を含んでおり、印象派そのものである。

印象派以外にも十九世紀のフランス画壇の誇る一派がある。それは「バルビゾン派」と呼ばれる一派で、パリの南部にある小さな田舎町を中心に活躍した一群である。コロー（一七九六―一八七五）、テオドール・ルソー（一八一二―六七）、フランソワ・ミレーなどが田園で農作業を行っている人や、工場で働く人を画いたのである。もともとはコロー、ルソーなどの風景画が中心の一派であったが、有名なミレーも後になってこのグループに属したのである。

十九世紀であれば、印象派やバルビゾン派とは異なる画家で、異彩を放った象徴主義のギュスターヴ・モローも無視できない。「ファム・ファタール（宿命の女）」と称される魔性の女を描き続けた。しかし、本人の性格は、今なら「マザコン」とでもいうべきもので、母親と異常なほど親しかった。彼が付き合った恋人とされる女性は二人知られているが、両者ともおしとやかだった。母に加えて二人とももの静かでつつましい性格で、聖女と称してもよい女性との関係であったと伝わっている。描く女性と、実生活で付き合う女性はまったく正反対という好対照であった。

モローはまた、美術学校で教師もしていたので、弟子としてマティスやルオーを育てたことでも知られている。

3　英米へ、独へ、仏への巧妙な区分わけ

日仏交流史

徳川幕府は鎖国政策を採用していたが、一八五三（嘉永六）年のアメリカ人ペリー提督の黒船来航後、翌年に再来して横浜での日米和親条約の締結がなされた。現在に続く日本の欧米との公的交

流の開始である。フランスも日米条約の五年後に幕府と日仏修好通商条約を結び、公式な日仏交流が始まる。これら外国との条約は不平等条約であり、明治政府はこの不平等をなくすために多大な努力をしたのは有名な歴史的事実である。条約締結時のフランスは、かのナポレオン三世の第二帝政時代、幕府は第十四代将軍・家茂（一八四六―六六）の時代であった。

特筆すべきことは、幕末の騒乱の頃、幕府側はフランスを味方にして科学や軍事、あるいは産業技術のアドヴァイスを受けていたのであり、薩長などの諸藩を中心にした倒幕派はイギリスの支援を受けていたのである。ヨーロッパ大国の植民地開拓の争いが、日本でも英仏両大国の間で見られたと解釈できる。余談ではあるが、現に徳川慶喜（一八三七―一九一三）はフランス料理が大好きだったのである。

一八七一（明治四）年に明治新政府は有名な岩倉使節団を欧米に派遣するが、幕府は既に一八六〇年にアメリカへ、六一年からは何度もヨーロッパに使節団を送っていた。ヨーロッパ行とアメリカ行には福沢諭吉（一八三五―一九〇一）がいたし、ヨーロッパ行きの初期の頃には福地源一郎（一八四一―一九〇六）がいた。福地は明治時代にジャーナリスト、作家、劇作家、政治家として大活躍をし、福沢とともに「天下の双福」と称されたほどであった。

幕府の第二回目使節団はフランスでナポレオン三世に謁見したのである。洋風の儀礼服の皇帝側一族と、羽織袴にまげの帯刀姿の侍使節団という奇妙な取り合わせは、当地でも話題になったと記されている。一八六七年の第六回の使節団は、当時パリで開かれていたパリ万国博覧会に参加するのも目的であった。

ここで記憶すべきことが二つある。第一に、幕府はフランス側のナポレオン三世による招待に応じたのであったが、同時に力をつけていた薩摩・佐賀の雄藩も独自に使節団を派遣していた。明治維新の一年前なので、両者の力関係を物語っている。第二に、後に言及する日本資本主義の発展に寄与した渋沢栄一（一八四〇―一九三一）が参加していたのである。渋沢とフランスとの関係がここにある。以上は在日フランス大使館のＨＰ（http://www.mfjtokyo.or.jp/）から知り得た。

岩倉使節団

明治新政府は一八七一（明治四）年に欧米諸国を訪問して、不平等条約の是正策を探るためと、日本より発展している社会と経済の現状を視察するため、岩倉具視（一八二五―八三）を団長（特命大使）とする大規模な調査団を一年一〇カ月に渡って派遣した。後の富国強兵・殖産興業の両政策の指針を得たいためであった。副使には木戸孝允（一八三三―七七）、大久保利通（一八三〇―七八）、伊藤博文（一八四一―一九〇九）、山口尚芳（一八三九―九四）という明治政府の重鎮がなっていたし、団員の数は一〇〇人を超え、それこそ資金のかかる大がかりな使節団であった。

岩倉使節団の果たした役割の全容については多くの書物・論文があるので、ここではその周辺部分の話題に限定し、かつ本書と関係のあることを二、三述べるにとどめる。第一に、派遣された時期であるが、フランスは第二帝政のナポレオン三世の時代であり、普仏戦争（プロイセンとの戦争）

表序の1　岩倉使節団に同行した留学生の国別派遣数

国　名	派 遣 数
イギリス	15人
フランス	5人（含む中江兆民）
ドイツ（プロイセンを含む）	5人
ロシア	6人
アメリカ	12人

（出所：清水（2013））

に敗れた時期に対応し、フランスはプロイセンの国力の強さに見習わねばならないという雰囲気を、多くのフランス人が感じている時期であった。逆に言えば、一八七一（明治四）年にドイツ帝国の誕生を見た時期であった。従って、フランスよりもドイツへの関心が使節団には強かったのではないか、と想像できる。その想像は正しくて、後の一八八二（明治十五）年に明治政府は伊藤博文を団長にして、ドイツ憲法の調査のためドイツに調査団を派遣したのである。明治憲法はこのドイツ憲法がモデルになっている。なおこの調査団の一員として、後に本書で登場する西園寺公望がいたことを記しておこう。

第二に、岩倉使節団がどこの国にどれだけ滞在したかを知ることによって、明治時代の日本がどの国に関心を寄せていたか、少しだけでも類推できる。記録によると、アメリカ（八カ月）、イギリス（四カ月）、フランス（二カ月）、ベルギー、オランダ、ドイツ（三週間）、ロシア（二週間）、他のヨーロッパ諸国は短期間である。アメリカは大陸が広いだけに移動に時間がかかったことを考慮する必要があるが、英米という二カ国で一年以上滞在したのは、当時のイギリスの産業と国家が盛えていたのと、これから経済発展しようとしていたアメリカから学ぼうとする意欲が窺える。アメリカではあわよくば不平等条約の交渉期待もあった。フランスは二カ月と大国にしては短く、フランスの産業や経済を学ぼうとする意欲は乏しかったのである。ドイツが短いのはまだドイツ帝国は形成されておらず、明治新政府の形成された頃はプロイセン、ドイツへの志向は低かったのである。

参考までに、岩倉使節団に随行した留学生の派遣先を国別に示しておこう。**表序の1**がそれである。これを見るとやはりイギリス（一五名）、アメリカ（一二名）が一番多く、フランス（五名）とドイツ（五名）と少ないことが明らかであり、ここでも産業と経済の強い国から学びたい姿勢が読み取れる。もっとも英米組でも官僚、政治家になった人がかなりいるので、必ずしも産業と経済を学んだ人ばかりではない。

岩倉使節団員の中で特にフランスから影響を受けた人

ここで岩倉使節団のなかで注目すべき何人かの、特にフランスと関係の深かった明治時代の官僚、政治家を述べておこう。それの代表は井上毅《こわし》（一八四四―九五）である。井上に関しては小野（二〇一九）が有用である。肥後熊本藩の家臣の出で、なんと横浜のフランス語学校でフランス語を学んだ。とはいえ井上は同時に私塾で儒学も学んだので、洋学一辺倒ではなかった。維新後は大学南校（今の東大の前身）で学び、司法省に入る。フランス語ができたために、司法省の西欧使節団の一員として派遣されたが、井上は後に岩倉使節団に後発隊としても加わった。

一年間のヨーロッパ滞在中に、そのほとんどはパリ在住であったが、プロイセンの憲法とフランス法典をじっくり勉強したのである。フランス語とドイツ語が出来た井上だったので、独仏両国から学ぶことは多かった。特にフランスでは普仏戦争やパリ・コミューンという事象を見聞しており、フランスがドイツと比べて弱くなりつつあることと、反政府運動の強いことが国に好ましくないことも実感した。そこで井上はフランスよりもドイツの方が優れていると思うようになったのである。

井上は帰国後に有力政治家、大久保利通、伊藤博文、山県有朋（一八三八―一九二二）、岩倉具視らに重宝される側近となり、法律や外交においてこれらの人々へのアドヴァイスを行うようになった。一八八一（明治十四）年の政変では岩倉具視・伊藤博文側について、大隈重信（一八三八―一九二二）の失脚に黒幕的役割を演じたのである。

一八八九（明治二十二）年の大日本帝国憲法の公布に際しては、伊藤がドイツに渡って調査を行ってから憲法の策定にあたっていた。井上はこの時も側近として策定に関与したのであるが、伊藤の意向もあって井上はフランスのナポレオン法典よりもプロイセンのドイツ法典を重視するようになっていた。すなわち天皇が国家の中心として治める立憲君主制の国になるという政体を理想としたのである。

憲法制定後の井上は政府の中で重要な法制官僚として職に就き、軍人勅語や教育勅語、そして民法の制定にも深く関与した。その時フランスから招かれていたボアソナード（一八二五―一九一〇）という井上の師でもある法律学者のアドヴァイスを得ていた。当時の法律界はドイツ法かフランス法かの覇権争いがあったが、最終的にはドイツ法派が実権を握ったのである。さらに、民族のあり方としては、保守的な考え方を取り入れて、教育に関しては国体主義の色濃い教育思想を含んだ教育勅語であった。

次は山田顕義（一八四四―九二）である。山田に関しては根岸（二〇一九）から知り得た。長州藩士の息子として生まれた顕義は幼少の頃に吉田松陰（一八三〇―五九）の松下村塾に入門した。その後は京都に出て長州軍の越後口海軍参謀、青森口陸軍参謀となって幕府軍と闘ったのである。その功績と才能が認められて、岩倉使節団の軍事専門家の一員として随行するが、外国に行ってからは軍人というよりも、法律家として頭角を表すようになったのである。

フランスに着いてからはぞっこんナポレオンに惚れ込んだとされる。山田はナポレオンが偉大な軍人・皇帝であるのみならず、ナポレオン法典に代表されるように法律で国を統治するその考え方と実行力を大いに尊敬したのである。後になって山田が「日本のナポレオン」と呼ばれるようになるほど、ナポレオン、あるいはフランスから多くを学ぼうとしたのである。フランス滞在中に法律家のボアソナードと知り合い、後に彼を日本に法律顧問として招くきっかけをも作った。ボアソナードは井上毅のところでも登場した。フランス滞在経験のある山田と井上は、フランス法の考え方を日本で根付かせようとしたが、当時は伊藤博文等のドイツ憲法・法律への志向が強かったので、なかなか成功しなかった。

山田は軍人としてではなく、明治新政府では法律の専門家として活躍した。一八八三（明治十六）年には司法郷（司法長官のこと）に就任して民法典の編纂にあたった。山田は民法の制定に熱心に取り組んだが、当時は薩長藩閥政治への抵抗もあって、制定には苦労をしたのであった。山田らの起草した民法は帝国議会で成立したが、施行されることはなかった。その後の一八九二（明治二十五）年に民法は改正されて施行されるに至ったが、山田はその半年後に世を去ったのである。

日本の民法を一言で述べれば、筆者の判断では家父長制を基礎にした「家」制度の標榜であり、その後の日本社会の特色を示す基盤となったのである。井上や山田というフランス法典の影響を受けた法律の専門家であっても、日本の法律は外国法をそのまま日本に導入するのではなく、日本社会の特色や家族のあり方を反映した法律でなくてはならない、との考えを生かそうとしたのである。それが江戸時代の朱子学の発想から出た「家」制度を中心にした民法になったと理解してよいのである。戦後になってこの「家」制度は否定されたが、明治・大正・昭和（戦争まで）時代の民法はこのような和洋折衷の色が濃かったのである。

山田は欧米風の法律と、日本社会に根ざした文化・風習を学ぶための教育に大いなる関心を有して、日本大学の前身である日本法律学校と、日本古来の国文・歴史・法律を学ぶための国学院（後の國學院大学）を設立して、教育者としての貢献をも行ったのである。

対英米

ここでフランス以外の国に留学した日本人をやや詳しく紹介しておこう。なぜそうするかといえば、本書の主要関心であるフランスに行った人や留学した人との違いを鮮明にするためである。

表序の2を見ていただきたい。現在の日本人が留学先としてどこの国を選択しているかを示したものである。これによると特記すべきことがいくつかある。第一に、アメリカがトップの数であるし、イギリスは四位に食い込んでいる。明治時代の留学先の人気国が今でも続いている。これに関して、オーストラリア、カナダ、ニュージーランドという英語圏がトップテンに入っていることも印象深い。

第二に、中国、台湾、韓国といった東アジア諸国の人気が高い。これは明治時代を含めて戦前の日本ではなかったことであり、新しい動向である。中国を筆頭にして東アジア諸国の経済の強さの反映でもある。

表序の2　日本人の留学先（2013年）

順位	国　名	留学人数
1	アメリカ	19,334人
2	中国	17,226人
3	台湾	5,798人
4	イギリス	3,071人
5	オーストラリア	1,732人
6	ドイツ	1,658人
7	フランス	1,362人
8	韓国	1,154人
9	カナダ	837人
10	ニュージーランド	729人

（出所：日本学生支援機構）

第三に、ドイツとフランスはそれぞれが六位と七位という下位のランクであり、それほど人気の高い国ではない。これは戦前でもそうだったのであり、不思議な現象ではない。ドイツ語とフランス語の国際的地位の低下、それとは逆に英語の圧倒的な地位の高さの反映でもある。しかも、現代の世界で覇権を争っているのはアメリカと中国である。ＥＵもそれなりの重要性をもっているので、その中心国である独仏は留学先として人気はまあまあと言えるだろう。

明治時代に戻すと、英米の人気が高かったことを確認できたのであり、今でもその傾向に変化はない。あえて言えば、明治時代を含めた戦前は大英帝国の呼び名通りにイギリスは超大国だったので、アメリカよりイギリスの人気は高かったが、現代はアメリカが超大国の地位にいるので第一位にあることは自然である。

明治時代になぜイギリスの人気度が高かったのか、大英帝国の国力以外にもいくつかの要因を指摘できる。第一に、十八世紀末から十九世紀にかけてイギリスは世界に先駆けて産業革命を経験したのであり、工業化、産業化に成功して経済の強い国になっていた。繊維、石炭、鉄鉱、運輸などの工業の分野で高い技術水準を示したのであり、日本を含めて他の国からするとそれを学びたいとの希望は当然である。

第二に、経済が強くなると学問の経済学も強くなる。経済学の父と称されるアダム・スミス（一七二三―九〇）から、D・リカード（一七七二―一八二三）、J・S・ミル（一八〇六―七三）、A・マーシャル（一八四二―一九二四）と古典派経済学の大物を次々と輩出したし、第二次大戦前後にはJ・M・ケインズ（一八八三―一九四六）が出てケインズ経済学を創出したのである。経済学を専攻する者にとっては、イギリスで勉強したいと願うのは当然で、多くの外国人がイギリスで経済学を勉強したのであった。ところが不思議なことに日本人の経済学者ではそれほど多くなく、戦前では橘木（二〇一九）の示したようにドイツ留学に人気があった。その理由は、J・シュンペーター（一八八三―一九五〇）というオーストリア人の巨人経済学者がいたことと、当時人気の高かったドイツの社会政策を勉強したい人が多くいたからである。ドイツは社会政策の本家だったのである。

第三に、イギリスには旧い時代からオックスフォード、ケンブリッジという名門大学があったし、ロンドンにはUCL（ユニヴァーシティ・カレッジ・ロンドン）という工学、理学、医学に強い学校があったので、留学先としてイギリスの大学に憧れるのは自然である。

UCLに留学した傑物を二人紹介しておこう。第一は、初代の内閣総理大臣であった伊藤博文である。岩倉使節団のところで既に登場したが、それ以前（一八六三年）に既にイギリスに密出国ながら長州藩から長州五傑の一員として渡ったのである。その学校がUCLであり、彼の名前は学校に残されている。

ついでながら、伊藤はドイツとも関係が深い。一八八二（明治十五）年に政府の命によってヨーロッパの憲法調査のために派遣された。その一員に本書で大きく論じるフランス留学の西園寺公望もいた。ウィーン大学のローレンツ・フォン・シュタイン（一八一五―九〇）教授から法学の指南を受けて、後の大日本帝国憲法の草案の起草に大きく寄与したし、内閣総理大臣になったときの内閣制度に関して、ドイツを模範にしたことは有名である。

UCLに留学して有名になったもう一人は、「日本の鉄道の父」とも称されるエンジニアの井上勝（一八四三―一九一〇）である。産業・工業の強いイギリスで学んだ効果がもっとも典型的に出現したケースなので、やや詳しく紹介する。井上については老川（二〇一三）から学び得た。

長州藩士の息子として育ち、藩校の明倫館で学んでから、幕府のエリート校である蕃書調所（後の東大）で英語や航海術を学んだ。向学心の高い井上は、伊藤博文のところで述べた長州五傑の一人としてイギリスに渡った。ＵＣＬでは鉱山学や鉄道技術を学び、苦学しながらも学士を取得して卒業することができた。

帰国後の井上は大蔵省に入るが、しばらくして工部省（現在で言えば建設省、運輸省、国土交通省に相当する）に移り、そこで鉄道敷設の仕事に従事する。イギリスで学んだ技術が生かされたに違いない。有名な日本最初の鉄道、すなわち明治三年から五年にかけての新橋・横浜間の事業には直接関与しなかったが、神戸・大阪間や大阪・京都間の鉄道敷設に携わった。その後も各地で鉄道敷設の事業を行った。当時の日本は、お雇い外国人が大学教授や技術者として学者の世界や医学、そして技術の世界で幅を利かせていたが、井上らは工部大学校（後の東大工学部）の卒業生を採用して、徐々に外国人から日本人へと技術の仕事を任せるようになった。

明治時代も中期になると、日本各地で鉄道網の建設が行われるようになり、トンネルや鉄橋の工事をも請け負うようになり、鉄道の敷設は大掛りな資金が必要な国家的な事業となった。政府でこれを直接担当する部署は鉄道局であり、井上はその局で幹部を務めていたが、一八九〇（明治二十三）年に鉄道局は鉄道庁となり、井上はその初代の長官となったのである。それまでの鉄道の敷設は東海道線の全通が目標であったが、それが一八八九（明治二十二）年に完成した後は、日本の各地に鉄道の敷設が始まったのである。それについては、鉄道庁の長官たる井上の功績は明らかであり、「日本の鉄道の父」と称されるのはあながち誇張ではない。

鉄道庁の中で内紛もあり、一八九三（明治二十六）年に井上は長官を辞した。その後は民営鉄道の事業に進出し、機関車や客車・貨物車の製造にも携わったりしたが、一九一〇（明治四十三）年にヨーロッパの鉄道視察中に、持病の肝臓病が悪化してイギリスで客死した。若い頃にロンドンのUCLで鉄道技術を勉強した井上だったので、ロンドンでの客死は意外と本望だったかもしれない、というのが筆者の思いである。

最後に英米というからにはアメリカについても一言述べておく必要がある。明治時代ではイギリスに次いで留学生の多く行く国であったが、当時のアメリカは今ほどの超大国ではなかったし、学問の水準もヨーロッパより遅れていたのに、なぜ多くの留学生がアメリカに行ったのであろうか。いくつかの仮説が考えられる。

第一に、イギリスの産業革命より遅れ、旧英植民地という地位とはいえ、そろそろ経済発展の兆しを見せ始めていたので、将来性のある国と多くの人が見ていた。日本もこれから経済発展せねばならない時代にいたので、アメリカから学ぶことは多いかもしれないと思われた。

第二に、アメリカは英語の国であり、イギリスのお蔭で日本の旧制高校では英語を第一外国語にする学生が多かった。旧制高校卒業後に帝国大学に進学する人々は英語に強い人が多く、アメリカであれば、言語でドイツやフランスほどの苦労をしないであろうと予測してアメリカを選んだと考えられる。

ここでアメリカ留学生の中で、何人かの功績をごく簡単に記しておこう。鳩山和夫（一八五六―一九一一。息子に、後に首相になる鳩山一郎、曾孫に鳩山由紀夫、鳩山邦夫）はエール大学で法学博士を取得し、日本で議会政治家となった。小村寿太郎（一八五五―一九一一）はハーバード大学で学び、日本では外交官になってポーツマス条約の日本全権として大役を果たした。新渡戸稲造（一八六二―一九三三）はジョンズ・ホプキンズ大学で学び、日本では東大や京大の教授を務めてから、国際連盟事務次長になった。新島襄（一八四三―九〇）はアマースト大学で学んでから同志社英学校（今の同志社大学）を創設した。

対独へ

明治時代に日本がドイツから受けた恩恵、逆に言えば日本がドイツから学んだ最たるものは医学であった。ビスマルク時代の皇帝学、あるいは明治憲法はドイツ憲法から学んだという事実はあるし、それは既に述べたので、ここでは医学を論じておこう。

明治政府にとって大切な仕事の一つは、国民の健康維持と医療及び衛生制度の確立であった。そのためには治療と研究にあたる医師の養成が急務の要請であった。まだ日本は医学では後進国だったのである。そこで政府は医学の進んだ外国から医師をお雇い外国人教師として高給で迎え、大学の医学部で医学教育に当たらせたのである。それがドイツ人医師であった。

大学東校、東京医学校（東大医学部の前身）では医学教育者としてドイツ人のミュルレル、ホフマン、ベルツ（一八四九―一九一三）といった人を招聘していたし、それは帝国大学、後に東京大学になっても同様であった。特に有名なのはエルヴィン・フォン・ベルツであり、東京帝大医学部教授として任官したし、多くの日本人医師を育てた。その内の一部はドイツに医学留学の道を歩んだのである。日本の医学はドイツ医学から多くを学んだといっても過言ではない。ここでその足跡を何人かを代表して論じておこう。

まずは長与専斎（一八三八—一九〇二）である。長与に関しては西井（二〇一九）に依拠した。長崎生まれで、大坂の緒方洪庵の適塾（現・大阪大学の起源）で学び、次いで長崎でオランダ人医師・ポンペの下で医学を学んでから、長崎府医学校（現・長崎大学医学部）の病院長になる。転機は、彼が岩倉使節団に随行したことで訪れ、ベルリンで医学の修業に励んだ。帰国後は文部省の医務局長、東京医学校の校長、内務省の衛生局長を経験した。医学行政と医学教育の双方で役割を果したのである。

次は大物政治家の後藤新平（一八五七—一九二九）である。後藤は仙台藩の留守家の家臣の子として生まれ、福島県の須賀川にある医学校で学んだ。二十五歳で愛知県病院長と同医学校長となるなど、若い時から頭抜けた能力と指導力を発揮した。後藤はその後内務省の役人となり、当時の衛生局長であった長与専斎の下で、伝染病、公衆衛生、国民生活などの衛生行政に従事した。一八九〇（明治二十三）年にドイツに留学、医学はもとより公衆衛生、社会政策、統計調査などを学び、帰国後、衛生局長になった。後藤については越澤（二〇一一）から知り得た。

帰国後の彼の人生は華麗そのもので、就いた仕事を列挙するだけで十分である。台湾総督府民政長官、南満洲鉄道初代総裁、第二次桂太郎内閣の逓信大臣兼初代鉄道院総裁、寺内正毅内閣の内務大臣と外務大臣、東京市長、第二次山本権兵衛内閣の内務大臣兼帝都復興院総裁、などである。ならなかったのは内閣総理大臣だけというほどの、政治家としての大物ぶりであった。

後藤はいろいろな分野で活躍したが、もっとも際立った分野は次の三つである。すなわち、①関東大震災での復興計画、②ソビエトなどとの外交政策、そして③社会保険制度への熱意である。ここでは筆者の関心の高い医療制度や福祉政策について述べておこう。後藤は明治時代に生活保護制度と健康保険制度をつくろうとしたのである。

一八九五（明治二十八）年に後藤が内務省衛生局長だったときに、時の首相・伊藤博文に「明治恤救《じゅっきゅう》基金案」という建白書を提出して、失業した軍人の生活支援策、そして健康保護を訴えた。さらに「恤救法」と「救貧税法」の二つを建白し、六十歳以上の老人や十二歳以下の子どもの貧困者や、二週間以上仕事のない失業者の救済を、国民から税を徴収してそれを財源にして実行すべしとした。これらはすべて伊藤内閣の崩壊によって日の目を見なかった。しかし、後藤新平が今日でいう生活保護制度を、明治時代において既に念頭においていたことは特筆されてよい。

もう一つ後藤新平が熱心だったのは、健康保険法の制定である。後藤に好意的だった伊藤博文が再び内閣を組織したので、労働者疾病保険法案の制定を提案した。現在の健康保険法案の原型を後藤が既に頭に描いていたのである。この考え方は、一九二二（大正十一）年にやっと制定された国民健康法の内容の先駆けとみなしてよい。

一八九八（明治三十一）年にこの法案は、後藤が台湾の民政局長に転出した後、後任の衛生局長になった長谷川泰（一八四二—一九一二）によって立案され、議会に提出されたが、あえなく否決された。日本の社会はまだ健康保険などといった、社会保険制度を導入する時代ではなかったのである。

ここで後藤新平における福祉と社会保険に関する成果の評価をしておこう。後藤は官僚として幹部になってから、日本でも貧困救済策や健康保険法の制定の必要性を感じて、立法化に努めたのであるが、ことごとく成立の目を見ることができなかった。彼のこれらの試みは、若い頃にドイツ留学をしてビスマルク主導による社会保険の成立を見たことと、それを学問的に推進したいわゆる社会政策学の知識があったことが大きい。

なぜ失敗したのか。一言でまとめれば、「日本はまだその時代に達していなかった」ということになる。明治時代の日本はやっと維新の改革を終えて近代国家になったばかりであるし、旧態依然の社会と思想の中にいたので、福祉のことはまだ念頭になかった。

次は北里柴三郎（一八五三—一九三二）である。北里に関しては福田（二〇〇八）を参照した。東京大学医学部を卒業して医学者として素晴らしい業績を上げた人である。北里は熊本県に生まれて、熊本医学校（現在の熊本大学医学部）で学んだ。北里は東京医学校（現・東大医学部）を卒業後、内務省衛生局に入り、長与専斎局長の支援によって、一八八六（明治十九）年にドイツ留学を果たす。

北里は留学先で結核菌やコレラ菌を発見したロベルト・コッホ（一八四三—一九一〇）に師事する。そこで本格的に細菌学の研究に従事し、破傷風菌の純粋培養に成功するとともに、破傷風の免疫療法を開発する。免疫を獲得した動物の血清を用いた治療と予防の両方に成功する。優れた研究業績の第一弾である。

第二弾はコッホ研究室の同僚であるベーリングとの共同研究で、ジフテリアの免疫血清療法を生むことに成功したことである。この研究業績は画期的なものだった。その証拠に共同研究者であったベーリングは、一九〇一年に第一回ノーベル生理学医学賞を受けたことが挙げられる。北里柴三郎もノーベル賞を受賞してよかったはずであるが、実際は受賞しておらず、日本人のノーベル生理学医学賞の受賞第一号は、一九八七年の利根川進まで待たねばならない。

なぜ北里が受賞できなかったのか、様々な憶測がある。第一回目のノーベル賞の受賞者に非白人を選抜することを避けた、とする人種差別論の説がある。あるいは、北里は東大医学部の一派と深刻な対立関係にあったので、文部省・東大が一体となって北里の受賞に反対運動を行ったという説もある。ここでの北里と東大との対立とは、当時深刻な病気であった脚気の発生原因に関することである。

ドイツから帰国した北里は内務省の衛生局長に復帰した。当時の日本は衛生状態が悪く、伝染病の予防・治療を行う研究機関や病院施設をつくることは急務の要請であった。親しい福沢諭吉の支援と福沢と親友であった長与専斎、そしてその後任になっていた衛生局長の後藤新平の四人で、北里を所長とする伝染病研究所の設立に奔走する。資金難や、伝染病研究所が近くにできることを嫌う人々の反対などで苦しむが、私立の伝染病研究所はなんとか設立される。その後北里は私立北里研究所（北里大学の母体）を設立する。さらに、福沢諭吉の恩義に応えるために、慶應義塾大学医学部の設立に関与して、初代の医学部長となっている。

以上の三名、すなわち長与、後藤、北里は、明治時代にドイツに医学の修業のため留学し、日本で医学行政と医学の発展に尽くした人である。ドイツ留学という仲間意識、そして何よりも本人達がお互いによく知っているということが幸いしたのである。

最後に異端の人として森鷗外(一八六二―一九二二)を取り上げよう。夏目漱石(一八六七―一九一六)とともに明治の文豪として名高い。漱石はイギリスに留学したがさほど実りのある成果はなかったが、鷗外のドイツ留学は成功であった。医師と作家という「二足のわらじ」を見事にこなしたので、稀有な才能の持ち主であったことは確実である。軍医の最高地位である軍医総監にまで昇進した鷗外は、文学の世界でも大きな仕事をしたことは皆の知るところである。

軍医の世界における昇進を巡っては、途中で九州の小倉への左遷という悲哀も味わっている。嫉妬心を丸出しにして昇進できなかったことを嘆いた鷗外であった。もともと森の左遷については諸説があった。例えば、森がドイツでの留学を終えて新しい医学知識を吸収して帰国後、日本の医学界が旧いと非難したことにより、長老医師や陸軍軍医の幹部の心証を害したのが背景にあるとか、その頃から文人として頭角を現していたので、文人と医師の双方ができるのかという疑問や嫉妬が森に向けられていた。さらに、軍医の世界での昇進競争の中で、東大医学部での同期であった小池正直などとの人事抗争に敗北したともされていた。

山下(二〇〇八)はそれらのことよりも、当時の医学界であった脚気論争の余波が残っていたことを強調する。日清戦争後に陸軍が台湾征討の目的で渡っていたが、麦を食べれば脚気の患者が減少するという説を排して、兵士に白米だけを食べさせていた。台湾において陸軍兵士の多くが脚気に悩まされたことがあり、石黒忠悳（一八四五―一九四一）という軍医と森が麦を食べさせなかったことで、二人への責任論がくすぶっていたのである。山下はこのことに注目して、既に最高位の医務局長の職にいた石黒を円満退職させるためには、石黒への直接の懲罰よりも森への懲罰の方がより穏便に事を運べると判断して、森を小倉に左遷したという説を主張したのである。

もともと脚気論争には、医学の世界ではその発生原因として細菌説と栄養不足説の二つがあった。既に登場した北里柴三郎は細菌説を否定したが、森は細菌説を支持したのであり、大々的な論争になっていた。

脚気という病気のことを語る資格が筆者にはないし、さらに歴史家でもないので森鷗外の小倉左遷の真実がどうであったかを判定することはできない。ところで、小倉における生活を終えた後、東京に戻った森は第一師団の軍医部長に就任する。その一九〇四（明治三十七）年に日露戦争が勃発し、森も従軍軍医として中国大陸に渡る。当時の陸軍には第一軍から第四軍までの軍があったが、森は第二軍の軍医部長であった。森は、なぜ自分が第二軍の軍医部長より上である満洲軍の総軍医部長になれなかったかへの不満や、自分の管理する第二軍の衛生状態の評価があったとき、四つの軍のうち下から二番目の評価にすぎないと知らされて、これにも不平を述べていることが、山下政三によって明らかにされている。人事に異様な関心のあった森鷗外であったことがわかる。

さらに、既に述べた「脚気論争」という学問プラス非学問の派閥闘争にも関与したので、森鷗外は俗人的な側面をもっていたということができる。しかし人間であれば仙人のような欲望のない人生観を持て、という方が不自然なので、鷗外が出世にこだわったことはそれほど非難されるべきではない。

対仏へ

最後は対フランスへの志向であるが、これは次章以降で本格的に語られる。対英米、対独への志向は本章でいくらか述べたが、これらの国々、すなわち英米、独、仏に関しては、英米独が大人気で仏は一番の人気のなさであった。前三国は産業と経済が強かった上に英語という言語の有利さ、そして独は医学を頂点にした自然科学の強さが魅力であった。仏は文学・哲学・芸術では魅力を誇っていたが、産業・経済に関してはいま一つ人気がなかった。

これを証明する事実が旧制高校の教育制度によって明らかである。エリート選抜とその養成機関であった旧制高校は入学に際して、文科は甲・乙・丙、理科は甲・乙と区別していた。甲・乙・丙の区分は第一外国語に何語を選ぶかで決まるのである。甲は英語、乙はドイツ語、丙はフランス語であった。フランス語は理科専攻ではほとんどの旧制高校で教えられなかったし、文科専攻でも英語とドイツ語と比較すると人気は低かった。まずは文科でもフランス語を教える高校は少なかったし、時には定員に満たない志願者しかいないこともあった。学生の質も一番劣っていたとされる。

世間では丙を選ぶのは「軟文学崩れ」と揶揄されるほど見下されていた。もっともごく一部には次章から述べるように、フランス語とフランス文化に熱烈に憧れる学生もいた。

4　フランスの小説が日本に与えた影響

バルザック

十九世紀フランス文学が日本人、特に文学愛好家や作家に与えた影響力は、小説よりも詩の方がはるかに大きかった。ボードレール、マラルメ、ヴェルレーヌ、レニエ（一八六四―一九三六）などの詩作が日本語に翻訳されたし、これらの詩の内容や形式に沿った詩が日本でも発表された。では小説はどうであったろうか。

序章で十九世紀のフランスは小説の全盛期だったことを述べたが、日本での受入れは詩と比較するとそれほど熱狂的ではなかった。なぜ詩作の方が小説よりも先に関心を集めたのであろうか。筆者なりの仮説を呈示しておこう。第一に、フランス詩を筆頭にして、日本では上田敏の『海潮音』に象徴されるように、翻訳詩が小説よりもかなり早い時期に出版されたので、読者がそれに接することができた。ちなみに『海潮音』は一九〇五（明治三十八）年に出版され、一方の小説の翻訳本は少し遅れての出版だったのである。

第二に、日本では短歌や俳句といった短い文章で作品をつくる伝統があったし、人気を博していた文学ジャンルであった。外国の短い文章による詩を自然に受け入れる余地が日本にはあったのである。

第三に、詩は自然の素晴らしさや人間の心の動きの妙を記したものが多いが、小説は人々の生活体験や社会の現実を題材にした内容が多い。当時のヨーロッパにおける社会経済の発展の姿と明治時代の日本の社会経済の姿はかなり異なっていたので、日本人からすると小説で書かれた生活状況などはまだ理解できない点が多かった。そうすると長い小説の中で長々とヨーロッパの生活実態や社会の現実を読んでも他人事のように思えて、なかなか馴染めなかった可能性がある。そうすると翻訳小説にすぐ飛び込めないかもしれない。

第四に、詩も恋愛を扱ったものが多いが、小説はもっと直接的に男女の肉体関係や精神の描写が多い上に、かなりの割合が不倫を扱っていた。当時の日本人でも恋愛をする男女もいたし、妾の存在で知られるように不倫はあったが、なんとなく大きく語られる話題ではなかった。結婚も見合い結婚が大半で家庭を大切にしていた。恋愛を小説で赤裸に語るという雰囲気はそれほどなかった。そういう社会であれば、恋愛小説は表だって関心を持たれなかった可能性がある。

そのように小説に対する関心の程度が低かった日本とは異なり、小説家としてフランスでは大変評価が高く、かつ人気を博していた写実主義（リアリズム）の中心とみなせる作家がオノレ・ド・バルザックであった。むしろバルザックが日本で注目され始めたのは二十世紀に入ってから、一九三〇（昭和五）年頃であった。それまでの時期は後に述べるゾラ、フロベール、特にモーパッサンの翻訳が多く、それなりの人気を博していたと言ってよい。

バルザックがいかに世界的に有名な作家であるかを、『月と六ペンス』『人間の絆』などで知られるイギリスの有名な作家、サマセット・モーム（一八七四―一九六五）が一九五四（昭和二十九）年に世界の十大小説を選んでいるので、それから確認しておこう。

イギリス

（1）ヘンリー・フィールディング『トム・ジョウンズ』
（2）ジェーン・オースティン『高慢と偏見』
（3）チャールズ・ディケンズ『デイヴィッド・コパフィールド』
（4）エミリー・ブロンテ『嵐が丘』

フランス

（5）スタンダール『赤と黒』
（6）オノレ・ド・バルザック『ペール・ゴリオ』
（7）ギュスターヴ・フロベール『ボヴァリー夫人』

アメリカ

（8）ハーマン・メルヴィル『白鯨』

ロシア

（9）フョードル・ドストエフスキー『カラマーゾフの兄弟』

（10）レフ・トルストイ『戦争と平和』

このリストによるとイギリス人が四名でもっとも多く、次いでフランス人の三名で、バルザックが堂々と入っている。彼の名作『ペール・ゴリオ』は既に序章で紹介した。バルザックには有名な恋愛小説『谷間の百合』があるし、『人間喜劇』という九〇編にも達する小説群と称される大作がある。あらゆる種類の人間像を描き、社会の姿を赤裸に描いた社会派でもある。作品の数は膨大であるし、太った体躯と美食家でコーヒー好きは有名である。ロマン主義作家としてフランス随一の作家との声もある。

バルザックの日本での紹介は遅れた。すなわち既に述べたように翻訳が遅れたのである。東大仏文科出身で京大仏文科の初代教授であった太宰施門（一八八九―一九七四）が初期のバルザック研究で有名であった。しかし彼の研究は「人間喜劇研究」という博士論文でのものであり、それも一九三一（昭和六）年であった。博士論文は一般人の眼につきにくい業績である。太宰は一般向けにも『ルソーよりバルザックへ』『バルザック研究』等を昭和初期に出版したが、それほどの注目を浴びなかった。バルザックに関心が集まったのは戦後になってからにすぎないと言う人すらいる。

　バルザックは一部の経済学者から評価されたことを述べておこう。資本主義は内在的に格差社会を生む、と主張したフランス人のトマ・ピケティが、『21世紀の資本』の中で『ペール・ゴリオ』に言及したことは序章でも述べた。マルクスやエンゲルスもバルザックの愛読者だったのである。それは十九世紀フランスは資本主義が発展を見せようとしていた時代であり、社会で不遇な生活を強いられている庶民や労働者の姿を、バルザックが描いたことに起因している。もっともピケティは『ペール・ゴリオ』の中から得られた統計情報を、庶民の生活水準に照らし合わせて、人々がいかに苦しい経済生活にいたかを数字で証明しようとしたのに対して、バルザックはそのような統計的、経済学的な資料として書いたのではなく、ただ文学作品として人々の貧しい生活の姿を小説の中で描写したにすぎなかった。

　もっともバルザックは自己の書物の中で庶民の苦しい生活状況を描いて、マルクスやエンゲルスから愛されてはいたが、彼自身の希望は小説をどんどん書いて、有名になってお金持ちになりたいとの希望を持っていたし、貴族にまでなりたいと思っていた。政治においても王党派の代議士になりたいと立候補した経歴がある。作品の内容と本人の人生での希望と現実の間には矛盾があったとされても仕方のない側面があった。

スタンダール、フロベール、ゾラ、モーパッサン

バルザックよりもここに名を挙げた作家の方が日本人には愛された。特に日本人作家の間で人気であったと言ってよい。

スタンダールはバルザックと同時代の十九世紀前半の作家であるが、独自の恋愛論を発展させたし、代表作の『赤と黒』『パルムの僧院』は特に有名である。両小説ともに青年の恋物語であるが、たとえ恋が実らなくとも本人が真に恋する心（片想いと言ってよいか?）を持っているなら、それは幸せにつながる、との書である。この考えは日本人にも共感されたのである。

フロベールやゾラは十九世紀後半の作家である。フロベールの代表作は『ボヴァリー夫人』であるが、写実主義（リアリズム）の代表とされる。いわゆる不倫小説の代表で、発行当時は裁判沙汰にまでなった。平凡に暮らしていた田舎暮らしの医者の妻が突如として恋に目覚め、不倫や借金に悩んだ末に自殺に追い込まれる物語である。

ゾラは写実主義ではなく、自然主義の作家として知られる。序章でパリの百貨店を舞台とした物語を紹介して、当時の社会経済の発展物語としたが、代表作である『居酒屋』や『ナナ』という小説は、酒におぼれたり娼婦にのめり込む男を描いて、退廃的な人間像を示したのである。

日本では永井荷風がとても好んだ作家であり、『女優ナナ』は『ナナ』の翻訳である。女性のなまめかしい肢体と着物・化粧を好んで描いた荷風の後の小説はゾラの影響と思われる。男を虜にす

る魔性の女性を作品の中で描き、さらに荷風自身もその中に没頭する身となってしまった人生であり、まさに文学と人生が一体となっていた荷風の特色は、ゾラから始まったと言っても過言ではないだろうか。

最後はモーパッサンである。彼はフロベールを師と仰ぎ、作家や芸術家の師弟関係はよくケンカ別れになることが多いが、二人の好ましい関係は生涯続いた。代表作は『女の一生』である。自然主義の作品とされ、日本の作家では島崎藤村や田山花袋に影響を与えたのである。

第1章　憧れのフランス

ジゼルを演ずるカルロッタ・グリジ。第2幕で亡霊となって現れる。（1841年）
イタリア生まれのバレリーナであり、フランスで歴史的に有名なアダンの『ジゼル』を演じて、一躍世界的に有名になった。

1　フランスかぶれの文学

序章で十九世紀のフランスが文学で繁栄したことを述べたが、ここではそれに対して日本人がどういう対応をしたかを考えてみたい。ここにフランスに憧れた人の象徴的に有名な言葉を示して、その憧れの悲痛な叫びを暗示しておこう。

上田敏の『海潮音』

日本においてフランス、あるいはフランス文学が憧憬の的となった契機になったのが上田敏なので、最初に言及しておきたい。上田敏（一八七四―一九一六）は詩人、翻訳家、文学者であり、もっとも有名な作品が訳詩集の『海潮音』なのである。この『海潮音』の中にドイツの詩人であるカール・ブッセの誰もが一度は接したことのある有名な詩が掲載されているので、それも同時に載せておこう。ヨーロッパでブッセのことを聞くと、ほとんどの人が知らないと答える経験をした。

山のあなたの空遠く

「幸《さいわい》」住むと人のいふ。
ああ、われひとと尋《と》めゆきて、
涙さしぐみ、かへりきぬ。
山のあなたになほ遠く
「幸」住むと人のいふ。

（カール・ブッセ　上田敏訳）

上田の略歴は次の通りである。幕臣の子弟として生まれ、第一高等学校を卒業してから東京帝大英文科で学んだ。上田の学力の高さは有名で、英文科教授の小泉八雲（ラフカディオ・ハーン。一八五〇―一九〇四）が激賞したほどである。訳詩本の出版は東大講師のときであった。残念ながら仏文を学んではいないが、上田の語学の能力は抜群で、フランス語、ドイツ語も自由に読みこなしたのである。後に記すが、上田は若いときにフランスとドイツにも留学しているのである。現に『海潮音』に含まれた原詩は英語のみならず、独仏語、そしてイタリア語やプロヴァンス語の詩も含まれている。ただし、英独仏語以外の詩は英訳版の翻訳とされる。むしろここで強調したい筆者の持論は上田の語学力もさることながら、彼の日本語を含めた文章力の素晴らしさである。翻訳、通訳の質は結局のところ母国語の話し言葉と書き言葉が優れているからこそ、読者を魅了する。上田の文学的能力は抜群に優れていたのである。

『海潮音』は一九〇五（明治三十八）年に出版されたが、二九人の詩人と五七篇の訳詩からなり、序章で紹介したフランスの象徴派詩人であるボードレール、マラルメ、ヴェルレーヌ、レニエ、サマン等の詩が含まれていたのである。

山田（二〇一五）は〝フランスかぶれ〟の象徴として雑誌『明星』を挙げた。そこに記載された詩、短歌、小説、絵画などあらゆるジャンルの翻訳ものと和文のものを掲載して、日本人で文学に関心の高い人を大いに魅了したのである。『明星』の創刊は一九〇〇（明治三十三）年であり、上田敏は『海潮音』で一冊まとめて出版する前に、小出しでいろいろな詩の訳を『明星』で発表していたのである。『明星』は訳詩のみならず、ディケンズ、スコット、ヘンリー・ジェームズ、モーパッサン、ドーデなどの小説作品紹介も行ったので、文学界への影響力は大きかった。

日本人の文人でこの『海潮音』から大きな刺激を受けた人は無数にいる。山田（二〇一五）は『明星』や『海潮音』を読むことによって大いに刺激を受けた人として北原白秋（一八八五―一九四二）、島崎藤村、石川啄木（一八八六―一九一二）、木下杢太郎、高村光太郎（一八八三―一九五六）、当然として『明星』主幹の与謝野鉄幹、そして妻の晶子（一八七八―一九四二）などを挙げており、明治・大正時代の文人への刺激となったのである。この中で、島崎、木下、高村、与謝野などがフランスに留学、あるいは旅行していることを記憶しておきたい。

なお話題は少し横道にそれるが、上田敏は一九〇八（明治四十一）年にヨーロッパに留学した。その際興味ある話が東大と京大との間であった。京大の若手教員の数人が留学先のベルリンで会ったとき、ある若手の教員を東大ではなく京大が獲得に成功したことを祝って、「東京大学ざまを見ろ」

とビールで気炎を上げた、と橘木（二〇一一）で記した。

京都帝大は東京帝大に次いで二番目に一八九七（明治三十）年に設立されたのであるが、京大がまだ学生を輩出していなかったので、教授は東大出身者がほとんどであった。その東大出身の一部の京大教授の中には、キャリアの途中で東大に栄転する人がいて、京大内でそれをよく思わず嫉妬心を抱く人がいる中での、ビールでの快気炎なのであった。快気炎をあげた人の名は、上田敏、新村出（一八七六―一九六七。言語学）、原勝郎（一八七一―一九二四。西洋史）、桑木厳翼（一八七四―一九四六。哲学）であった。皮肉なことに桑木も後に哲学科ケーベル教授の後任として東大に移ったのである。京大の教授の中には、去る者は去れと冷淡に見る人と、羨望の目で見る人の二種類がいたので、複雑な人間心理を読み解ける。

これに関してもう一つの余談がある。京大仏文学科の初代教授は太宰施門であった。出身は東大であるが、東大に戻らずに定年まで京大にいた。なぜここで太宰に言及するかといえば、東大・京大の対抗意識とは無関係に、太宰は日本で最初のオノレ・ド・バルザックの本格的研究者であることは先に述べた通りである。

雑誌『スバル』

明治時代も末期になると『明星』は人気が低迷し、一九〇八（明治四十一）年百号をもって廃刊となった。一九二一（大正十）年十一月に復刊されることになるが、第一次『明星』に替わって新しい文芸誌『スバル』が一九〇九（明治四十二）年に創刊された。主幹は森鷗外であり、編集者は石川啄木・吉井勇・平野万里であった。スバル（漢字は昴）はフランス古典主義の詩壇で活躍した七詩聖を示す「プレイヤード」であったし、象徴派のベルギー人であるメーテルリンクの出した雑誌の名前でもあり、フランスの薫りがする命名である。新しい雑誌はフランスかぶれの継続でもあった。『スバル』に集った詩人、作家などを一言で表現すれば「耽美派」ということになろうか。石川啄木二十四歳、北原白秋二十四歳、木下杢太郎二十三歳、高村光太郎二十六歳という若さであり、大正時代の文壇を背負うことになる一群が集っていたのである。

白秋は明治時代の末期に処女詩集『邪宗門』を、第二詩集として『思ひ出』を出版した頃であった。耽美主義の詩は白秋の名声を高めた。その後もいろいろな詩集を出すので仕事はそこそこ順調であったが、私的な生活では九州・柳川の実家の酒造業が倒産したり、対女性関係でも不倫・結婚・離婚を繰り返したので、そう安定した人生ではなかった。しかし文人には恋愛関係が複雑で、波乱万丈な人生を送った人は多いので、別に驚くにあたらないし、それが作風にプラスになることもある。次に述べる島崎藤村もそうであるし、フランス象徴派詩人の代表者の一人、ヴェルレーヌも恋愛、結婚、同性愛、傷害事件などの諸事件の歴史を持っていた人であり、文人には珍しくない人生を白秋は送ったのである。

中高年齢に達した白秋は詩や短歌の分野から童謡や校歌・応援歌といった分野に進出するようになった。例えば山田耕筰（一八八六―一九六五）の作曲による「からたちの花」「この道」「ペチカ」

などの有名な童謡を知る人は多いのではないだろうか。悪く言えば、純粋な詩人からポピュラーな作詞家になって、金儲けに走ったとの声があるかもしれないが、経済学専攻の筆者からすると、生活費を稼ぐのは人間にとって必須条件なので、それほど大きな違和感はない。むしろ売れない純粋文学、純粋芸術に固執して、すなわちあまりにもストイックすぎて生活に困窮している文人、芸術家がいるし、まったく売れなくて職業を変更する人もいるのである。妥協策を言えば、本業で格調高い文筆や芸術にコミットし、アルバイト、あるいは副業で収入を得る姿であろうか。

若き文芸・美術家の懇親会「パンの会」

「パンの会」は明治時代の末期にほぼ五年間ほど継続した私的な懇親会である。詳しくは野田（一九八四）から知り得た。『スバル』に属する詩人を中心にした文人、すなわち北原白秋、木下杢太郎、長田秀雄、吉井勇などと、絵画グループ「太平洋画会」に属する画家、石井柏亭、山本鼎、森田恒友、倉田白羊、平福百穂などが集い、一カ月に二度ほどレストランに集まって饗宴の機会を持ったのである。画家グループは美術同人誌『方寸』を発行していた。序章で見たようにフランスは印象派の絵画が全盛だったのであり、この絵画グループも印象派の影響を受けた人が多かった。なお日本人画家とフランスの関係は別のところで詳しく論じる。

「スバル」と「太平洋画会」のメンバーであればレストランの選択はフランス料理が自然であったし、セーヌ河になぞらえて隅田川のほとりのレストランで会合を持った。なぜ「パンの会」と名付けられていたかは、「パン」はギリシャ神話における牧神を意味し、享楽の神でもあるので、自分達もそれにふさわしいように饗宴会の名をつけたのである。

詩人側の代表は木下杢太郎であり、「パンの会」の命名者でもあった。画家側の代表は石井柏亭であった。常連のメンバーに加えて時にはパリから帰ってからの高村光太郎、上田敏、永井荷風、谷崎潤一郎、与謝野鉄幹、黒田清輝、藤島武二なども加わった。俗流の言葉を用いれば、「フランスかぶれの詩人と絵書きの飲食会」と名付けておこう。

絵画グループはフランス印象派の影響を受けていたことは既に述べたが、二つほど補足しておこう。第一は、当時のフランスとベルギーを中心にしてヨーロッパ全体で起こっていたアール・ヌーヴォー（新しい芸術）の運動が絵画、工芸品、建築の世界であり、この影響も無視できなかった。例えば、与謝野晶子の歌集『みだれ髪』の表紙はアール・ヌーヴォー風であった。第二は、フランスかぶれが基調とはいえ、「パンの会」は江戸趣味も一つの特徴であったことが山田（二〇一五）で強調されている。例えば浮世絵を鑑賞しながら会食をしたり、芸妓を席に呼んだりしたのである。

木下杢太郎

「パンの会」で代表的な役割を演じた木下杢太郎（一八八五―一九四五）をここで論じておこう。彼については野田（一九八〇）から知り得た。静岡県の伊東で生誕してから東京の独逸学協会学校（現・独協中学・高等学校）でドイツ語を学んだ。将来医者になるためのドイツ語修業であったが、本人は文学や美術に強い関心を有していて実はその分野に進みたかったが、それでは食えないとの家族をはじめ周りの反対で医師を目指したのである。世間では、本来は文学・美術に進みたかったが、周りの反対で他の分野に進んだ人は多いのである。筆者のよく知っている人として、経済学者・故森嶋通夫（一九二三―二〇〇四。大阪大学・ロンドン大学教授でノーベル賞候補でもあった）は夏目漱石流の高等遊民が憧れで、文学志望であった。

秀才杢太郎は当時のエリート校である一高・東京帝大医学部に進学して医師となった。専門は皮膚科であり、東北大と東大の医学部教授を経ているので、医師としてのキャリアも見事であったと言えよう。しかしここでは杢太郎の文人としての活躍だけに注目するが、戦前の日本では森鷗外もそうであったように医者・文士という「二足のわらじ」の人は存在したのである。ついでながら、杢太郎は森鷗外を尊敬していたのであり、しかも彼から大きな影響を受けたのは確実であった。後に加藤周一に言及するが、彼は若い頃は医者、後に作家・評論家になった人であり、完全な「二足のわらじ」ではないが、医と文の双方を経験した人である。

木下杢太郎は一高・東大在学中に詩作に励み、『明星』そして後の『スバル』などにも投稿していたし、白秋・長田秀雄と季刊誌『屋上庭園』の編集人にもなるほどの指導者になっていた。『屋上庭園』の第一号は一九〇九（明治四十二）年の公刊であり、表紙はかの黒田清輝の絵であった。第二号の表紙も黒田で、口絵には木下自身の絵も掲載された。木下の詩や絵は耽美派のそれであった。

一九一一（明治四十四）年に東京帝大医学部を卒業してから、数年後に満洲の医科大学の教授と皮膚科部長になる。皮膚科の選択は森鷗外の助言によるとされる。敢えて邪推すれば、内科・外科のような多忙な科では文人の生活はできないだろう、という鷗外自身の体験から出た親心かもしれない。満洲行を機に彼は詩作をやめた。最後の詩集『食後の唄』にまとめた後、美術研究と随筆執筆を中心にするようになったのである。

杢太郎は若い頃の憧れであったフランスに渡るため、満洲での医学職を辞して、一九二一（大正十）年に自費で欧州留学に向ったのである。なんと三十六歳という遅い年齢での大きな決断であったか。パリ滞在の彼については宮内（二〇〇二）に詳しいのでそれに準拠する。

もっとも興味深いのはここで引用する文章から得られる情報である。それは彼の『日記』の中の「異国」での文章である。

青年時代に私が憧憬した欧羅巴は、現に今私が見てゐるやうなものではなかつた。学校を出た時数年間の不得意な生活の間に、私が夜毎宿直の室で空想して、どうかして有りつくことが出来たら、そしてけちくさい日本から遠離することの出来ると思つた処は、もつと絢爛で、もつと高雅で、もつと生々とした処であつた。

筆者流に解釈すれば、パリの町並みは憧れていたように典雅で美しいものと胸をふくらませたが、実際に来てみると期待に背くものだったのである。それは町並みのうす汚い姿だけではなく、日常の生活においても優雅な文章や絵画で示されていたような高い芸術性に満ちたものではなかった、と李太郎は失望したのであろう。パリの情景は遠くから見ると、建物と街路樹の緑は美しいが、細道には犬の糞やゴミが飛び散っており、パリの街の汚さは昔も今も同じである。

なぜ李太郎はこのように失望したのであろうか。筆者の仮説を述べてみよう。第一に、人生も半ばに達した三十五歳頃であれば、人生の枠をも認知しているので憧憬そのものが消滅したか、その程度が低下していた可能性がある。第二に、日本にいたときの李太郎のフランスやパリの知識は文章と絵画を通しただけのものであり、映像によるものはとても少なかったので、想像を巡らせる面が強く、風景や生活実態を美化していた可能性がある。第三に、感受性が高いだろうと想像できる李太郎の期待感は無限に高かった可能性があり、現実を見た時の落胆度は逆に大きくなるかもしれない。

「もっと若い頃にフランスに来るべきであった」とさえ書いているのである。パリでの三年間の滞在で、李太郎はひたすら医学の研究に没頭するのであった。当時の医学界はドイツが最高の水準にいたので、日本人には医学ではドイツ留学がもっとも人気が高かったが、なぜ李太郎がフランスを選んだのかは、簡単に回答ができる。若い頃にフランスの詩や小説に親しんで大いにフランスに憧れを抱いたのであるから、まずフランスを留学先にするのは至極当然である。とはいえ、フランスもパスツール（一八二二―九五）などを輩出し、それなりの高い医学の水準を保持していたので、文学・芸術はさておきフランスで医学に励むのはムダではなかった。現に植物学者のランゲロン教授と共同研究を行って糸状菌分類法で「太田（杢太郎の本名）・ランゲロン分類法」を発表し、高い評価を得てフランス政府よりレジオン・ドヌール勲章を受けている。

一時はリヨンにも滞在した杢太郎であったが、パリ滞在中は医学研究が第一ながら、美術館やオペラなどに行く余裕もあり、充実した生活であった。帰国後は東北帝大、東京帝大の医学部教授を務めたので、学界人としても功を遂げたのである。若い頃の詩集で有名だったので、木下杢太郎は見事に「二足のわらじ」を成功させたのであり、森鷗外に勝るとも劣らない人物だったのである。しかもフランスかぶれを文字通り貫徹させた才人でもあった。

永井荷風

木下杢太郎はフランスとパリに行って失望したが、これから述べる永井荷風（一八七九―一九五九）は逆にフランスとパリを絶賛する文章を書いて、好対照であった。二人ともフランスへの憧れ、あるいはかぶれ振りは格別の高さであったが、異なる対応を示した理由を考えてみたい。

永井荷風の生涯については磯田（一九七九）、飯島（二〇〇一）などで知り得るが、筆者が個人的に傾倒したこともあって、かなりの知識を有していたので、出典は具体的に述べない。

荷風は父・久一郎が高級官僚である家庭に生まれた。息子・壮吉も将来は官僚を目指すようにと勉強を強要し、東京帝大に進学するように期待した。そのために学校も東京師範（現・東京学芸大学）付属小学校や東京高等師範（現・筑波大学）付属の中学校に進学したので、将来はエリート校の第一高等学校（現・東大教養学部）への入学が親の期待であった。

ところが幸か不幸か、母親が歌舞伎や邦楽が趣味であり、息子を演劇や雅楽に親しむ機会を与えたことにより、壮吉は少年の頃からいわゆる遊郭で遊んだり日本の古典文学を楽しむようになっていた。当然のことながら学業には熱心でなくなり、第一高校入試に失敗したのである。このあたりは一高から東大に進んだ木下杢太郎のエリート振りとは正反対である。

歴史に「if」はないが、もし荷風が一高入試に合格して東大に進学（昔は旧制高校卒業生はほぼ自動的に帝国大学に進学できた）して、官僚になっておれば、作家・荷風の誕生はなかったかもしれない。もっとも三島由紀夫のように東大卒業後に大蔵省に入省したが、途中で役人を辞して作家への道に転進した人もいるので、文学好きの荷風もたとえ官僚になっていても、作家に転進したかもしれない。

学業に強くなかった荷風であるが、学校は高等商業学校（現・一橋大学）の附属外国語学校で清語科（満洲語）に入ったし、自分でフランス語などを夜学で勉強していたので、語学だけは強かった。その頃から小説を書き始めて評判を上げていた。転機は父の勧めによる二十四歳でのアメリカ留学で訪れた。アメリカ各地を転々とするが、さして成功せず四年間の滞米を終えて、これまた父のコネで横浜正金銀行（為替専門銀行）のリヨン支店に行った。でもリヨンでの生活は一年にも満たず、パリに二カ月位いてから帰国した。この間に『あめりか物語』と『ふらんす物語』を執筆して脚光を浴びた。

この二冊は筆者にとって記念碑となったことを告白しておこう。筆者はアメリカで経済学の博士学位を取得してからフランスに就職のために渡ったのであるが、荷風によるアメリカからフランス行きの真似事をしたいと秘かに思っていた。特に『あめりか物語』は、荷風には失礼であるが低俗な恋愛事件の叙述であるし、アメリカ文化をやや批判していた。「付録フランスより」ではフランス文化が優れているとの記述に満ちており、荷風がフランスに憧れていることを知ることができた。『ふらんす物語』はまさにフランス文化の絶賛が満載であった。もっとも荷風特有の女性賛美論も充満していた。

いかに荷風がパリに憧れているかを山田（二〇一五）は引用しているのでそれを拝借しておこう。

あゝ！パリ――！　自分は如何なる感に打たれたであらうか！　有名なコンコルドの広場から、並木の大通シャンゼリゼ――、ブーロンユの森は云ふに及ばず、リヨンの街の賑ひ、イタリア四辻の雑踏から、さては、セインの河岸通り、又は名もしれぬ細い露地の様に至るまで、自分は、見る処、至る処に、つくつく此れまで読んだフランス写実派の小説と、パルナッス派の詩編とが、如何に忠実に、如何に精細に、此の大都の生活を写して居るか、と云ふ事を感じ入るのであった。

真鍋（二〇〇二）は『ふらんす物語』における荷風の記述には虚構と誇張がかなりあると指摘している。モーパッサンやゾラの小説やボードレールの詩をこよなく愛する荷風だからこそ、描写に多少の間違いや誇張があったとしても、フランスかぶれに免じて許されるところがあるとしておこう。

耽美主義の荷風なので、娼婦を含めて女性が作中に数多く出てくるのであるが、男女の恋愛と性愛を前面に押し出す姿は、荷風の帰国後の実生活でも実践された。ところが当時の日本ではまだ恋愛や性愛を自由に文章にすることは、現実の世界でもタブーにする雰囲気があったので、『ふらんす物語』は風紀を乱すとして発売禁止の命を受けたのである。

五年弱の欧米滞在（アメリカ四年、フランス一年弱）後に帰国してからも荷風は作品を発表し続け、世にも受け入れられるようになった。慶應義塾大学の教授の職をも得た。しかし私生活の乱れ（男女関係）や慶應との対立もあって、教授職を辞して一介の作家として生きるのであった。しかし芸者遊びや歓楽街通い、そして印税収入の多さから金銭を湯水のように使うという放蕩生活が目立つようになった。

孤独の中で亡くなったのは一九五九（昭和三十四）年の七十九歳の時であったが、当時の死亡新聞記事を筆者は妙に記憶している。死体の傍にあったボストンバッグの中には、土地や債券の権利書、預金通帳、文化勲章などが入っていた。預金通帳は二三三四万円を超えており、当時の貨幣価値からすると億を超すかなりの多額だったのである。

最後に、フランスかぶれの不肖・筆者からの二人のフランスかぶれ、木下杢太郎と永井荷風の比較を行うことを許していただきたい。確かに『あめりか物語』と『ふらんす物語』を愛読して、大いに刺激を受けて、米仏両国に住んだ筆者であったが、人生としてははるかに杢太郎の方が好みである。あれだけ憧れたフランスであったが、実際に行ってみると幻滅とまでは言わないが失望した冷静さに敬意を払うし、まずは第一に医学研究者、第二に文人としての見事な「二足のわらじ」というストイックな人生に憧れる。荷風のような放蕩な生活をする資格も勇気もない筆者なので、荷風には決してなれないというのも、もう一つの理由である。

不本意ながらのパリ行きの好対照——与謝野鉄幹と島崎藤村

フランスかぶれの程度がとても強く、憧れのパリに行った文人は無数にいるが、中には渋々フランスに向った人がいる。それが与謝野鉄幹（一八七三—一九三五。後に寛と名乗る）と島崎藤村（一八七二—一九四三）である。二人ともフランスの詩、小説それに絵画が大好きであり、心の中ではフランスに行きたい気が充分にあったが、直接の契機は日本に居づらいことが発生して、不本意ながらフランスに向ったのである。

まずは鉄幹である。雑誌『明星』の主幹であり、フランスの詩、小説をふんだんに紹介し、表紙やさし絵にも「アール・ヌーヴォー」スタイルの絵を用いたフランスかぶれの雑誌なので、鉄幹がフランスに憧れていたのは間違いなかった。大恋愛の末に歌人の晶子と結婚して、晶子の作品も『明星』に載せられていたのである。

しかし、晶子が歌集『みだれ髪』を出版してから彼女の人気はうなぎ登りであった。皆の知るようにこの歌集は恋愛を中心にして、女性の官能と情熱の賛美であり、目新しい詩集として大いに注目されたのである。これを機に晶子への原稿依頼や取材が殺到することになり、なんとなく鉄幹は横に追いやられてしまう羽目になった。もともとは鉄幹の人気が高く、晶子はそれに憧れての恋愛・結婚であったが、地位の逆転現象が起きてしまったのである。鉄幹への仕事の依頼は激減し、憂鬱な日々を送っていたのである。それを見かねた晶子は、鉄幹にフランス遊学（留学）を勧めたのである。留学であればどこかの学校や組織に属して勉学ないし研究するのであるが、遊学なので自由なパリ生活を楽しんでこい、との助け舟である。鉄幹にとっては逃避行だったのである。一九一一（明治四十四）年の渡仏であった。

ここに明治・大正時代の結婚・家族の形態の姿を読み取れる。儒教思想と親和性がある家制度、家父長制度の中にあった日本社会だったのであり、たとえ鉄幹・晶子のように自由な恋愛で結ばれ、かつ進歩的で男女平等の思想を持っているだろうと想定されるこの二人であっても、妻が夫より上の立場になると、家庭はしっくりいかない可能性があったのかもしれない。

一方の島崎藤村はどうだったのであろうか。信州木曽谷の馬籠で育った藤村は明治学院本科（現・明治学院大学）の一期生であり、キリスト教信者になっていた。若い頃から詩・小説を愛し、東北にいるときに処女詩集『若菜集』を出版してロマン主義詩人の評価を得たのである。その後も詩を出したが、徐々に小説に転じて、後に有名な『破戒』や『夜明け前』などを出版して自然主義作家の代表者となった。

藤村の文人としての評価よりも、ここではなぜ彼が四十二歳になってから一九一三（大正二）年にパリまで来たかに関心がある。文人には珍しくないことであるが、女性関係において妻の死後、女性（それも姪であるこま子）と愛人関係になり、妊娠までさせたのである。藤村はこのことに深い罪悪感を持ち、パリまで行って自分を隠したい気持ちになったのである。悪く言えば鉄幹と同じように藤村も逃避行と解釈できる。

このようにして本章の小見出しにおいて、「不本意ながらのパリ行き……」で示したように、鉄幹と藤村はともに心の中では憧れのフランスでありながらも、直接的な動機としては渋々あるいは消極的な理由でもってパリ、フランスに渡ったのである。しかし二人に共通する点が一つある。それは鉄幹（晶子も含めて）も藤村も文筆業によってかなりの額の所得を稼いでいたので、十分な渡航費用と滞在費を負担できたのである。留学は公費なり社費の負担によるケースが多いが、この二人の場合には私費なので、これまた遊学と称してよい理由の一つである。

ところがである。二人のフランス遊学は現場とその後でまったく異なる様相を呈した。具体的には、鉄幹（名を本名の寛に戻していた）は溌剌としてパリでの生活を大いに楽しむし、色々吸収するが、藤村はどこか暗いところがあって部屋で孤独なさびしい生活を送ったのである。どちらも日本を離れてフランスに向ったのは、どこか十字架を背負ってという雰囲気があったが、鉄幹は生き返って元気になったのに対して、藤村はいつまでも沈痛なさびしさの中にいたのである。

具体的な生活がどうであったかは山田（二〇一五）に詳しい描写がある。鉄幹においては、毎日パリの街を歩きまわり、文学、芸術との接点を求めて美術館巡り、演劇場通い、レストランやカフェ、バーに入り浸りであった。交流においても、日本からパリに来ていた画家との会合や談笑を重ねていた。具体的な画家の名前は山田（二〇一五）に譲るが、有名な梅原龍三郎とはよく会っていたのである。

一方の藤村においては、わびしい部屋にこもって寂寥をかみしめる毎日であった。時には美術館に行って絵画の鑑賞をしたり、音楽の演奏会に行ったりしたが、好みの絵は派手なものではなく憂鬱さに満ちたものであった。興味を引くのは、誰でも行くルーヴル美術館には一年間も行かなかったのであり、基本は静かな生活だったのである。

経済学専攻の筆者にとって関心の持たれる話題は山田（二〇一五）に書かれていることであるが、藤村が当時パリにいた河上肇と竹田省（一八八〇―一九五四）との交流があったことである。河上肇（一八七九―一九四六）は京大教授で『貧乏物語』を出版して、資本主義経済は貧困者を多く生む制度であると主張した有名なマルクス経済学者である。ついでながら竹田省は同じく京大の人で商法で有名な学者である。河上・竹田の両人については橘木（二〇一一）に詳しく記載されているので、関心のある方は参照されたい。

なぜ三人が交流を始めたかは、河上が若い頃に藤村の詩集『若菜集』を愛読していて、藤村がパリにいることを知った河上から手紙を出してからの接近とのことである。三人はそろってドビュッシーの演奏会に行ったのである。フォーレ、ラヴェル、ビゼー、ベルリオーズ、グノー、サン＝サーンス、ケルビーニなどのフランス音楽家は筆者の好みでもあるので、藤村、河上、竹田の三名がドビュッシーの演奏会に行ったのは感慨深い。重厚な響きを誇るドイツ音楽と異なり、ピアノや金管と木管の明るく輝く音色がフランス音楽の象徴であり、フランス印象派の明るい光の満ちた色彩と相通じるものがある。藤村がフランス音楽好みであったかどうかまでは確認できなかった。

こうしてパリ生活では溌剌としていた鉄幹、暗くてわびしい藤村のパリ生活（フランス文学評論家の河盛好蔵の言葉）であったが、帰国後の二人の職業生活は明暗を分けることになった。すなわち、藤村は『平和の巴里』と『戦争と巴里』を書き上げたし、いくつかの作品を出版して作家としての名声はますます高まったが、鉄幹の場合には見るべき作品はなく、二人はこれまた好対照なのであった。

2　フランス文学を学んだ人の活躍

ここまで列挙した様々な作家、詩人の多くは必ずしも学生時代にフランス語、フランス文学を学んだのではない。それらフランス語やフランス文学を学んだ人で文人として活躍を見せる時代を、その後は迎えたのである。これを取り上げておこう。その代表的な場所は東大仏文科である。

東大仏文科での教育と人材輩出

東大仏文科は非常にユニークな存在である。ごく少人数の教員と学生から成るミニチュア学科であるが、教員そして卒業生には眼を見張る人がかなりの数存在している。教員としては、日本人に限定して辰野隆（一八八八―一九六四）、渡辺一夫（一九〇一―七五）、阿部良雄（一九三二―二〇〇七）、森有正（一九一一―七六）の四名、卒業生としては太宰治と大江健三郎、そして辻邦生、小野正嗣（教養学部出身）を代表として論じておきたい。

旧制の帝国大学文科においては、英文科と独文科が中心で輝いていた。その理由は単純で、英文科は英米の二大強国（特にイギリス）が世界を制覇していたことからくる英語の重要性、独文科はドイツ帝国の強さと医学・理工学などの学問の強さによってドイツ語を学ぶ必要性が高かったことによる。もとより英国はシェークスピア、ディケンズ等、ドイツはゲーテ、シラー等の文学で歴史のあることも見逃せない。

英独文学と比較して、仏語・仏文の地位は低かった。これは末期の江戸幕府がフランスの支援を受けたことによって、明治の新政府の中では逆にフランスの影響力が弱くなったことがある。さらにフランスは産業・経済の強さというよりも、文学、芸術、ファッション、料理といったように文化面での注目度が高く、ごく一部の好事家のみが愛する国とみなされていたからである。むしろこの特色を生かす方向に進んだと言った方がより正確である。フランスかぶれの一要因でもある。

その証拠に旧制高校で第一外国語としてどの言語を選択するかに際して、既に述べたように英語と独語の人気が高く、仏語は「軟文学好みの軟派」が選択する言語として、半ば軽蔑されていたのである。このことは帝大文学部の中でも反映されていて、仏文科の地位は低かった。ところがである。むしろ少人数者扱いをされた人々の反抗心、結束力、愛情には強いものがあって、軟派を誇りにした怠け者もいたが、一部の人々の探究心、勉強する意欲は強く、仏文科は教育・人材輩出で力を発揮するのである。日本人による初代の仏文科教授は辰野隆であるが、彼の功績には大きいものがある。東京駅や日本銀行の建築で知られる建築家・辰野金吾（一八五四―一九一九）の長男である隆は、父の官僚・実務志向に逆らうことなく、東大法科に進学した。多分官僚の道を歩もうとしたのであろうが、本人は自分の好みに忠実に生きようと仏文科に入りなおして、仏文教授となった。

辰野はフランス語と仏文学の教育をしっかり行なって、次の教授・渡辺一夫、阿部良雄や助教授・森有正を育てたし、文学・評論の世界で第一級の人となる太宰治、小林秀雄（一九〇二―八三）、三好達治（一九〇〇―六四）などを輩出したのである。辰野自身の研究は、仏文学の啓蒙家・紹介者としての域を出ることがなかったが、教育を大切にしたことは評価されてよい。

次の教授は渡辺一夫であった。この人の名前は筆者の世代にとってもよく聞く名前であり、仏文学界での巨匠であるとともに、多くの有能な研究者・作家を生んだところの、言葉は悪いが大ボスであった。研究実績としては、フランス人からも難解とされたラブレーの研究でいい仕事をしたし、エラスムス（一四六六―一五三六）やモンテーニュ（一五三三―九二）にまで関心を広げて、フランスにおけるユマニズム（英語ではヒューマニズムと称する）の研究で第一人者となった。

渡辺の研究実績一覧を見たが、日本語による研究書と翻訳書が多くあり、フランス語によるものはあまりなかった。これではフランス本国におけるラブレー（一四八三―一五五三）やモンテーニュ研究にほとんど影響を与えなかったのではないかと想像されるが、当時の日本の学界の水準を考えると仕方のないことであった。渡辺については、渡辺著『師・友・読書』を参照されたい。

ここではむしろ渡辺の人材輩出力のすごさを強調したい。高校時代に渡辺の文章を読んで感銘を受け、彼の下で学びたいと東大仏文科に入学してきた大江健三郎を代表として、辻邦生などの一流作家を生んだのである。興味のある人物は中村真一郎（一九一八―九七）である。東大仏文科の教師になれるほどの学力の持ち主であって、助教授採用の話まであったが、本人は研究者よりも創作の人になりたいと希望して、作家・評論家を選んだのである。作家と学者という二足のわらじは無理というのが彼の判断であった。文学研究者・文芸評論家と創作に携わる作家の優劣を論じる気はないが、文学の世界では永遠のテーマなのであろう。

戦前に超名門校のエコール・ノルマルに留学した日本人はいただろうが、戦後になって留学した人物として有名なのは仏文学者の阿部良雄である。ところでフランスには大学以外に、グランゼコールと称される入学試験のとてもむずかしい高等教育機関がある。もっとも有名なのは、エコール・ノルマル以外に、エコール・ポリテクニーク、ＥＮＡ（国立行政学院）などである。詳しい紹介は橘木（二〇一五）にあるので、参照されたい。

阿部は東大の仏文科を卒業してからフランス政府招聘留学生（通称ブルシエ）に選ばれ、エコール・ノルマルで学んだのである。もとよりエコール・ノルマルのむずかしいフランス語による入学試験に合格して入学したのではないが、ブルシエになるにはそれに勝るとも劣らない試験がある。阿部はフランス文学を勉強したいがために、フランス人と起居をともにできるエコール・ノルマルの寮で三年間暮らした。

阿部がブルシエの資格だけでエコール・ノルマルに入学できたのはうらやましい、とフランス人からひやかされた、とどこかに記述があった。日本に置き換えれば、むずかしい東大の入試をパスせずに、外国人が東大に特別に入学したときに日本人がひがみの感情を持つかもしれないのと同じ事態である。

その後阿部はＣＮＲＳ（国立科学研究センター）の研究員、東洋語学校の講師を務めて、四年間の学究生活を送ったので、フランス語の実力は抜群であったし、フランス文学の研究においても素晴らしい業績を挙げている。フランスの詩人、評論家として有名なボードレール研究の第一人者として高名であり、著書も多い。東大仏文科の教授を長い間務めた。彼の『若いヨーロッパ——パリ留学記』（河出書房新社）から、当時の日本の若者が戦後のフランスをどう見てどう暮らしていたかがわかる。

最後は、仏文科助教授の地位を投げ捨ててフランスに渡った森有正である。この人は初代の文部大臣で最初の帝国大学をつくった森有礼の孫である。個人的なことを述べて恐縮であるが、森有正の『バビロンの流れのほとりにて』などの著作に憧れて、フランスかぶれとなってしまった筆者にとっては思い入れのある人である。筆者の在仏中に会った人でもある。とはいえ、実際に会うと風采の上がらないオッサンであった。「憧れの人には会うな」の教訓を感じたのであった。かといって名文家の森有正を傷つけるつもりは毛頭ない。

どこで会ったかといえば、パリに国際留学生会館があるが、そこの日本館（本書で登場する薩摩治郎八（通称・バロン薩摩）が創った宿舎）の館長が森有正だったのである。筆者の下宿先探しの一環として面接してもらったのである。結局は入居しなかったが、本音を言えば彼に会いたいために応募したのである。

彼は日本にいながらパスカルやデカルトを中心とした哲学・文学の研究をすることの限界を感じたのであり、フランス生活を体験してはじめてフランスの哲学・思想がわかるのではないか、という期待のもと、東大の地位や家族を捨てて渡仏したのである。森がこの目的をどれだけ達成したかを論じる資格はないので、そのことについてはこれ以上言及しない。

東大仏文科をまとめてみよう。官僚や実業家のエリート養成という目的からすると仏文科の地位は低いし、同じ学部内にあっても英文科や独文科と比較しても役割は小さかった。しかし小さい世帯ながら、教育はしっかり行なっていたし、学科内での切磋琢磨による効果、そして少ないながらも能力の高い、しかも文学に意欲の高い人の入学によって、東大仏文科は日本におけるフランス文学研究、そして作家の輩出において、随一の貢献をしたことは確実である。

太宰治

太宰（一九〇九―四八）は公式には東大仏文科の卒業生ではなく、五年以上も在籍した中途退学生である。太宰については相馬（一九八二）から知り得た。津軽の大地主の子どもとして育ち、経済的には何の苦労もなかったし、学校歴も旧制弘前高校から東大仏文科への進学なので順調と言ってよい。しかし、東大時代は学業にそう熱心ではなかったし、私的な生活では薬物問題や女性問題があってかなり乱れていた。自殺未遂を何度かし、女性とは結婚・離婚・心中などを繰り返すという不安定さに満ちていた。既に紹介した十九世紀の象徴派詩人の一人、ヴェルレーヌも恋愛、結婚、離婚、同性愛、傷害事件を繰り返していたが、フランス象徴派を愛した太宰も真似をしたいと思ったとまでは言わないが、同じような人生を送ったのであり、文人ならではの自由奔放な私生活であった。

高校、大学在学中から古今東西の文学作品に接しており、本人も小品を発表して作家になる意思を持った。憧れの仏文科に入学したのであるが、既に述べたように勉学には熱心ではなく、五年間の在席後に除籍処分を受けているから中途退学である。作家になるなら別に学士号など必要なく、良い作品、売れる作品を書ければそれでよいと思っていたのかもしれない。

作家の井伏鱒二（一八九八―一九九三）、佐藤春夫（一八九二―一九六四）などに師事するが、佐藤に関しては有名なエピソードがある。作家の登竜門である「芥川賞」をほしいと思った太宰は審査委員だった佐藤の押しに期待し、同じく審査委員だった川端康成（一八九九―一九七二）に対して、「賞がほしい」という懇願の手紙まで送ったエピソードは有名である。無頼派として有名な太宰が、賞をほしかった事実は意外であるし、逆にほほえましいとも言える。結局賞の受賞はなかった。

有名な作品としては、青森の実家の没落からヒントを得た没落貴族を題材にした『斜陽』、ギリシャ神話の一つからドイツの詩人・シラーの書いた作品を基に創作した『走れメロス』、私小説とみなしてもよいほど本人の人生を語ったような『人間失格』などがある。『人間失格』の販売部数は六〇〇万部を超えており、今でも人気作品である。

フランス文学を学んだ作家の多くはフランス留学の経験を持っているが、太宰には後述の大江健三郎とともにそれのない作家という貴重さがある。本格的な作家を目指すなら何も外国滞在の経験はなくてもよい、と二人は思ったかもしれないが、筆者の邪推であろう。でもフランス詩の影響、特にボードレールの有名な作品『悪の華』のタイトルからヒントを得た『道化の華』というタイトルの小説があることだけ記しておこう。

これは余談であるが、女性関係の派手だった太宰治の子どもの話題である。本妻の津島美知子との間の娘・津島佑子と、後の愛人である太田静子との間の娘・太田治子は、ともに作家となったのであり、文学ＤＮＡは確実に継承されている。なお太田治子の「治」は太宰治から引き継いだものである。

大江健三郎

大江（一九三五―）は川端康成に次いで第二番目にノーベル文学賞を受賞した日本人である。カズオ・イシグロも生まれは日本であるが、受賞時はイギリス国籍だったので除外、第三番目に期待のかかるのは村上春樹であるが、一〇年来の候補者なのでもう困難かもしれない。

大江は愛媛県で生まれ、高校は当地の名門校・松山東高を経て東大の仏文科に進学した。本人については大江・尾崎（二〇一三）から知り得た。当時の教授であった渡辺一夫の文章に魅了されていたし、在学中はサルトル（一九〇五―八〇）などの実存主義を勉強したのである。勉強をしなかった太宰治とは大きな違いであった。東大仏文関係者から聞いたところによると、大江は勉学が特に優秀だったらしく、渡辺一夫も彼を東大仏文科の教授にしたい気があったとの伝説がある。

大江は在学中から小説を発表し、なんと一九五八（昭和三十三）年に二十三歳の若さで「飼育」によって芥川賞を受賞した。こんな若い年齢で芥川賞を受賞したのであるから、仏文学者になるよりも作家になった方がよいと思えるようになった。受賞のならなかった太宰とここでも異なった。

その後大江は本格的に作家活動に入り、続々と有名作品の発表を続けた。いわゆる文学賞の総ナメの感が強く、代表作品としては『万延元年のフットボール』『「雨の木《レイン・ツリー》」を聴く女たち』『静かな生活』など多数ある、筆者の好みを言えば、新書版であるが『ヒロシマ・ノート』で原爆の恐ろしさをルポルタージュ式に記したものがある。

『ヒロシマ・ノート』で代表されるように、大江の思想は左翼であり、安保反対や核兵器反対で象徴されていた。もとより大江の生まれつきの思想・性格が左翼に向かわせたのであるが、想像するに東大在学中にサルトルなどの実存主義を仏文で読んでいたので、その影響もあったと思われる。よく知られているように、サルトルはフランス共産党員だったこともあったので、思想には近いものがあった。

政府が受賞者を選定し、天皇が親授する文化勲章を大江が辞退したことは象徴的な出来事であった。ノーベル賞は受けるのに、文化功労賞や文化勲章を受けないのは矛盾ではないか、という声に対しては、ノーベル賞は学術賞なのでかまわないとの態度であった。数多くの文学賞を受賞しているが、これも学術ないし文学という面での専門的な貢献への評価として問題なかったのであろう。もっとも文化勲章も学術・文化における優れた業績に与えられるのであるが、なぜ大江がこれを拒んだかといえば、天皇制に批判的なため天皇が親授するのを嫌ったのであろう。

辻邦生

辻（一九二五―九九）は大江健三郎より年上であるが、東大仏文出身の作家の中では正統派とみなしてよい作家を紹介しよう。太宰治のような破天荒な人生ではないし、大江健三郎のように政治問題にも関心を寄せたのではなく、静かに作家生活と仏文学教師の生活を送った人である。端正で甘い顔立ちは女性の間で人気があり、何人の女性から「辻邦生ファンです」との声を聞いただろうか。

なお妻の辻佐保子も有名なイタリア美術史の研究者であった。彼の人生については『辻邦生全集20』の最終巻から知り得た。

辻は東京で生を受けてから旧制高校は松本高校に進学した。当初は理科乙類であったが、文化乙類に転科した。どうしても理科系にはなじめず、フランス語を主に学ぶ文科に移ったのであろう。旧制高校の寮生活は寮生同士が仲がよいし、終生の友をつくる特色があるが、辻も例外ではなく、作家の北杜夫（一九二七―二〇一一）に出会った。北の父は歌人で医師の斎藤茂吉（一八八二―一九五三）であり、医者の父の影響で東北大学の医学部に進学して一度は医者になったが、後に作家に専念した。『どくとるマンボウ航海記』などの作品がある。

辻邦生に戻すと、松本高校卒業後は東大仏文科に進み、例の著名教授・渡辺一夫に師事する。卒業論文はスタンダールを取り上げたので、典型的な仏文学生の好みが出ていたと解してよい。彼は大学院にまで進学して仏文学を教えることを目指し、立教大学や学習院大学で教鞭を執った。東大独文科出身の柴田翔は若くして『されどわれらが日々』で芥川賞を取って作家として生きるかと思いきや、東大独文の先生になって独文学を教えるのに徹して、作家生活をやめた。辻邦生は作家と教師の両方をこなした人である。

仏文専攻の人にとっては自然な選択であろう、辻はフランスに留学することになった。ほぼ四年間の滞在であった。彼は象徴派で破滅的な人生を送った詩人のポール・ヴェルレーヌとヘミングウェイの隣りの住居だったので、二人は「ここに住んでいた」との記念プレートが掲げられている。辻の生活はヴェルレーヌやヘミングウェイほど波乱万丈ではなく、むしろ生真面目な人生とみなしてよいので、二人が並んでいるのは辻にとってそれほどの感激はないかもしれない。日本人の作家としてパリの滞在地に記念プレートが設置されたことは名誉に違いない。

作品としては『廻廊にて』『背教者ユリアヌス』などの歴史小説が有名である。文章も本人の几帳面な性格を反映してか、明晰で読みやすいことが特徴である。横光利一（一八九八―一九四七）や志賀直哉（一八八三―一九七一）の文章を模写していたことが、その文章の流麗さを育んだのかもしれない。

小野正嗣

最後に、東大出身のフランス文学者で、現役の人を紹介しよう。橘木（二〇一六）では東大出身の作家で名声を博している人は現代では少ない、ということを書いたことがある。芥川賞や直木賞の受賞者では東大出身者は激減し、今や作家の世界は私立大学出身者で占められていると主張した。なぜそうなったかは拙著で知ってもらうとして、一昔前であれば作家の世界は東大出身者の独壇場であったのと比較すれば隔世の感である。

ところがである。最近一人の東大出身者で、かつフランス留学経験を持ち、加えて芥川賞の受賞者を知ることになった。毎週日曜日のＮＨＫのＥテレで放映される『日曜美術館』の司会者・小野正嗣（一九七〇―）である。幸か不幸か東大本郷の文学部育ちではなく、駒場の教養学部とその大学院育ちである。しかし、しっかりフランスのパリ大学への留学組で、現在は早稲田大学の教授である。本人の言によると、カリブ海地域の文学に興味を持って、刺激を受け、研究の対象にしているとのことである。

学生の頃から小説を書いており、二〇一五年に「九年前の祈り」で芥川賞を射止めたのである。最近にしては珍しい東大出身者の受賞者である。彼の大学、仏文学者としてのことはともかく、毎週欠かさず見ている小野の司会による『日曜美術館』への関心は高い。フランスの画家を多く取り上げるに違いないという希望だけを述べておこう。

番外編① 加藤周一

加藤周一（一九一九―二〇〇八）は、フランスに留学した文学者、評論家として一世をした風靡した人である。なぜ番外編に入るかといえば、東大出身者ではあるが仏文科で学んだ人ではなく、医学部で学んだ人だからである。しかも若い頃は医学者としての仕事をしたし、フランス留学の目的も血液学を研究するというものだったのである。しかし留学から帰国してからは医学を捨て、文学と評論に徹するようになったのである。同じく医学と文学を志した森鷗外、木下杢太郎とは異なる道を選んだのである。森は両方を保持したし、木下は主として医学を選んだのである。

筆者が加藤の名を知ったのは、十代後半で読んだ『羊の歌』であり、彼の若いときの半自伝であった。なぜこの本を取り上げたかは、羊の年（一九一九年）生まれの加藤なので、タイトルを『羊の歌』

としたと知り、同じ羊の年（一九四三年）生まれなので親しみを感じた、という単純な理由にすぎなかった。子どもの頃から、そして旧制中学と高校時代の秀才振りに圧倒され、世の中にこんなに優れた頭脳を持った人がいるのか、と大いに感銘を受けた記憶がある。例えば、英独仏語の三カ国語を読める、という記述などは驚きであった。と同時にこんな秀才には決して自分はなれないだろうな、と思わせたほど、彼の豊富な学識と冷徹な考察力に基づいて書く文学論や評論のようなものは自分は書けないだろうとも思った。

もう一つ『羊の歌』で印象に残ったのは、若い年代のときに日本は戦争状態に入ったが、いずれ自分も徴兵されて軍隊に行くであろうから、命はないだろうと確信して、命のある限り医者なり文学に熱中して自分の生きている間を無駄にしたくないという、どん欲な学問や知性への執着心に感嘆した。筆者は戦争中の生まれであり、徴兵などは決してされないだろうという安心感の中にいたので、いつでも勉強はできるだろうという怠慢な心を持ち勝ちだったところへの警鐘の書物でもあった。幸いなことに加藤は病を持っていたので、徴兵されなかった。

東大医学部の学生の頃から仏文科の授業に顔を出したり、学生とも親しく付き合っていた。東大仏文科の教授だった渡辺一夫の授業に出たり、それに学生の中村真一郎や福永武彦（一九一八―七九）らとグループを結成して、共著で『一九四六・文学的考察』を出版していたのであり、学生の頃から文学、評論の執筆をしていたのである。

加藤は反戦運動の中心人物でもあったので、文学と政治の関係にも大いに関心があった。さらに政治活動にも積極的に関与して、二〇〇四年には、大江健三郎、梅原猛、鶴見俊輔、小田実と「九条の会」を結成して、憲法第九条を含めた憲法改正への反対運動にコミットしたのである。それから十数年が経過して日本は徐々に憲法改正への道を歩んでいるように思える。戦争体験のある世代の人々が世の中からいなくなると、戦争の恐ろしさを知らない人々の数が増加して、加藤からの声は徐々に小さくなっていきそうな気配がある。

加藤の執筆リストを見ると、文学、人生、政治、芸術などの分野での著作数は非常に多く、彼の秀才振りからしても驚きはない。筆者もいくつか彼の著作を読んだが、『日本文学史序説』(上・下)がもっとも印象的であり、日本の文学史をこういう視点で見るとまた新しいことに気が付く、という印象を持った記憶がある。

最後に、加藤周一に一度だけ会ったことを書いておこう。筆者が滞仏中に、東大経済学部の教授だった岩井克人、彼の妻で作家の水村美苗の四名で食事をとったことがある。水村さんがアメリカのエール大学で学んだとき、加藤周一の講義をとったという間柄と、岩井と筆者がアメリカ留学仲間という縁での会食であった。どういう会話をしたのか全く記憶にないが、憧れの加藤と会えたことの感激の情だけしか覚えていない。

番外編② 遠藤周作

東大卒(特に仏文科)の作家と仏文学者の活躍振りを書いてきたが、何も東大出だけの世界ではない。ここで他大学の仏文出身者で、フランス留学の経験がある作家として活躍した人を書いておこう。それは慶應義塾大の仏文科出身の遠藤周作（一九二三―一九六）である。

私的なことで申し訳ないが、筆者は遠藤の作品をかなり読んでおり、ファンの一人だったのである。直接の契機は遠藤が筆者の学んだ灘高校（彼の頃は旧制中学）の先輩であり、かつ灘卒業後は旧制高校の入学試験に失敗ばかり繰り返していた落ちこぼれであったので、同じく入試を失敗していた灘の落ちこぼれである筆者が、妙に親近感を覚えていたからである。とはいえ、彼の著作を読み、作品の素晴しさに感銘を受けてからファンになったことの方がより重要である。

ここまで書くと遠藤の経歴は永井荷風と似ている点に気付く。父親はともに社会的に成功した人（永井の父親は高級官僚、遠藤の父は東大出の銀行員）であり、息子も旧制高校を出て帝国大学への進学が期待されたが、旧制高校入試にともに失敗した経験を持つ。遠藤も慶應仏文科への進学は不本意であったが、学生時代は仏文作品を読み耽った。少年の頃に母親の影響でカトリックの信者になっていた。転機は、戦後初のフランス留学生となり、リヨンに行くことであった。その間キリスト教やカトリックのことをかなり勉強して、後の彼の作品の材料になるのであった。現地で肺結核にかかり、留学期間を短くして帰国せざるをえなかった。

遠藤は帰国後は執筆に励み、まずは「白い人」で芥川賞を受賞し、名声を得ることとなった。その後大作を発表して、大作家の地位を獲得した。有名な作品としては『沈黙』『深い河』『死海のほとり』などがある。『沈黙』は江戸時代初期のキリシタン弾圧の嵐の中で、ポルトガルから来た宣教師の「踏み絵」を踏むか踏まないかの葛藤をからませ、人間の生き方を問うた作品である。生き残るために踏むのか、それとも自己の信条、信念を貫き通すために踏まずに殉教を選択するのか、といった人間本性の問題を描いたのである。

遠藤を好むもう一つの理由は、キリスト教をテーマにした本格的な小説に加えて、もう一方で『狐狸庵閑話』や『ぐうたら生活入門』に代表されるように、軽妙洒脱な文章で人を軽い笑いに誘うユーモア作品を書いたことにある。いわゆる深刻に人生を描いた本格的な小説と、軽いタッチで書かれたユーモア作品という二刀流の使い分けのできる稀有な作家だったのである。ノーベル文学賞の候補にまでなったが、その知らせは届かなかった。

3 もっとも憧れの強かったのは画家

画家群像

一九一〇年代（すなわち第一次世界大戦の頃）、パリにいたおよそ二〇〇〇名の日本人のうち、三〇〇名が画家だったという統計が林（二〇〇八）に記されている。実に一五％を占めるという驚異的な数字の示す通り、パリで画家の修業をすることは憧れを通り超して夢であったし、逆の見方をすれば必須条件ですらあった。画家とフランスとの関係を分析してみたい。

東京美術学校

日本の近代の絵画界を評価するには、東京美術学校（現・東京藝術大学美術学部）から始めねばならない。なお現代の東京芸大は東京音楽学校と戦後になって合併してからの大学であるが、戦前は美術学校の方が音楽学校よりも大きかったのである。

東京美術学校は一八八七（明治二十）年に創立された。それまでの画壇は江戸時代からの伝統で日本画の世界であったが、江戸時代の最後期と明治時代になってから西洋画が日本に紹介されるようになり、西洋画への関心も高まっていた。しかし創設当時の美術学校は日本画を中心に教えていた。第一期の卒業生として有名な日本画家には、横山大観がいた。なお本書の関心はフランスとの関係なので、絵画に関しては西洋画がほとんどであり、日本画に関しては時折言及するにすぎない。

東京美術学校の創設に貢献したのは岡倉天心（一八六三―一九一三）である。東大在学中にお雇い外国人教師だったアーネスト・フェノロサ（一八五三―一九〇八）に学び、美術史に関心を持った。二人で欧米の視察旅行に出たときに、ワシントンDCで文部官僚だった九鬼隆一（一八五二―一九三一。ワシントン時代は公使）と出会う。九鬼も美術に関心があったので、天心やフェノロサに美術学校設立に関していろいろ支援をしたのであった。

ここで一つの逸話が避けられない。九鬼は妻帯者であったが、妻の波津子は天心の子どもを宿したのである。わかりやすく言えば、天心と波津子が不倫に走り、その子どもは後に京大教授・哲学者として有名になる九鬼周造（一八八八―一九四一）だったのである。『「いき」の構造』で著名になる周造であったが、親が男女関係のもつれを背負っていた。周造自身も一風変わった生活を送っていた。すなわち京都の遊郭として有名な祇園から京大に講義のために通ったという風流の持主であった。しかも親と同様に離婚経験者である。九鬼周造については橘木（二〇一一）に詳しい。

東京美術学校に話題を戻すと、設立当初は日本画の教師がほとんどで、教育も日本画中心でなされたが、西洋画への関心が高くなった時代を反映して、一八九六（明治二十九）年に西洋画科、図案科が新設された。その教員として招かれた画家が、その後日本の洋画界の中心になる。それらの人のことを書いておこう。

黒田清輝

黒田（一八六六―一九二四）については東京国立博物館（二〇一六）に負う。東京美術学校の西洋画科の教授になった人であるから、この学校の卒業生ではない。生まれは薩摩藩士の息子であり、絵は描いていたが将来は画家になるつもりはなく、東京外国語学校（現・東京外大）で学んでいた。法律学を勉強するために一八八四（明治十七）年フランスに私費で渡るが、パリにおいて絵を展覧会に出展すると入選してしまったのである。そこでパリに住んでいた画家の山本芳翠などに勧められて、黒田は画家になることを決意した。なお当時フランスにいた藤雅三も黒田に画家転進を勧めたとされる。ところが藤は画家にはならず、アメリカに渡って製陶工場で図案家になったので、絵画の世界では知られていない。

ここで山本芳翠（一八五〇―一九〇六）を少し知っておこう。一八七八（明治十一）年に既にフランスに渡っていたが、渡仏の目的は第三回のパリ万国博覧会の事務局の仕事が表向きであったが、パリの有名なエコール・デ・ボザール（国立美術学校）で絵画の訓練を受けていた。一八八七（明治二十）年、東京美術学校の設立された年に帰国する。しかし、まだ西洋画科が設立されていなかったので、自分の画塾を立ち上げ、後進の育成に当たった。黒田にぞっこん惚れ込んでいたので、西洋画の教育は黒田に託そうと、彼の帰国に期待していた。現に山本は黒田が帰朝すると画塾を黒田に譲ったのである。黒田はその画塾を「天真道場」と名付けて、後進の指導に当たった。

黒田のパリ滞在は一〇年弱にも達する長期間であった。パリではエコール・デ・ボザールの教授であったラファエル・コラン（一八五〇―一九一六）に師事したが、当時のフランス画壇は印象派の全盛期だった。コランは正統派になっていた印象派に属していなかったので、黒田も印象派そのものの画風を踏襲したのではない。コランの画風は印象主義と象徴主義の折衷とみなせる外光派と呼ばれるもので、黒田はそれを継承した。ところでコランは、序章で印象派に属した世界的に有名な画家を何名か列挙したが、これらの人と比較すると名前が残らなかった。しかし、後に述べる久米桂一郎、岡田三郎助、和田英作などが師事したので、日本人画家への影響力は大きかったのである。

絵画に素人である筆者は大きなことは言えないが、黒田の代表作である、のちに自分の妻となる女性を描いた『湖畔』は釘付けになるほど絶品だと思った。しかし、彼の展覧会に行ったとき、『湖畔』に匹敵する作品は多くなかった記憶がある。『湖畔』があまりにも有名なので、他の絵画が必要以上に凡庸に映ったのかもしれない。むしろ筆者は東京美術学校の西洋画教授として数多くの逸材を育てたことを高く評価したい。日本近代洋画の父と呼ばれているのも、この解釈を支持しているのではないだろうか。

もう一つ重要な点は、黒田が「白馬会」という画家グループを形成し、前章で述べた「パンの会」において詩や小説の作家と画家が一体となって文芸・美術の発展に貢献した点を再述しておこう。詩や小説などの文学作品を発表する雑誌の表紙やさし絵に、白馬会に属する画家が担当した歴史があったのである。

フランス留学画家の群像

日本の洋画界を概観すると、フランスで絵を学んだか、学ばなくともフランスで描き続けた人が多いのに圧倒される。ここまでに山本芳翠と黒田清輝を紹介したが、他にも多勢いる。世界を席巻した印象派の本拠であったし、バルビゾン派というユニークな一派、アール・ヌーヴォーなどの存在もあったことがもっとも重要な理由である。これらの派の絵の技術を学びたいのである。さらに、これらの絵が描かれた風景や人物を見てみたい、接したいと思うのは自然である。加えてパリないいしフランスの景色、文化なども魅力になっていた。最後に、やや誇張すれば、フランスで学んだり住んでみないと一流の画家と認められない雰囲気さえあった、と言えるのではないだろうか。ここで何人かの画家を簡単に論じてみよう。

久米桂一郎（一八六六―一九三四）　黒田と同じ年に生まれ、黒田と似たような経歴を歩んだ。すなわちパリでラファエル・コランに学び、黒田の画塾「天真道場」で教え、美術団体「白馬会」に属した。最後は東京美術学校教授となったことも黒田と同じであった。キャリア途中で絵画を描くことをやめて、絵画の教育に徹した。

浅井忠（一九三五―九〇）　黒田や久米よりも一〇年早く生誕している。西洋美術のみを教えるユニークな「工部美術学校」で絵画術を学び、後に東京美術学校の教授となった。彼もフランスに留学しているが、四十歳半ばになってからの渡仏なので修業という意味はさほどなかった。京都高等工芸学校（現・京都工芸繊維大学）の教授となり、関西画壇の育成に貢献した。

梅原龍三郎（一八八八―一九八六）、**安井曾太郎**（一八八八―一九五五）　この二人は一八八八（明治二十一）年生まれの同年齢で、ともに京都生まれであった。浅井忠が主宰した聖護院洋画研究所（後の関西美術院）で洋画を学んだことも共通項である。

二人は時期は異なるがフランスに絵を学ぶため（アカデミー・ジュリアンで学ぶ）に行ったのである。ただし二人の絵の好みや師匠は異なっており、梅原はルノワール、安井はセザンヌであった。二人は東京美術学校の卒業生ではないが、ともに同校の教授まで務めた。日本の画人で名を挙げたのは東京美術学校生ばかりではないことを示す代表例である。

藤島武二（一八六七―一九四三）　黒田清輝と同じ薩摩藩士の子息であった。黒田が東京美術学校の教授の時に下の助教授になったので、同じ薩摩の誼と解すればあまりにもうがった見方かもしれない。若い頃は日本画を学ぶが後に西洋画に転じた。

藤島にとって特筆すべきは、雑誌『明星』や与謝野晶子の『みだれ髪』の表紙やさし絵に、当時はフランスやベルギーで一世を風靡した「アール・ヌーヴォー（新しい芸術）」を模した絵を多く描いた点である。ここでも日本の画壇がフランスを強く意識していた点を理解できる。なお「アール・ヌーヴォー」については後に述べる。

岡田三郎助（一八六九―一九三九）　岡田には第一回目という名誉が二つある。一八九七（明治三十）年に文部省の公費によるフランス留学生の第一期生である。二十八歳の渡仏であるから、他の画家と比較すれば若いときの留学である。これまた日本人画家の多くが師事したラファエル・コランについた。もう一つの第一回目というのは、一九三七（昭和十二）年に日本で創設された最初の文化勲章の受賞者であった。

和田英作（一八七四―一九五九）　東京美術学校の西洋画科卒業の第一期生である。既に紹介した黒田や久米の指導を受けた画家で、彼らの所属した天真道場や白馬会にも関与した。留学は一九〇〇（明治三十三）年の二十六歳のときに渡仏したので比較的若い年代であった。一九〇三（明治三十六）年に帰国後は東京美術学校の教授となった。画風はラファエル・コラン流の外光派の風景画であった。彼は後に同校の校長になったが画家による校長の第一号であった。

佐伯祐三（一八九八―一九二八）、**荻須高徳**（一九〇一―八六）二人は一九〇〇（明治三十三）年前後に生まれた人で、共通点が多い。東京美術学校で西洋画を学んでから、かなり若い年代のときに渡仏した。ただし公式に絵画学校には入学せずに、独自にパリに住みながらひたすら絵を描いた。特にパリの街並や家屋などを描いたのである。

二人に共通な点は、人生の大半をパリで生活を続けて、パリの風景画を描いたのであるし、画風としてはヴラマンクやユトリロの影響を受けている。ただし異なる点は佐伯は三十歳で精神病による自殺に近い死に方をしたが、荻須は八十四歳まで長生きしたのである。パリで客死というのは、彼らにとっては本望だったのではないだろうか。

小磯良平（一九〇三―八八）小磯は東京美術学校卒、フランス留学という二つの切符を手にした高名な画家であった。しかし逆に二つの点で特異性がある。第一は、東京美術学校を首席で卒業している点。絵画や音楽といった芸術の修業に学生時代の成績優秀というのがどれだけ意味があるのか、筆者にはよくわからない。

第二は、戦争中に戦意高揚のために戦争画を描いた点である。これは後に詳細に議論する藤田嗣治も同じことをやっているので、その是非、あるいはなぜそのような戦争画を描いてしまったのかを考える際の資料になりうる。

「アール・ヌーヴォー」運動

十九世紀末から二十世紀にかけてこの新しい芸術運動が、フランスを筆頭にしてヨーロッパ各地で起こった。その起源をたどれば、イギリスの芸術家で社会主義者のウィリアム・モリス（一八三四—九六）が、芸術が貴族の趣味を満たすためと教会を彩るために存在する姿から、民衆も芸術を楽しめるようにと、手づくりの工芸品などを推奨した運動にある、との説がある。フランスにおいてはチェコ生まれのアルフォンス・ミュシャ（一八六〇—一九三九）やエミール・ガレ（一八四六—一九〇四）が代表とされたポスター絵、挿画、版画、ガラス工芸などのように、民衆が気軽に芸術を楽しめる時代になっていた。

ここでは『もっと知りたいミュシャの世界』（宝島社、二〇一七年）からミュシャを知っておこう。子ども時代から絵と音楽の才能を示していたミュシャであるが、十八歳で絵の世界に進もうと決意するも、美術アカデミーには入学できなかった。地元のパトロンの支援を得てドイツのミュンヘンの美術アカデミーで二年間修業できた。その後ヨーロッパ各国の人にとってもパリで修業するのは夢であり、一八八七年に名門校のアカデミー・ジュリアンで学んだのである。

パリでの絵の仕事は食べるためのさし絵などの仕事が中心であったが、最大の転機は大女優であるサラ・ベルナールからの依頼で、彼女の公演『ジスモンダ』のポスター制作であった。ミュシャのビサンティン風の画風を象徴する女性像と、女性像のまわりを花で埋め尽くすポスターは大人気を博した。以降ミュシャには仕事が殺到し、アール・ヌーヴォーの代表選手となったのである。ポスターという作品は印刷によって大量につくられるので、彼のポスター、装飾パネル、カレンダーなどは飛ぶように売れたのである。

日本においてもミュシャ流の絵画は流行し、藤島武二が『明星』や『みだれ髪』の表紙やさし絵で、ミュシャの影響を感じさせる絵画を描いたことは既に述べた。ここでもフランスに憧れた日本の作家と画家の姿が理解できるのである。

パリにおいて名声と富を得たミュシャは、五十歳を迎えるのを契機にして一九一〇年に母国のチェコに帰ることにした。チェコでは作風を変化させて、『スラヴ叙事詩』という大作に挑み、チェコの長い歴史を二〇枚の大きな絵に描いたのであった。完成は一九二八年であり、実に一八年を要したのであり、祖国を愛するが故の大叙事詩の絵画であった。

ミュシャはアール・ヌーヴォーの旗手として世界の人に記憶されるであろうが、本人としてはチェコの歴史を二〇枚の大作にまとめた『スラヴ叙事詩』がライフワークだったであろうし、チェコの人の記憶に残るであろう。

藤田嗣治

日本生まれの西洋画家では藤田嗣治（一八八六―一九六八）が世界的にはもっともよく知られた人であろう。なお藤田は六十四歳のときにフランス国籍を得ている。話題の多い画家なので、フランスとの関係においても大いに取り上げてよい人である。藤田に関しては、小林（二〇一〇）、尾崎（二〇〇六）を参考にした。

生い立ちと日本での画家修業時代

明治十九年の誕生であるが、医者の多い家系の中に育った。親族の中には劇作家の小山内薫、劇作家の岡田八千代（既に紹介したフランス留学の画家・岡田三郎助の妻）、芸術評論家の蘆原英了などがいるので、芸術のＤＮＡが流れている家系でもあった。

驚きは父・嗣章の職業である。軍医であったが、そのトップである軍医総監を、かの「二足のわらじ」の森鷗外に次いで務めるほどの成功者であった。息子・嗣治が少年時代に絵に興味を持っていたので、父・嗣章は軍医の世界で上司である鷗外に相談したところ、「画家になるなら美術学校に進学するのがよいだろう」との回答だったとされる。本人も美術学校に行くことを考えたし、中学校時代に暁星中学（フランス語を教えることで有名な学校）の夜学でフランス語を勉強していたというから、本気でフランス行きを考えていたのであろう。

希望通り東京美術学校に進学するが、画学生としてはそれほど目立つ人ではなかった。既に紹介した黒田清輝や和田英作が先生であったが、藤田が格別に優秀な学生であるとの認識はなかった。まずは美術学校の卒業生は卒業制作として自画像を描いたが、黒田の評価は高くなかった。さらなる証拠に美術学校の卒業生がプロになる登竜門となされていた文展（文部省美術展覧会）に落選し続けたのである。もう一つの証拠は、政府の公費によるフランス留学への道は与えられていない。親族になる岡田三郎助は公費留学生の第一期生だったのと好対照である。多分試験に落ちたか推薦されなかったのであろう。そこで嗣治は父親の経済支援によって私費でフランスに渡るのである。

ややや余談になるが、学生時代の成績とその後の業績に相関があるのかどうかに関して一言述べておこう。実は学者の世界においてもこの問題は論点になっている。学生時代の学業成績の良い人がその後の研究生活において良い研究業績を出せるかどうか、あるいは出しているかどうかの論点である。一つの結論は、正の相関のあるのは確実であるが、例外も多いというものである。学業成績の良い（悪い）人が研究業績の良い（悪い）確率は高いが、逆の場合も無視できないほど存在しているのである。後者の好例として、発明王のエジソン（一八四七―一九三一）、物理学のアインシュタイン（一八七九―一九五五）を挙げておこう。

音楽・美術の世界ではどうだろうか。小磯良平は東京美術学校を首席で卒業した優等生であり、その後の画家としても成功を遂げた。藤田の場合は学生時代の成績は芳しくなかったが、その後は高い業績を示したので、例外に属すると言えよう。例えば橘木（二〇一七a）が示したように、美術や音楽の世界では本人の生まれながらの才能はかなり重要であり、そういう才能の高い人は学生・修業時代に努力しなかった可能性があるが、卒業後に一気に才能が開花する場合がある。あるいは修業時代の教育がその学生に不適合だった恐れもある。まとめれば、美術・音楽といった芸術の方が、学問の世界より例外の輩出率は高いと思われる。

これに関して藤田自身によるとても興味深い発言があるので、尾崎（二〇〇六）から引用しておこう。それは東京での講演会において、師匠の和田英作や有島生馬が傍聴している場で、「自分が日本で受けた教育（筆者注：東京美術学校での）は全く一人の先生の単なる模倣をやってゐるに過ぎなかった」と述べて、自分の受けた教育は無益であったと批判したのである。この発言は一九二九（昭和四）年なので、藤田がパリで既に名声を得た後のことであり、画家として自信を持っていたと理解してよい。

とはいえ、東京美術学校での基礎的訓練が全く無駄であったとは思えない。なぜなら、後のパリでの修業が彼の技量を大いに高めたか、全く新しい発想が開花したとしても、ゼロからのスタートであるよりも、美術学校で学んだことは少しは役立ったろうと思われる。別の視点に立脚すれば、藤田としては東京美術学校の思い出が良くないので、同校のお蔭で自分は成功したのではない、とやや誇張と皮肉を込めて強調したかったのかもしれない。

パリでの画家生活

一九一二（明治四十五・大正元）年に藤田はパリに渡ったが、ここで留意すべき点が三つある。第一は、パリでの画業の修業はどこかの美術学校に入学した形跡はなく、自分一人で腕を磨くという方針であった。絵を描いて展覧会に出すとか、有名な画家に見てもらうということを進んでやっていたのである。後に示すが、有名・無名の画家との付き合いがあったのである。

第二に、自費によるパリ行きは父親・親族の送金に依存していたので、送金が途絶えると生活が苦しくなる可能性を常に抱えていた。これは何らかの方法でお金を稼ぐとか、絵を売ることによって所得を得るという誘因ないし強制を藤田に与えるものであった。

第三に、日本にいたときに妻・登美子と二十六歳で結婚していた。嗣治のパリ行きは単身のみであり、しばらくしてから彼女をパリに呼び寄せる予定であった。しかし嗣治はパリにおいて女性との付き合いがかなり激しくて、五年後くらいにフランスの女性・フェルナンドとの婚約に至ったので、登美子とは別れたのである。なおこの頃の藤田の行状は藤田の研究者が妻・登美子に書いた手紙から知ったのである。その後も藤田は派手な女性遍歴をするが、それに関しては後にまとめて論じる。ここでは画歴を中心に論じる。

藤田を有名にしたのは乳白色の裸婦の絵であることは皆の知るところであるが、それに至る前に彼は何を描いていたのか、そしてどのような画家から影響を受けたのか、あるいは付き合っていたのかを簡単に記しておこう。

まずがアンリ・ルソーからの影響である。最初に憧れた画家と言ってよい。彼は素朴派と称されることがあるように、美術界の潮流から離れて、樹木や草花、あるいは人間をそのまま描いたのである。彼は熱帯のジャングルの樹木や草花を好んで描き、彼の象徴にすらなっているのは皆の知る通りである。しかし藤田がルソーからヒントを得たのはそれではなく、ルソーが描いたパリの風景画に感化され、藤田はパリ到着後はパリの風景画をなんとなくルソーのタッチに似せて描いていたのである。

もう一人は、パブロ・ピカソ（一八八一―一九七三）である。キュビズム（立体主義）の創始者として知られるスペイン生まれでフランスで活躍した画家、彫刻家である。藤田はピカソのアトリエまで訪れたこともある。他にメキシコから来ていたディエゴ・リヴェラ（一八八六―一九五七）などとも親交を重ねたのであり、ギリシャ風やローマ風の衣装を身に付けた藤田と川島理一郎（当時藤田と親しかった画家）がモデルになった絵も残っている。こうして藤田はピカソやリヴェラのキュビズムの画風に魅力を感じたが、彼自身がこの画風で仕事をしたという形跡はない。

もう一人の有名な画家はイタリア生まれのアメデオ・モディリアーニ（一八八四―一九二〇）とロシア生まれのカイム・スーチン（一八九三―一九四三）である。モディリアーニはかの有名な長顔の女性を描いたのであり、スーチンは人物・風景ともに激しくゆがめられた形態の絵を描いていた。藤田はこれら外国生まれで、パリに来ていた画家との交流を深めていくのであった。これらの画家はパリ南部の「モンパルナス」界隈に多くが住んでいた。売れない画家もいれば、展覧会で入選してお金を稼ぐ画家などが仲間であった。こういう画家の一群は「エコール・ド・パリ」と称されている。

乳白色の裸婦

いよいよ誰もが知る藤田をパリの寵児にした乳白色の裸婦の登場である。フランスに着いてから七年後の一九二〇年前後に取り組み、乳白色の下地と黒く細い描線の優雅さに、フランスのみならず世界中の美術愛好家の中で大人気を博したのである。彼が出品したサロン・ドートンヌに入選し、その会員にも選出され、最後は審査員まで務めるという名声振りであった。

ただ一介の絵画ファンにすぎず、絵画の手法などについては素人の筆者がどのような絵具や顔料を用い、キャンバスにどのような布地を用いたのか、筆やヘラはどうだったのか、などと述べる資格はないので、乳白色の技術に関してはここでは触れない。それらは絵画の専門書に任せておこう。

藤田は西洋美術のレンブラント、ルーベンスで太めの女性を学び、アングルによって均衡のとれた身体を学び、ルノワールによってふくよかな女性の裸体を学んだのであった。そして画家仲間であったモディリアーニの「横たわる裸婦」の影響も受けていた。藤田の最初の頃の裸婦像は、この横たわる裸像が多かったのであり、モディリアーニの影響力を知ることができる。

さらに、鈴木春信（一七二五—七〇）や喜多川歌麿（一七五三—一八〇六）の美人画や春画から学びとったことも大きい。当時のフランス絵画界は日本の浮世絵が大人気だったのであり、日本人の藤田がこういう動きに刺激を受けたのは確実である。しかも日本の浮世絵は美人画や春画という種類の絵があったし、人間の肌を露骨に描く伝統があったので、自然とその流れを取り入れたのである。

乳白色の裸婦で大成功を収めた藤田は、一九二〇年代にはサロンに出展することをやめて、個展を中心にして発表する手段を取るようになった。例えばサロン・ドートンヌでは審査員にまでなるという出世までしたが、個展の方がすべての絵画が自分の描いたものなので、彼を好む人々が直接見に来てくれるのが期待できる。絵画の世界を知らない筆者にとってもよくわかる選択である。個展で展示された藤田の絵は即日完売といったこともあったらしく、パリでは押しも押されもせぬ人気画家になっていた。名声と富を一挙に得たのである。

乳白色の裸婦に関しては、モデルのことを一言述べておかねばならない。例えば、「キキ」と呼ばれたスーパー・モデルの裸婦を描いている。この絵は『寝室の裸婦キキ』との題目でサロンに出展されたが、八〇〇〇フランの値ですぐに蒐集家によって買われたし、大臣までが称賛の声を惜しまなかった。もう一人は、藤田が「バラ色の雪」と呼んだモデルで、通称ユキと称された。彼女の白い肌にちなんでの名称であったが、専属モデルとなった末に結婚までするという間柄になった。もっとも後にユキと藤田は離婚した。乳白色の裸婦に貢献したのは、藤田の絵の技量の素晴しさに加えて、それを横から支えたモデルの女性の存在を無視できないことが、林（二〇〇八）によってわかる。

藤田をもっとも有名にしたのは乳白色の裸婦に間違いないが、彼はそれ以外にも静物、動物（特に猫）、人物像も多く描いている。特に自画像は、オカッパ頭、黒縁メガネ、ロヒゲ、ピアスなど特異な風貌で描かれて、一目見てこれが藤田の自画像とわかるほどまでになったのである。

日本絵画界における評判とパリ邦人画家との付き合い

パリでは画壇の寵児になっていた藤田であったが、日本での評価はどうであったろうか。藤田が有名になりつつある事実は、日本でも多少は知らされていたが、まだ多くの画人によって認められた存在ではなかった。むしろ一九二二（大正十一）年に東京で第四回帝展（帝国美術展覧会のことで、後の日展となる官製の展覧会）に藤田はサロン・ドートンヌで好評だった『私の部屋』を出品した。

ところが日本では藤田の絵のことよりも、彼の品性のことが話題となった。すなわち既に述べた自画像で描かれた彼の特異な風貌は彼の売名行為であるとか、パリでは自由奔放な生活を送っているとかうわさされた。画風もデカダンスに満ちて、伝統的な規範や道徳に反発して、異常、珍奇、退廃的な美を追求しており、耽美的なものとして批判を受けたのである。当時の日本画壇は西洋画に関しては黒田清輝の流れを汲む画風の残像があるか、日本画万能の時代にあったので、特異な姿をしながら描き続けている彼と、絵そのものへの賛美の声は少なかったのである。当然のことながら一部には藤田称賛の声はあったが、大勢は否定的な評価であった。

パリ在住の日本人画家との付き合いはどうだったのだろうか。基本的には藤田は時折交渉は持つが、日本人画家との付き合いはさほどなく、我が道を歩むという姿であり、非日本人の画家や友人との付き合いが多かった。

何度も書いたように、パリには日本から絵の修業と称して画家が集っていたし、折しも日本の浮世絵がブームになっていたので、日本画家集団もなにがしかの活動を進めることとなった。それが一九二八（昭和三）年の「巴里日本美術協会」の設立であった。財政パトロンとして、本書で紹介する資産家の薩摩治郎八と画商・美術評論家の福島繁太郎の二派の対立があった。対立は翌年の分裂にまで至り、藤田は薩摩派に与した。薩摩が建立したパリの国際大学都市における「薩摩館」の壁画を描くようになることは後述する。

中南米滞在、日本への帰国、帰仏

藤田は画家としては成功していたが、豪邸生活や日常の派手な生活、そして思いもよらない税務当局などによる追加徴税によって、藤田の生活は一気に借金背負いとなった。さらに妻ユキとの離別と、新しい恋人マドレーヌ・ルクーとの新しい出会いなどがあり、ダンサーである彼女と一緒に住むようになった。一九三一年に新天地を求めてマドレーヌを連れて二年間ほどの中南米旅行に出掛けた。そこでも藤田は種々の絵を描いていたが、題材はいろいろであった。

さらに一九三三（昭和八）年には日本に帰国して、ここでも各種の絵を描くことに努めた。もっとも重要な題材は戦争画であった。軍の求めに応じて勝利の戦場を多く描いたが、戦争末期には敗戦の悲惨な場面をも描いたのである。

本書の主題はあくまでもフランスにあるので、藤田の中南米や日本での生活や絵画に関してはこれ以上言及しない、日本滞在中に太平洋戦争の終結を迎えるが、藤田はなんとなく日本で暮らしにくい雰囲気を感じていた。二十代後半から約二〇年間暮らしたフランスへの郷愁は当然のごとくあったろうが、戦争画を描いたことによるうしろめたさや周りの冷たい目などを意識したのか、一九四〇（昭和二十四）年にアメリカに発ち、翌年にはパリに帰還することを決めた。妻は君代という日本人になっていた。その後彼はフランス市民権を得、カトリック信者にもなって、正真正銘のフランス人となってから、一九六八（昭和四十三）年に八十一歳で死去した。ランスの大聖堂で葬儀が行われ、日本からも勲一等瑞宝章が授与されるなど、仏日両国で記憶に残る画家の一生であった。

でも藤田はひと時も日本人であることを忘れたことはなかった。最後にそれを示すエピソードを一つ書いておこう。戦後に渡仏してシャンソン歌手になった石井好子（一九二二—二〇一〇）の書物（二〇一二）からの一節である。

石井好子がパリで歌手としてのデビューを小さな会場で行ったとき、藤田嗣治がバラの花束を抱えて祝いに来たのである。お互いに面識のない身でありながら、日本人の女性が歌っていると聞いただけでの来訪だったのである。あのオカッパ頭、黒縁のメガネと鼻ひげの藤田を知らないフランス人はおらず、会場は大騒ぎになって「フジタ、フジタ」のささやきの合唱だったらしい。異国の見知らぬ日本人を応援したいという藤田の気持ちを理解したい。

藤田嗣治の五人の妻

ここまでは藤田の生誕から死去までの人生、そしてその画家としての仕事を記述してきたが、これからは藤田を巡る五人の妻を紹介して、彼の女性関係、そして生活振りを語ってみたい。ここは『芸術新潮』二〇一八年八月号に依拠する。

東京美術学校（現・東京藝術大学）の学生だった一九〇九（昭和四十二）年に、最初の妻・とみに出会う。千葉の房総半島へ写生旅行に行ったときであり、嗣治はとみにぞっこん惚れこんだのであり、父・嗣章（既に紹介したように軍医で地位の高い人であった）に一緒になれないのなら死んでしまう、という懇願までしているほどである。結納を交わし、結婚式まで挙行した二人であったが、とみの実家は裕福ではあったが家柄の違いから入籍はなかった。とみを最初の正式な妻としてよいか多少の疑問は残るが、一緒に生活したのは事実なのでそう判断してもよいと思う。今の時代に即せば同棲とみなしてもよい。

藤田はその後単身でフランスに渡り、絵の修業を始めるが、とみは同行しなかった。藤田ととみの間は手紙のやり取りを頻繁にしていた証拠があるのに、なぜとみが同行しなかったのか不明である。とみに渡航費用がなかったという説があるが、筆者の類推は嗣治がパリで画業で成功してからとみに来てほしいと秘かに願っていたかもしれない。そうこうしている内に、とみの身にも本人の病気や父の死などがあり、渡航できなくなってしまった。その後とみは、母校の女子美術学校の教員になり、二度目の結婚をして子どもにも恵まれた。

第二番目の相手はフェルナンドであり、嗣治がフランスで画家として名声を得るのに貢献した女性である。東洋人の画家がフランスで生きていくための術（フランス語のマスター・画壇への登場の仕方など）をいろいろ教えたのである。結婚は一九一七年であった。彼女も画家であったが有名になることはなかった。むしろ嗣治の方が個展を開いたりモディリアーニ等との交流もあったりして、画家としての名声を高め始める頃であった。

フェルナンドと嗣治の結婚生活は六年で終わりを迎えた。原因はフェルナンドが日本人画家の小柳正を好きになったから、との説があるが、『芸術新潮』（林他二〇一八）は真の理由は不明としている。むしろ筆者はフェルナンドとの結婚生活によって、嗣治がパリの画壇で成功する礎を提供した女性として評価しておきたい。

第三番目は、ユキ（雪）と称された本名はリュシー・バドゥーという女性である。ユキが嗣治に一目惚れしたのがきっかけで、彼のアトリエで彼女をモデルとして重宝するようになった。文字通りユキ（雪）を思わせるような白い肌は格好の描かれる身であり、乳白色の裸体画を世に送り出すようになった画家を超有名にしたのである。彼女をモデルとして使うことによってパリ画壇の寵児となったのであるから、命の恩人の一人とみなしてよいかもしれない。ユキも後に自伝『ユキのうちあけ話』（一九七九）を出版して、藤田との出会いから別れるまでの生活を書いているのであるから、お互いに持ちつ持たれつの結婚生活であったと評価しておこう。

嗣治とユキの関係は彼が画家としての絶頂期にあったのでうまく進んでいた。すなわち一九二五年にはフランスとベルギーから勲章を受け、ユキを通じてフランスやベルギーの文人、画家、友人たちと派手な交流生活を送るようになっていた。絵は順調に売れたので、生活上は問題なかったが、二つの出来事によって二人の間に暗雲が垂れこむようになった。

一つは藤田が一九二八年に税金の過小・未払い問題で経済生活に問題が生じるようになった。もう一つは、ユキが詩人のロベール・デスノスと恋仲になったことであった。抜き差しならぬ問題で追い詰められた嗣治とユキは、既に紹介したように二人で一九二九年に日本に帰って展覧会を企画したのである。凱旋帰国ではあったが、ユキとの関係は修復ならなかったのである。

一九三一年に遂に嗣治はユキと別れ、中南米への旅に出るのであった。そのときに同伴したのがダンサーのマドレーヌであった。ユキとうまくいかないのなら、すぐに新しい女性と一緒になるところは、フランスに長い間住んでいた嗣治らしいドライな女性関係であった。マドレーヌもユキと同様に嗣治の絵のモデルであった。マドレーヌと二年間ほど中南米を旅した後、二人で東京に落ち着いて生活を始めたが、マドレーヌの方が異国になじめず、一九三五年にパリに戻ってしまった。

悲劇はその後発生した。フランスに戻ったマドレーヌがいない間に、嗣治は新しい日本女性である君代と恋仲になっていた。マドレーヌは嗣治とのよりを戻そうとフランスから東京に戻ってきたが、君代の存在を知るところとなり、半狂乱になって自殺に近い形で死んでしまったのである。嗣治に責任があるのかどうか筆者には判断できないが、民族・言語・文化が異なる男女の愛情なり結婚は困難であると認識させたマドレーヌの死であった。四人目の妻とは四年間の結婚生活であった。

五人目の君代は嗣治の死まで一緒に生活をともにした。東京の料理店で働いていた彼女の長い髪を見初めたとされ、彼女は二十歳以上も若かった。一九三五（昭和十）年に二人が初めて会ってから、東京、ニューヨーク、パリと、第二次世界大戦前後に住居を移したが、一九五〇（昭和二十五）年以降はフランスに定住することとなった。しかもフランス国籍を二人とも取得し、宗教もカトリックに改宗して「レオナール」という洗礼名を持ったのである。

ここでなぜ藤田は最後の妻として日本人を選択したのか、想像を交えて考えてみよう。五十代前半という年齢での同胞の女性と結婚した理由である。これまでは画家として脂の乗り切る生活だったし、モデルとして西洋人女性を使うのは自己にとって有利と思ったかもしれない。しかもまだ若かったので、自己主張の強いヨーロッパの女性ともうまくやっていける元気さがあった。しかし初老になれば気の強い西欧女性に疲れたかもしれず、同胞人の方がなにかと波風の立たない生活を送れるのではないか、すなわちこれまでのように何事にも元気に振る舞えないかもしれないと嗣治は思ったのではないだろうか。そう思う一つの証拠は、一九五九（昭和三十四）年にはカトリック信者になり、その後はキリスト教に関連した宗教画を多く描くようになったのは心の平静を望んだ可能性がある。君代と二人で静かな人生を送りたいと希望したのである。それには言葉も同じで文化を共有する日本女性との生活がもっともふさわしいと思ったのではないだろうか。

現に嗣治と君代はパリ郊外の田舎（エリンヌ県のヴィリエル＝バクル）のアトリエを兼ねた小さな家でひっそりと住んだのである。礼拝堂も建てた。余談であるが筆者も二〇一九（平成三十一）年にここを訪れた。一九六八（昭和四十三）年に嗣治が死去した後も、君代は日本に帰国するまでの二三年間、一人でこの家に住み続けたのである。二十歳以上も若い君代だったので、夫の死後に再婚してもよい身であったが、それはなかった。もっとも画家・嗣治の遺産は充分にあったことは無視できないが、日本人の女性だからこそ、こういう長期の後家生活をしたと解釈しておこう。

4　フランス音楽は一部の人に強く愛された

フランス音楽の特色

クラシック音楽を語るとなれば、どうしてもドイツ、オーストリアの音楽がまず前面に出てくる。バッハ、ハイドン、モーツァルト、ベートーヴェン、ブラームス、ワグナー、ウェーバー、シューベルト、メンデルスゾーン、マーラーなどの作曲家の名前が登場するように、世界最大のクラシック音楽の国々であると言ってよい。この伝統のなすところであろう、日本人の作曲家、演奏家で外国留学をした人は、ドイツやオーストリアに行く人が圧倒的に多かった。哲学の情況に似ていると言ってよい。

とはいえフランス音楽に魅力を感じる人も少数ながら存在していた。

フランス音楽の特色はどこにあるのだろうか。それはドイツ音楽との対比でより鮮明になる。ベートーヴェン、ブラームス、マーラーなどの交響曲、あるいはワグナーのオペラで象徴されるように、ドイツ・オーストリアの音楽は響きがよくて和音がしっかりしているので、重厚で深遠との印象が強い。一方のフランス音楽は軽くて透明感があり、多彩な色彩を帯びた音色に特徴がある。あるいは詩的な表現や標題と結びつく音楽が多い。代表的な作曲家として、サン＝サーンス（一八三五―一九二一）、フォーレ（一八四五―一九二四）、ベルリオーズ（一八〇三―六九）、ドビュッシー（一八六二―一九一八）、ラヴェル（一八七五―一九三七）などがいる。

個人的なことを述べることを許していただきたい。実は筆者がクラシック音楽の中で最も好きな曲はフォーレの『レクイエム』とバッハの『ロ短調ミサ曲』である。バッハ、特に一族については橘木（二〇一七a）で詳しく書いたので、ここでフォーレを少し書いてみよう。ここでは今谷・井上（二〇一〇）に依拠する。

一八四五年生まれのガブリエル・フォーレは、少年の頃から音楽の才能を認められ、九歳のときに音楽学校に入る。そこでサン＝サーンスにピアノと作曲を学び、頭角を現してマドレーヌ教会のオルガニスト、そしてフランス国立音楽学校（通称、パリ・コンセルヴァトワールあるいはパリ音楽院）の教授、校長になった。この音楽学校はとくに有名で入学が困難であったし、音楽家を多く育てた学校としてよく知られている。特に有名な作曲家として、ドビュッシー、ラヴェルが輩出した。

フォーレの作品としてはピアノを中心とした室内楽、ピアノ曲、歌曲、などがある。なんと本書で取り上げたポール・ヴェルレーヌの詩に作曲している。彼の作品は甘美で清楚なメロディーに特色がある。もっとも有名なのは『レクイエム』と『パヴァーヌ』である。レクイエムはベルギー人のアンドレ・クリュイタンス指揮、ソロのドイツ人のディートリヒ・フィッシャー＝ディースカウ（バリトン）とスペイン人のヴィクトリア・デ・ロス・アンヘレス（ソプラノ）、演奏家にフランス人の多いパリ音楽院管弦楽団の演奏は、古い録音ながら不朽の名演奏であるし、筆者の愛蔵ＣＤである。最初に聞いたのはレコード盤であったが、登場者が国際的なので音楽に国境なしを悟ったのもこの盤であった。

フランス音楽を語るときは、クロード・ドビュッシーを避けて通れない。一八六二年生まれのドビュッシーはパリ音楽院に学んでローマ大賞を得た。ローマ大賞とは、フランス政府が音楽、絵画、建築、彫刻などの芸術を学ぶ人に賞を与えて、一年間か二年間ローマでの勉学の機会が与えられるのであり、若い芸術家にとってはプロへの登竜門として機能したのである。どのコンクールもそうであるが、この賞を受賞して後に有名になった芸術家もいるが、名前の消えた人もいるのである。一方で落選者の中で後に有名になった人もかなり多い。例を挙げれば、絵画でのドラクロワ、マネ、ドガなどである。音楽においては、一等賞を予想されたラヴェルが一等賞を取れなかったとき、パリ音楽院の校長が辞職に追い込まれ、本書で登場したフォーレが新しい校長に就任したのである。いずれにせよローマ大賞によって将来が期待されたドビュッシーであった。

当初はワグナーの影響を受けたが、いずれアンティ・ワグネリアンになり、むしろロシアの音楽家、ムソルグスキーに傾倒するようになった。特に彼のオペラ『ボリス・ゴドノフ』の影響を受けた。さらに、インドネシアのバリ島における打楽器を中心にした合奏音楽・ガムランに刺激を受けて、彼独自の音楽を作曲するようになった。

ドビュッシーは本書でも取り上げたフランス象徴主義の詩人、ポール・ヴェルレーヌやステファヌ・マラルメとの交流があり、その影響を受けた。それが歌曲や『牧神の午後への前奏曲』として作品に現れたし、メーテルリンクの戯曲をオペラ化して『ペレアスとメリザンド』を発表し、作曲家としての地位が確立した。その後も交響詩『海』や『夜想曲』を世に送り出して、十九世紀後半から二十世紀初頭にかけての最大の作曲家の一人とまで称されるようになった。

ドビュッシーの作品は、旧来の和声法にとらわれず、長音階や短音階以外の旋律を用いたし、伝統的な音階から離れて半音階をうまく用いた音楽であり、後の作曲家に大きな影響を与えた。例えば、バルトーク（一八八一—一九四五）、ストラヴィンスキー（一八八二—一九七一）、ブーレーズ（一九二五—二〇一六）、メシアン（一九〇八—九二）などであり、日本でも武満徹（一九三〇—九六）や坂本龍一（一九五二—）等が影響を受けた。

余談であるが、ドビュッシーは女性関係も華やかであったが、これまで述べてきたようにフランス作家や画家も多くがそうであったし、別に驚くに値しないので、詳しいことは述べない。かのフランスは自由恋愛には寛容な国である。幸か不幸かフランスかぶれの筆者が真似できないことであった。

最後に、モーリス・ラヴェルを簡単に述べておこう。ドビュッシーのところで既に述べたように、ローマ大賞の一等賞を取れなかったけれど有名になった作曲家である。ローマ賞の審査の前に、既に『亡き王女のためのパヴァーヌ』や『水の戯れ』で名を知られていたので、ラヴェルの予選段階での落選は物議を醸したのである。

多くのフランス音楽家がそうであるようにパリ音楽院で学び、フォーレ、ドビュッシーなどの影響を受けた。しかし彼独自の作風を生み出し、バレエ音楽の『ダフニスとクロエ』、そして有名な『ボレロ』、編曲では『展覧会の絵』などを作曲した。美しい旋律と華麗なオーケストレーションによる音楽が記憶に残る作曲家だったのである。

ラヴェルに関するエピソードを一つ述べて終えよう。彼は後世になって記憶障害や言語障害に悩み、交通事故による身体障害もあった。あるとき若いときに自分の作曲したピアノ曲『亡き王女のためのパヴァーヌ』を聴いたとき、「この美しい曲を誰が作曲したのだろう」と問うたらしい。自分の曲を認識できなかった不幸はあるが、素晴らしい曲であると第三者として認識できた幸せはあったのだ。

日本人音楽家とフランスとの関係

既に強調したように、日本人の音楽家にとっての憧れはドイツ・オーストリアであり、フランスではなかった。それよりもっと衝撃的なことは、絵画に興味のある人のかなりの多くがフランスに憧れて渡仏した事実とは好対照にある。とはいえ、一部にはフランスに留学した人はいたし、フランス音楽を愛した人はかなりいた。それらの人をここで追跡してみよう。

最も確実な方法は、フランス国立音楽学校（通称パリ音楽院またはコンセルヴァトワール）に留学経験のある音楽家を探求すればよい。そうすると矢張り少人数であることがわかった。具体的には、『ニューグローヴ世界音楽大事典』から知り得る。まずは古い時代の留学生に注目してみよう。それは池内友次郎と安川加寿子である。

池内友次郎（一九〇六―九一）は俳人の高浜虚子の次男として生まれた。一九二七（昭和二）年にフランスにわたってパリ音楽院に入学している。これまでの日本の音楽家のほとんどがドイツ・オーストリアに留学していたのであり、池内は珍しい存在であった。ところで池内は帰国後にまずは日本大学芸術科、そして東京芸大作曲科の教授になった。ドイツ流の音楽教育を行っていたところに、彼の手腕によってフランス流の作曲法をも教える功績があった。自分で作曲をするよりも、音楽教育と執筆活動に精を出し、数々の有能な教え子を東京芸大から輩出したのである。それらの人のうち何人かは本書で登場することになる。

安川加寿子（一九二二―九六）は日本で戦前から戦後の五〇年間ほど活躍したピアニストである。父親が外交官だったことにより、子どもの時からフランスに住んでおり、一九三四年にパリ音楽院のピアノ科に入学し、卒業した。日本に帰国後は演奏活動に励むが得意はショパン、そしてやはりラヴェルであった。演奏活動以外にも数々の音楽関係の仕事に就いて音楽界の発展に尽くした。父親が外交官というピアニストには内田光子もいる。

また、幼少の頃から音楽的才能を示し、東京音楽学校（現・東京芸大）を卒業後にパリ音楽院に留学した矢代秋雄（一九二九―七六）がいる。パリでの同期には作曲家の黛敏郎がいた。二人とも東京音楽学校・パリ音楽院を通じての音楽英才として著名であった。矢代はパリ音楽院を卒業したが、黛はパリ音楽院は肌が合わないと一年で中退している。

矢代はパリでドビュッシーやフランスの作品の影響を受け、ピアノ曲やピアノ協奏曲を作曲し、東京芸大の教授になった。しかし四十七歳の若さで亡くなり、その英才の死が惜しまれたのである。

特筆すべき人物は三善晃（一九三三―二〇一三）である。幼少の頃より音楽に親しみ、自由学園でピアノ演奏法や音楽基礎を学んでから、高校まではヴァイオリンと作曲法を学んだ。しかし大学は東京芸大のような音楽大学ではなく、東大に入学するという珍しい選択をしたのである。しかも東大仏文科に在学中にブルシエ（フランス政府留学給費生）試験に合格し、フランス文学を学ぶのではなく、パリ音楽院に入学して音楽を学ぶという離れ業をやってのけたのである。

パリ音楽院を卒業しなかったが、帰国後は音楽教育で有名な桐朋学園大学教授と大学長を務めた。作曲活動も多く行い数々の賞を受賞したが、中年以降はピアノ曲と合唱曲の作曲に取り組んだ。そしてピアノ演奏の指導にも精を出した。

最後に、パリ音楽院卒業者でかつ現役バリバリの音楽家であり、かつヨーロッパで活躍している人を数人ピックアップしておこう。まずは永野英樹（一九六八―）である。十五歳で毎日学生コンクールの中学生ピアノ部門で全国一位、東京芸大附属音楽高等学校を首席卒業後、同大学ピアノ科を卒業時に文部大臣賞、パリ音楽院のピアノ科を首席で卒業という逸材であった。

その後さまざまな賞を獲得して、ヨーロッパで室内楽や協奏曲、個人のピアノリサイタル等で活躍している。

二人目はホルン奏者の根本雄伯（一九六九―）である。幼少の頃からヴァイオリン、ピアノを学び、中学校でホルン、高校で指揮法や作曲法、東京芸大ではホルンを学んだ。さらにパリ音楽院で学んでから、カシャン音楽院でホルン科教授をしながら、現役で演奏活動や指揮・作曲などを行った。現在は世界各地での演奏、指揮活動に取り組んでいる。

三人目はヴァイオリンの千々岩英一（一九六九―）である。東京芸大附属音楽高等学校、同大学を卒業後、パリ音楽院を首席で卒業した。現在はパリ管弦楽団の第二コンサートマスターの地位にある。ベルリンフィルのコンサートマスターをしている樫本大進に続く人になるかもしれない期待がある。

四人目はピアノの児玉桃（一九七二―）である。一歳のときに渡欧し、十三歳のときのパリ音楽院に入学し、十六歳で卒業という若さの音楽修業であった。種々のコンクールで優勝、入選を果たしている。ドビュッシーやショパン、メシアンなどのピアノ曲の演奏で成功を収め、有名なオーケストラとの共演もしており、在欧中の第一線で活躍している。なんと妹の児玉麻里も桃と同様のキャリア、すなわちパリ音楽院のピアニストである。

永野、根本、千々岩の三名をピックアップした理由の一つは、この三名でトリオ・ソルを結成して、室内音楽の演奏活動を現地で行っているのである。設立の経緯は知らないが、室内楽団の形成は国籍など関係ない場合が多いが、このグループは日本人だけなのでややユニークである。でも個々の演奏能力が優秀でないと室内楽団は形成されえないので、それぞれのピアノ、ホルン、ヴァイオリンの演奏能力は優れているのであろう。

萩原麻未という若者のホープを紹介して終えよう。一九八六（昭和六十一）年生まれなので三十二歳である。パリ音楽院を首席で卒業してから、ジュネーヴ国際音楽コンクールのピアノ部門で優勝（日本人で初）という期待の星である。

シャンソンの盛衰

フランス語でシャンソンは単に「歌」という意味しかないが、フランス本国ではポピュラーな歌謡曲という意味があり、特に日本においてはフランス語（あるいは日本語の翻訳版）で歌われるフランスで生まれた歌謡曲をさしていた。特に一九六〇年代までの日本ではシャンソンは一部の人々の間で人気が高く、何名かの有名な歌手を生んだ。

まずは本国フランスのシャンソンに言及しておこう。戦前から戦後の一時期まで、フランスの歌謡曲として国民的な人気の高い歌と歌手が出現した。まずは女性のエディット・ピアフ（一九一五―六三）である。代表作に『ばら色の人生（La Vie en rose）』『愛の讃歌（Hymne à l'amour）』『パリの空の下（Sous le ciel de Paris）』『群衆（La Foule）』などがある。彼女はフランスのみならず世界的にも非常に人気を博した歌手であった。もう一人は、ジュリエット・グレコ（一九二七―）『パリの空の下』『悲しみよこんにちは（Bonjour Tristesse）』などの歌で世界で有名な歌手であった。

男性ではイヴ・モンタン（一九二一—九一）、サルヴァトール・アダモ（一九四三年—、国籍はベルギー）などが有名である。モンタンには有名な『枯葉（Les Feuilles morres）』があるし、アダモには『サン・トワ・マミー（Sans toi ma mie）』『雪が降る（Tombe la neige）』などがある。アダモの国籍はベルギーであるが、歌詞はフランス語なのでシャンソンに含めてよい。

全盛を誇ったシャンソンも一九六〇年代に入ると、アメリカやイギリスを中心にしたロック・ミュージックがフランスにも入り、若者を中心にして人気はそちらに移るようになった。ビートルズ、ローリング・ストーンズ、シカゴなどのグループを挙げれば十分であろう。これらの音楽はフランスのみならず全世界を席巻したと言っても過言ではなく、七〇年代以降はシャンソンの人気は低下した。誰かがおもしろいことを言っていたが、シャンソンは日本でいえば古いイメージの漂う「演歌」になってしまったのである。

最後に、日本におけるシャンソンの動向を述べておこう。若い人は高英男、石井好子、岸洋子、越路吹雪、加藤登紀子という歌手の名前を知らないであろうが、こういう歌手がフランスのシャンソンをフランス語ないし日本語で歌い、ある程度の人気はあった。とはいえ決してメジャーなジャンルの音楽にはなりえなかった。そしてフランス本国でのシャンソンの衰退に呼応して、日本においても同じ道を歩んだのである。

5　バレエとレヴュー

バレエ (Ballet)

バレエの歴史

バレエの用語にはフランス語が用いられる。例えばグラン・パ・ド・ドウ（Grand Pas de Deux）、プリエ（Plié）、チュチュ（Tutu）などがそうであり、ほぼ全世界で用いられている。バレエの本格的な起源がフランスにあるとともに、本家本元であることの証拠とみなせる。バレエの歴史については、薄井（一九九八）から知りえた。

オペラとどう異なるのであろうか。バレエ、オペラともに音楽があり、舞台での演技という意味では共通している。バレエには声楽がなく、演者の踊り中心であるのに対して、オペラでは声楽（独唱・重唱・合唱）と演者の演技が中心である。

フランスでもオペラは重要な演目であるが、ドイツ、イタリアほどではない。それに対して、バレエの中心であることを誇っているフランスなのである。

ところで歴史的にはバレエはフランスに始まったのではなく、十五―十六世紀のイタリア・ルネッサンスに起源がある。踊りと音楽を用いた余興が貴族の間で行われていた。十六世紀にフィレンツェの富豪メディチ家の娘がフランス王に嫁いだときに、踊りや音楽を持っていったのである。フランス料理の起源がこのメディチ家からフランスに渡ったイタリア料理にあるのと同じ歴史的事実なのである。ルイ十四世は、自分も演者であったし、王立のバレエ学校を設立したほどなので、バレエは宮廷文化の一つとして栄えた。この頃から、女性・男性の職業ダンサーが誕生したのである。

フランスでイタリア流のバレエが開花して、王家や貴族の遊びの一種となったのである。特に栄華を誇った十七世紀の太陽王・ルイ十四世はバレエを好んだので、フランスで普及した。

ところが十八世紀末のフランス革命によって宮廷文化は衰退したが、バレエの伝統は貴族やブルジョワジーに引き継がれた。それが十八世紀から十九世紀にかけてのロマン主義の流れの中で、ロマン主義によるバレエが中心になった。皆の知るアドルフ・アダンによる『ジゼル(Giselle)』と、シュナイツホーファによる『ラ・シルフィード(La Sylphide)』はこの時期の代表作である。この時代に女性ダンサーがチュチュを装い、つま先立ちによる踊りの技法が確立したのである。ついでながら画家のエドガー・ドガが、バレエのチュチュ姿をした女性の踊り子をよく描いたのも知られている。

ところが現在でもよく演奏されるレオ・ドリーブの『コッペリア』あたりを最後に、ロマン主義の退潮によりバレエはフランスで衰退した。なぜ衰退したのかといえば、国民の間でロマン主義そのものが人気を失ったことと、バレエが低俗文化の象徴のようになり、国民の関心が薄れたことによる。

ところがその状況を救済する国が出現した。ロシア皇帝ピョートル大帝（一六七二―一七二五）をはじめとして歴代の皇帝がフランス文化に憧景を抱いていたのは有名な事実であり、ロシア宮廷がフランスのバレエをロシアで発展させようとした。その象徴が、チャイコフスキー（一八四〇―九三）によるよく知られた三大バレエ、『白鳥の湖』『眠れる森の美女』『くるみ割り人形』であった。これらは古典主義のバレエと称され、今でもよく上演される演目である。ロシアで再開花したバレエであったが、フランスバレエの伝統は引き継がれたのであった。

ロシアで再開花したバレエが、なぜフランスにまた戻ったかといえば、二十世紀に入って、ロシア人のプロデューサーであるセルゲイ・ディアギレフ（一八七三―一九二九）が、ロシアのマリンスキー劇場を飛び出たアンナ・パヴロワ（一八八一―一九三一）やヴァーツラフ・ニジンスキー（一八九〇―一九五〇）といったダンサー、振付師のミハイル・フォーキン（一八八〇―一九四二）やジョージ・バランシン（一九〇四―八三）等をメンバーとしたバレエ・リュス（Ballets Russes）を率いたパリ公演が、絶大な成功を収めたからである。

その後のバレエは、古典的な振り付けを嫌う一部の振付師やダンサーが、いわゆる革新的なモダンバレエを生み出した。現代では古典的なバレエとモダンなバレエの双方が上演され、フランスとロシアのみならず、世界中で上演されるジャンルになっている。

現在、フランスのバレエ団では、パリオペラ座のバレエ団が有名であるが、このバレエ団に入るための予備学校としてバレエ学校がある。ここで訓練を受けてから、団員になる資格を得ることになる。そういう意味では、次に述べる宝塚音楽学校と似ている。

バレエ学校に入学するには、多くの応募者の中から合格せねばならない。八歳から十三歳までの子ども（宝塚と異なり女子と男子）に応募の資格があり、身体条件（身長、体重）の制限があるし、容姿も審査の対象である。しかもダンスの実技試験があり、相当に厳しい入校審査である。これは未確認だが、父親・母親の体型も考慮されると聞いたことがある。

厳しいバレエ学校での訓練を経て、晴れて団員になれても、演技の上達度は常に注意深く観察されていて、エトワール（星）と呼ばれるトップのバレリーナ（女性舞踊手）やバレリーノ（男性舞踊手）を目指しての競争がある。これも宝塚歌劇団と似たところがある。

バレエ団のトップになれば、それこそ世界的な大スターと評価されるのである。パリオペラ座のバレエ団は世界一のバレエ演技を提供しているという自負に満ちている。厳しい入校試験、バレエ学校とバレエ団における厳しい訓練と激しい競争に裏付けされた結果なのである。それと歴史の重みも役立っているだろう。宝塚との違いは、バレエ団のエトワールは外部からも招いていることである。

日本におけるバレエ

外国文化・芸術の導入に拒否感のない日本では、当然のことながらバレエも日本に入ってきた。

薄井（一九九八）によると、一九一一（明治四十四）年に帝国劇場で最初に上演されたが、根付かなかった。その後一九二二（大正十一）年にロシアの名ダンサー、アンナ・パヴロワが来日して公演を行った。ようやく日本においてもバレエが認知されるようになった。

戦争前夜はバレエは敵国芸術として排除されたが、その後になってバレエ団やバレエ学校が開設され、一定の人気を博するようになった。でも国民的な芸術とまでには至らなかった。その証拠の一つとして、世界の誰もが知っている世界的なダンサーなり振付師がまだ日本にはいない。クラシック音楽の小澤征爾（一九三五―）や、映画の黒澤明（一九一〇―九八）とは対照的である。とはいえ、森下洋子（一九四八―）や熊川哲也（一九七二―）のように、世界的に活躍するダンサーや振付師が出現したし、十五歳から十八歳までの若きバレエダンサーのキャリア形成につながる道筋を開くことを目的に掲げているローザンヌ国際バレエコンクールで、優秀な成績を収める日本人も数多くなっているので、将来は期待できる。

むしろ日本のバレエで特徴的なことは、少女の間においておけいこ事の一つとしてバレエを学ぶことに人気のある点である。美しい踊りと衣装に憧れてのことであろうが、ある年齢に達すると他のことに時間を奪われて、多くが辞めてしまうのである。もっともこれが次に述べる宝塚歌劇団の人気や俳優を目指すことにつながっているのなら、少女のバレエ見習いにもそれなりの価値はあるといってよい。

レヴュー(Revue)

レヴューの歴史

レヴューとは数々の意味を持つ言葉であるが、ここでは音楽、踊り、コントなどで構成される舞台でのエンターテインメント（娯楽）、あるいはショーとして用いる。代表的にはパリにあるキャバレーのリド、ムーラン・ルージュ、クレイジーホースにおける食事やお酒を楽しみながら音楽や踊りを鑑賞する場所と上演と理解してよい。

有名なのは「フレンチカンカン」と呼ばれる女性ダンサーの踊りで、片側の脚を振り上げたり大股開きや側転などを交えたものである。この音楽に関しては、フランスの作曲家、オッフェンバックの『地獄のオルフェ』の中における『地獄のギャロップ』が知られているし、画家のロートレックがカンカンのダンサーをモデルにして絵画やポスターを描いたことも有名である。

筆者の記憶として、ソ連の最高指導者だったニキータ・フルシチョフが、このフレンチカンカンを観てから、「これは資本主義の悪しき産物だ」との感想を漏らした事がある。そういえば、パリのキャバレーにおける催物は何もフランスの専売特許ではなく、イギリスやドイツの諸都市でも行われていたというから、商業主義の行き渡った資本主義国でのキャバレーにおけるショーの一環だったのである。

宝塚歌劇団の発展

フランスにおけるレヴューは東洋の国、日本において意外な姿で発展を見るのであった。それは宝塚（少女）歌劇団である。昔は少女という言葉が入っていたが、現在は宝塚歌劇団で、「タカラヅカ」だけでも通用する。宝塚歌劇団については『宝塚歌劇九〇年史』を参考にした。

宝塚に関しては、名経営者・小林一三（一八七三―一九五七）から始めねばならない。彼は阪急電車（起源は箕面有馬電気軌道、現在は阪急・阪神ホールディングス）の創始者であり、阪急沿線に動物園、歌劇団、野球場、デパート、住宅などをつくって、人々が電車を利用するのと様々な娯楽と買い物をできるように仕向けた多角経営者の走りであった。その中での歌劇団が今になっては日本を代表する文化の一つにまで成長したのである。

設立は一九一三（大正二）年に宝塚温泉に泊まりに来た客に余興として少女に歌を歌わせる目的でつくられ、それにダンス、合奏などが加わる舞台公演となった。一九一九（大正八）年に宝塚少女歌劇団として再編し、同年には宝塚音楽歌劇学校を創設して、団員の養成を行うようになった。

ここに岸田辰彌（一八九二―一九四四）が登場する。有名な画家・岸田劉生（一八九一―一九二九）の弟である。彼は浅草オペラにいたが、小林の要請により宝塚歌劇団の演出家となる。一年余りの欧米視察に向かったが、当然のことながらパリのレヴューを鑑賞したのである。帰国後の一九二七（昭和二）年に、日本初のレヴュー『モン・パリ～吾が巴里よ！～』を上演した。『モン・パリ』はフランス語であるし、フランスのレヴューを意識していたことは確実である。この大掛りな公演は、今でも「タカラヅカ」の伝統になっている。大階段を使う演技、そしてラインダンス（フレンチカンカンの日本版とみなしてよい）などが用いられたのであり、「タカラヅカ」の原型がここから始まったのである。『モン・パリ』は大成功となった。

ついでながら、「タカラヅカ」とフランスの縁は、「タカラジェンヌ」という言葉からも理解できる。「タカラジェンヌ」は「パリジェンヌ」というパリの女性を意味する言葉で想像できるように、タカラヅカの女性と言う意味を込めて意図的につくられたフランス語風の言葉なのである。

もう一人の白井鐵造（一九〇〇—八三）も重要である。一九二八（昭和三）年に小林の命によりパリに渡り、フランスの本場でレヴューの演出を二年間にもわたって修業した。彼は渡欧前に『モン・パリ』の振付を行ったが、帰国後は次々とヒット作を世に送り出した演出家であった。彼が編み出したダチョウの羽を使った羽根扇は「タカラヅカ」の十八番になり、『すみれの花咲く頃』や『お宝塚』の歌は歌劇団の代名詞にまでなった。戦前戦後にわたって大ヒット作を送り出した人であった。

昔から今までの歌劇団の特色を述べれば次のようになろうか。第一に、舞台での演者はすべて女性である。そして娘役、男役というように区別されている。娘役、男役ともにスターが誕生するが、どちらかといえば男役の人気が高い。その理由の一つとして、宝塚ファンには女性の多いことがあるといえる。

第二に、音楽学校で二年間の歌と演技、ダンスの修業を経てから歌劇団に入団する。現在は花、月、雪、星、宙（そら）の五組があって、それぞれの組に入って公演を行う。その中で実力、人気を加味しながらトップスターが育っていく。トップスターは非常に重要であり、その組の公演の中心者となるが、通常は二―三年で新しい人がトップスターになる。従って団員は三十―三十五歳で引退するのである。逆に言えば、出演者は二十代の若い女性ばかり、という特殊性を有している。

第三に、宝塚市にある大劇場に加えて、東京宝塚劇場の公演、日本各地の出張公演、そして時々の海外公演を行っている。演技者のみならず、振付けから各種のスタッフ、オーケストラ団員など大人数による公演である。

第四に、テレビの普及、他の娯楽の隆盛により、一九七〇年代の初期にタカラヅカは低迷期を迎え、赤字経営が続いた。野球の阪急ブレーブスとタカラヅカは阪急のお荷物とまで言われたが、一九七四（昭和四十九）年に『ベルサイユのばら』が大ヒットして、復活に成功した。ついでながら阪急ブレーブスは、一九八八（昭和六十三）年にオリックスに売却された。その後の「タカラヅカ」は現在まで切符の入手が困難とされ、ほぼ順調に進んできたと言っても過言ではない。

第五に、上演される演目を見ると、『ベルサイユのばら』『エリザベート』などでも代表されるように、欧米での歴史的事件や人物に関する物語が多く、西洋ものという特色が強い。しかし日本の物語や人物を決して無視しておらず、和洋折衷であるが、元々はフランスのレヴューの応用なので、いわゆる洋ものが多い。

第六に、宝塚の公演では外部の人を招聘して出演してもらうことはほとんどない。すなわち、団員やスタッフはほぼ全員が阪急の社員なのである。この制度のメリット、デメリットにはいろいろある。メリットは宝塚音楽学校時代から自分のところで教育・訓練するのであるから、組織に忠誠心を持つことが多い。これは阪急側からすると訓練することによってスターを輩出できるという自信の裏付けである。内部の人なので特別に高いギャラを払う必要がない。外部の人を招かず、比較的出演者の出演料（給料）は高くないであろうから、低費用なので経営側にはメリットがある。

一方で団員からすれば、タカラヅカで名を挙げようと思えば、学校に入学してから団員にならなければならないことは広く知られているので、能力のある人が宝塚音楽学校に入学してくれる。敢えて団員側からのデメリットを言えば、三十歳前後で宝塚を退団するのであるから、その後どうするかが問題となる。一部の有名になったスターには外部の芸能人として活躍できる場所はあるだろうが、大半の人はそこから新しいキャリアを見つけねばならない。昔であれば、タカラヅカ出身の人は容姿が優れていたし華やかさを持っているので、結婚相手として人気があり、家庭の奥さんとしての道は開かれていたのであろうが、女性も働くのが普通の時代になった今、歌、演技、ダンスしか知らない人にとって、その後の人生は難問が待っているかもしれない。

現在のタカラヅカは繁栄の中にいる。宝塚大劇場も東京宝塚劇場も連日、ほぼ満員の盛況である。切符の購入が困難なときも多いので、タカラヅカは日本に根付いた芸術活動とみなしてよい。

筆者も〝フランスかぶれ〟の一端として、熱狂的ではないが時折公演を見に行く。一番の驚きは劇場に来ている観客の八割から九割が女性であり、しかも若手アイドルの公演のように若年層で占められていることはなく、あらゆる年齢層を網羅している。祖母、母、娘という三世代続いてのファンというのも珍しくなく、若年、中年、高年層すべての人が公演を観ている姿に接すると、これは国民的芸術であるとの好感が持てるほどである。ほんの少しの男性は恋人、妻に半分は無理矢理に連れてこられているのかもしれず、むしろほほえましい感すらする。

なぜこれほどまでに女性の人気が高いのであろうか。まず、やや誇張をすれば、演者が全員女性なので日頃男性中心の社会にいるうっぷんを晴らす目的があるかもしれない。かといって男性だけの演じる歌舞伎の演技場においても、タカラヅカほど顕著ではないが、男性観賞者よりも女性が少し多いのが現状であるから、男性よりも女性の方が演劇や音楽、ダンスへの好みが強いというのが理由であろう。

第二に、タカラヅカの俳優は女役よりも男役の方が圧倒的に人気の高いことはよく知られているが、これが一つのヒントを与えている。特に戦前においては、日本社会では自由な男女交際があまり認められていなかったのであり、若い女性の間ではいわゆるエス（文化）と呼ばれることがあるように、少女・女学生の間で美少女に憧れる風習があった。これら美少女を美男子に見立てて、特殊な想像上の男女恋愛関係を楽しんでいたのである。

戦後になって、日本の若者の間での男女交際は自由に認められるようになったし、現実に恋愛関係になる若者も増加したが、このエス文化の消えることはなかった。宝塚の男装麗人に憧れる風習は今でも続き、若年、中年、高年の女性が、女優の演じる男役のトップスターに大声援を送っているのである。公演会場におけるものすごい熱狂振りに圧倒されるし、人気の男役のブロマイド、DVD、関連グッズなどは売れまくっているのである。

第三に、第二の点をやや皮肉に見ると、女性からすると自分の恋人や夫はタカラヅカのトップ男役ほどかっこよくないので、憧れだけでいいのでこれらの男装麗人に熱狂したいと思っているかもしれない。別に今の恋人や夫に不満はないが、夢の中だけでもいいから、背が高くて足の長いハンサム男、そして洋装すればカッコいいし、歌と踊りのうまい男装麗人に憧れたいのである。この現状を筆者は別に「はしたない」とは決して思わない。これで喜びに満ちた幸せな人生を送れるのであれば、何も問題はないのである。

以上、タカラヅカをまとめてみよう。フランスのレヴューをうまく日本に導入し、かつ日本流に改編(若い女性のみの団員とした)して成功したとみなせる。フランス文化をうまく日本流に改編したという意味では、見事な導入であったと結論づけられる。しかしグローバル化の進む今日において、今のままでおれるかと問われれば、上演の方法や経営のあり方に関して変化が求められるかもしれない。例えば、演者を若い女性だけに限定するのは続けられるのか、といった点である。しかし、全体として評価すれば、日本に根付いた好ましい文化であると思っている。

6　映　画

フランス映画の隆盛

映画の起源とされるシネマトグラフ（撮影と映写の機能を持つ複合映写機）は十九世紀末のフランスで開発されたので、それによってフランスは映画発祥の地としての伝統を誇る。最初の映画は一八九五年にリュミエール兄弟によって、パリで『工場の出口』というタイトルで作成され、翌年にこれを含む短編一〇本が商業用に上映されたとされる。このときはモノクロ・無声映画だった。フランス映画史に関しては中条（二〇〇三）から知り得た。

その後二十世紀を迎えてトーキー（映像と音声が別個ながら同時に提供される）の時代に入り、映画は発展の時代に突入した。フランスでは有名な映画監督であるルネ・クレール（一八九八—一九八一）の『巴里の屋根の下』を始め、ジャン・ルノワール（一八九四—一九七九）、ジュリアン・デュヴィヴィエ（一八九六—一九六七）、ジャック・フェデー（一八八五—一九四八）という四大巨匠による映画が人気を博することとなった。一九三〇年代のフランス映画はペシミズムやニヒリズムを基調とした作品が多かった。有名な女優としてフェデー監督による『外人部隊』のマリー・ベル（一九〇〇—八五）、男優としてはシャルル・ボワイエ（一八九九—一九七八）やジャン・ギャバン（一九〇四—七六）などの人気が高かった。これら名優の名は筆者にもなつかしい名前である。

戦後になるとフランス映画は一気に隆盛の時代を迎えた。マルセル・カルネ（一九〇六—九六）監督による『天上桟敷の人々』は間接的に戦争中のナチスへの抵抗の姿を示した映画で、今でもその詩情豊かな作品はフランス映画史上に残る。その他にもジャン・コクトー（一八八九—一九六三）監督による『美女と野獣』、ルネ・クレマン（一九一三—九六）監督による『禁じられた遊び』など、その音楽とともに人々の思い出に残る作品が登場し、フランス映画は世界の中でもトップの地位を占めるようになった。その証拠に、一九四六（昭和二十一）年に始まったカンヌ国際映画祭は今でもトップの地位を保っており、映画関係者の集まる祭典となっている。ついでながら世界三大国際映画祭は、最古の歴史を誇るイタリアのヴェネツィア、ドイツのベルリンとフランスのカンヌである。

一九五〇年代末から一九六〇年代に、新しい映画運動が始まった。それが「ヌーヴェルヴァーグ（Nouvelle Vague）」と呼ばれるものである。フランス料理のところで「ヌーヴェルキュイジーヌ」を紹介するが、フランスという国は伝統を破棄して新しい波なり運動を起こすのはお家芸である。ついでながら既に述べたサルトルやカミュなどによる実存主義哲学が席巻していた時代でもあり、この実存主義哲学と映画のヌーヴェルヴァーグとの関係を重視する見方もあるが、深入りはしない。

実際には有名監督の下で働いた経験がない若い監督による運動であり、ジャン＝リュック・ゴダール（一九三〇—）『勝手にしやがれ』、フランソワ・トリュフォー（一九三二—八四）『大人は判ってくれない』、クロード・シャブロル（一九三〇—二〇一〇）『いとこ同志』、エリック・ロメール（一九二〇—二〇一〇）『獅子座』など何人かの若手監督による映画作品で象徴された運動である。ロケ中心、即興演出、同時録音、そしてジャンプカット（同様のカットを時間の経過を飛ばしてつなぎ合わせる手法）、といった撮影手法が彼らの特色とされた。

フランス映画界で人気を博した俳優は、男優でアラン・ドロン（一九三五—）、ジャン＝ポール・ベルモンド（一九三三—）、ジャン＝ピエール・レオ（一九四四—）など、女優ではブリジット・バルドー（一九三四—）、カトリーヌ・ドヌーヴ（一九四三—）、アンナ・カリーナ（一九四〇—）などであった。

アラン・ドロンは美男子で『太陽がいっぱい』などで日本では人気が高かったが、筆者が在仏中にフランス人から聞いたところでは、美男ではないが演技とフランス語の美しさはジャン＝ポール・ベルモンドに軍配が上がり、人気もアラン・ドロンよりも上であった。カトリーヌ・ドヌーヴは、『シェルブールの雨傘』『ロシュフォールの恋人たち』で有名であった。現代においてセクハラが社会問題になったとき、「me too 運動」に対して、「男にも女を口説く権利がある」と発言して話題になった人である。

フランス映画と日本映画の関係

アメリカ映画、イタリア映画、ロシア映画、フランス映画、あるいはそれ以外の国の外国映画の中で、もっとも日本に影響を与え、かつ売上高が大きかったのは、アメリカ映画である。ハリウッドが映画産業の代名詞にもなっているように、アメリカ映画の影響力は強かったので、日本においてフランスを含めた他の国の映画がアメリカ映画を凌駕することはなかった。しかし一部には日本人の間でもフランス映画の愛好家はかなりいた。

特に「ヌーヴェルヴァーグ」運動に感化を受けた映画人がいたし、映画愛好家の中でも支持者はいた。日本人の監督の中でよく例に出されるのは、大島渚（一九三二―二〇一三）であるが、本人は「ヌーヴェルヴァーグ」の影響を受けていない、と語っている。

むしろ石原慎太郎原作の『狂った果実』を映画化して、監督が中平康、主演が弟の裕次郎と北原三枝であったが、この映画がフランスの「ヌーヴェルヴァーグ」の旗手の一人であるフランソワ・トリュフォーによって絶賛され、これがフランスに影響を与えたという説もある。日本は戦後になって若い世代の自由な恋愛が進む時代になっていたこと、フランスにおいても旧来の映画とは異なるスタイルの自由な映画を求めていたので、日仏両国が新しい映画の作り方や画面づくりを同時に模索していたと解してよい。従って「ヌーヴェルヴァーグ」が日仏間でどちらで先に起こり、どちらが影響を与えたり受けたりしたかを議論するのは賢明でないとみなされている。

日本映画を語るときは、日本独自の映画が外国に出て行って喝采を浴びた事実の方が重要である。必ずしもフランスだけではなく、他の諸国においても黒澤明（『羅生門』『生きる』『七人の侍』など）、溝口健二（一八九八―一九五六。『雨月物語』『西鶴一代女』『山椒大夫』など）、小津安二郎（一九〇三―六三。『東京物語』『晩春』など）といった監督と作品は世界でも有名になったのである。

日仏映画界はこのようにして一九七〇年代頃までは繁栄したが、テレビ放送の人気上昇、余暇の過ごし方の多様化などの影響を受けて、映画産業は衰退を始めた。今は過去のような栄華の中にいる時代ではなく、一世を風靡した監督や俳優が少なくなってきた。なんとなく監督も俳優もやや小粒になってきたと言えば、映画関係者から大目玉を食いそうであるが、その傾向は否定し難い状況にある。

とはいえまだ完全に消滅したのではない。一部の有能な日本人監督の活躍は輝いている。例えば河瀬直美（一九六九—）と是枝裕和（一九六二—）である。まずは一九六九年生まれの河瀬であるが、大阪写真専門学校の映画科を卒業後に映画監督になり、いくつかの作品が世界で注目を浴びた。二〇〇七年、『殯の森』がカンヌ国際映画祭でグランプリを受賞。二〇〇九年のカンヌ映画祭では映画祭への功労賞である「金の馬車賞」を受けたが、アジア人の女性としては初めてで、二〇一三年は審査員になった。

特筆すべきことは、カトリーヌ・ドヌーヴより一世代若い女優としてのトップにあるジュリエット・ビノシュ（一九六四—）を主演とした映画を、河瀬は監督として演出したのである。ビノシュはカンヌ、ベルリン、ヴェネツィアの三大国際映画祭の女優賞を受けた大女優である。河瀬監督、ビノシュと永瀬正敏主演の日仏合作映画は『Vision』とのタイトルで二〇一八年に公開された。河瀬の故郷・吉野の深い森をビノシュが訪れ、幻の植物を探すのであるが、そこで永瀬に出会う物語である。

ビノシュに関係するといえば、二〇一八年にカンヌ映画祭で是枝裕和監督の『万引き家族』が最高賞のパルムドールを受けた。なんとその是枝監督の下で、カトリーヌ・ドヌーヴとジュリエット・ビノシュが出演する日仏合作映画『La vérité（真実）』の制作が二〇一八年に発表された。世界を風靡したフランスの二大女優が出演する凄い映画の企画である。長い間疎遠だった母と娘が向き合う物語であり、長年家族を題材にしてきた是枝監督の手腕に期待が集まる。衰退産業とされる映画界、そしてハリウッドによる大スペクタクルを中心にした映画界の中で、日仏両国の取り組みで復興がなるのか、注目の的である。

岸惠子と中山美穂

日仏の映画界を語れば、この二人の女優を避けて通れない。

まずは先輩の岸惠子（一九三二―）である。戦争直後の十歳代後半の時に女優としてデビューした。彼女のヒット作はなんといってもラジオと映画の『君の名は』である。戦後になって自由恋愛を楽しめるようになった日本社会において、一人の男（後宮春樹）と一人の女（氏家真知子）が恋愛関係に陥るが、電話もまだそれほど普及していない時代に、二人の逢い引きはすれ違いばかりというハラハラ・ドキドキの物語であった。ラジオが放送される時間帯には、銭湯の女性風呂がガラガラになるといわれるほどの人気番組であった。映画化されたが、岸のストールの巻き方が「真知子巻き」

と呼ばれ有名になり、有楽町にあった数寄屋橋（今はもう存在しない）も逢瀬の場所として有名になった。美人と美男子（佐田啓二：筆者は彼を日本映画界稀代の美男子と思っている）による超人気のラジオドラマと映画であった。

転機は一九五六（昭和三十一）年の日仏合作映画『忘れえぬ慕情』で訪れた。フランス人監督のイヴ・シャンピと結婚してパリに住むこととなったのである。日本とフランスを往復して女優業を続けた。彼女にとってもう一つの転機は、夫・シャンピを通じて哲学者のサルトルやボーヴォワール（一九〇八―八六）などと交流を持つようになり、女性の自立ということを学び、映画女優という仕事を続けねばならない、と思ったのである。しかし、夫婦は一六年後に離婚した。その後男性との噂はあったが独身を続けている。

出演した映画は数多く、小説やエッセイの発表というのも岸の才能豊かさを物語っている。小説としては自分の恋物語ともされる『わりなき恋』、エッセイとしては『私のパリ　私のフランス』『私の人生ア・ラ・カルト』などがある。

もともとは自らがフランスに憧れて渡仏したのではなく、結婚を通じてのフランス生活の始まりであったが、パリの生活に慣れてフランス語も抜群にうまくなり（筆者は直に彼女のフランス語に接してそのうまさに感銘を受けた）、しかも文章ができたのであるから、頭の良い知性派の女優であると認識している。

次は岸よりかなり若い中山美穂（一九七〇―）である。いわゆるアイドル歌手と人気女優を兼ねた人である。これも現代では珍しくない歌手と女優の両立であるが、先行者として山口百恵などがいるが、その次世代の女性ともみなせる。転機は岸と同じく、結婚によるパリでの生活で訪れた。相手はフランス人ではなく、日本人作家の辻仁成であった。中山はパリ在住中にエッセイを日本の雑誌に書き送り続けた。ところが結婚一二年後に離婚した。

偶然であるが、岸惠子と中山美穂の人生には共通点が多い。若い頃は女優業（中山は歌手も兼ねた）で名を挙げ、そして結婚を通じてパリ生活をしばらくした。その後も仕事を続け、文章などにもコミットした二人であるが、現時点での住居は岸はパリであり、中山は東京という違いはある。

第2章　学問におけるフランスの偉大さ

パリ大学都市　日本館（薩摩館）
「バロン薩摩」の建立した学生・研究者用の宿舎。アンドレ・オノラがパリで学ぶフランス人・外国人用につくった大学都市における日本館である。

1　哲学はフランスの専売特許である

フランスにおける哲学の重要性

筆者がフランスに滞在していて驚いたことの一つは、バカロレア（高等学校卒業資格試験、これに合格すればフランスの大学に進学できる）において、哲学が必修受験科目であることだった。バカロレアは通常五科目も試験が課されるので、日本における大学入試センター試験（主として国立大学入学希望生を対象にしている）をすべての高校生が受けるのである。

フランスのリセ（高校）では文学系、経済・社会系、科学系（理科系）の三つにコースが分けられているが、哲学は全受験生が受けねばならない必修科目であるし、バカロレアでは試験期の初日の午前中に三時間の試験時間という、重要科目なのである。しかもこれに加えて、哲学はリセにおいて必ず教えられる科目でもあり、いかにフランスの教育界が哲学を重要視しているかが、この二つの事実（バカロレアの試験科目であることと高校での必修科目）によってわかる。

日本を含めた他の国ではどうであろうか。日本では高校で公民と称して現代社会、倫理、政治・

経済が教えられるが、倫理の中に哲学が一部含まれるが、フランスのように哲学という一つの科目として学ぶのではない。筆者の知る限り、他の欧米諸国も日本と似たり寄ったりで、哲学を一科目として高校で教えたり、あるいは大学入試用の受験科目として課せられることはほとんどない。フランスは異様に哲学を重視している国なのである。

個人的な体験で申し訳ないが、フランス人と付き合うと、彼らは論理を振りかざした議論の会話が好きだし、屁理屈をこねることがしばしばで閉口することが結構あった。うまく自己に有利な論理を立てて、筋道よく持論を展開して、相手を負かせようとする態度を取るフランス人が多い。有名な例として、フランスの政治家・外交官のタレーラン（一七五四―一八三八）は、ナポレオン戦争の敗戦後のウィーン会議において、戦勝国のオーストリアとイギリスから莫大な要求を求められそうなのにうまく対応し、犠牲を最小にした外交交渉術も、フランス人の哲学好み、ないし話術好みに由来していると考えられるのではないだろうか。

簡単なフランス哲学史

フランスの哲学を簡単に振り返っておこう。これに関しては小林他編（一九九九）、山口（二〇一〇）を参考にした。フランスの哲学は合理主義のデカルトと実証主義のコント（一七九八―一八五七）から出発したと考えてよい。デカルトは十七世紀に活躍した哲学者・数学者で、数学的な明証性を好むことから、感覚を排して理性によって推論を重ねることが、普遍的な真実の発見につながると考えた。「我思う、ゆえに我あり」という有名な言葉を残した「近代哲学の父」と称される人である。

オーギュスト・コントは十九世紀に活躍した「社会学の祖」とみなされる人で、三段階の法則を説いた。①神話的段階は、現象の原因を紙などの想像上の働きとして解釈する、②形而上学的段階は、現象の原因を論理的でかつ抽象的な原理で解釈する、③実証的段階とは、現象の原因を観察と実験に基づく実証によって解釈する、である。コントは最後の実証的段階を重視したので、実証主義者と呼ばれるのである。

コントより少し古いが、十七世紀のブレーズ・パスカルも大切な人である。パスカルの三角形、パスカルの原理など小・中・高生も知っている幾何学や物理学で有名な定理を発見したし、哲学でも貢献した。『パンセ』の中に「人間は考える葦である」という言葉がある。人間は自然の中では小さな生き物にすぎないが、考えるという尊いことをできるし、思考によって「宇宙を包む」ことを可能とした。具体的には、物体、精神、愛という秩序の三段階があるが、愛、精神、物体の順で偉大さがあるとした。

筆者がパスカルに関して気に入っていることは、他の箇所で述べたことであるが、「気晴らし」が人生においていかに重要であると主張した点にある。

ジャン＝ジャック・ルソーとシャルル・ド・モンテスキューは、西園寺公望と中江兆民のところで言及するように、自由主義、民主主義、あるいは平等主義を語るときはどうしても出てくる哲学者、思想家である。あるいはフランス革命の標語「自由・平等・友愛」を生み出した思想家の一人と言ってもあながち誇張ではない。これらはルソーの『人間不平等起源論』『社会契約論』『エミール』などによって主張された。モンテスキューは『法の精神』によって立法、行政、司法の三権分立を説いた人として知られる。

フランス哲学の二大潮流、すなわちデカルト流の合理主義とコント流の実証主義を統合した人として、アンリ・ベルクソン（一八五九―一九四一）がいる。戦前のフランス哲学界を代表する人で、この両者の思想のうちどちらかに与する傾向が人間にはあるが、両者はむしろ補完関係にあるべきだと考えた。それを彼は知性と直観という対立軸で理解して、一方だけを強調する姿勢をよしとしなかった。もう一つのベルクソンの特徴は、哲学者や哲学論文が難しい表現で満ちた文章で書かれているのを好まず、表現をわかりやすくした文章を用いた。ただし生前は日記、対話、書簡といった形の出版を拒否していた。そのことが幸いしたのか、ベルクソンは文章が文学的、あるいは誰にでもわかる文章が評価されノーベル文学賞を受賞したのである。

第二次世界大戦前後から大衆の支持を受けたのが、無神論的な実存主義哲学者として知られるジャン＝ポール・サルトルである。「実存は本質に先立つ」と彼の主張を述べて、人間には実存が先にあり、本質は自分の手で選び取っていくもの、との意味で実存主義の先駆けとなったのである。そして自由を尊重することを改めて主張し、しかしそこには責任が伴うことも同時に主張した。当時のフランスのみならず筆者を含めた若者にも共感を覚えた人が多くいた。

サルトルに関して言及しておきたいことが一つある。それは筆者の好むアルベール・カミュ（一九一三―六〇）とサルトルの論争である。カミュも実存主義者の一人とみなされていたが、ソ連の暴力革命やスターリン独裁に批判的だったカミュと、それを援護しようとしたサルトルとの間での論争であった。筆者はカミュに味方した記憶があるが、両者は仲違いしてしまった。

ノーベル文学賞についてであるが、先に述べた哲学者のベルクソンと作家のカミュはこの賞を受けたが、サルトルは受賞を拒否している。その根拠は「自分が死ぬ前に人がサルトルを神格化することを望まないし、これからも一歩一歩前に進むためには賞は障害になる」というものであった。人によって賞に対する見方がいろいろある事実を知ることができる。

サルトルはもう一人のフランス人、クロード・レヴィ＝ストロース（一九〇八―二〇〇九）からの挑戦がある。実存主義はマルクス主義と包摂するようになっていった。世界各国の文化・文明と民族を見つめてきたレヴィ＝ストロースの構造人類学の見地からは、サルトルあるいはマルクスのいう「歴史には法則がある」という主張は歴史・文化を持たない未開民族には、西洋中心の「先進国」の勝手な論理にすぎないものとしか映らなかった。構造主義が実存主義にとってかわる時代になったのである。

思想・哲学としての構造主義は、数学、言語学、生物学、精神分析学、経済学などあらゆる学問分野で応用されるようになったが、二十世紀も後半になると批判を受けるようになり、ポスト構造主義、あるいはポストモダン主義として出現した。これらに属するフランスの哲学者は、ミシェル・フーコー（一九二六―八四）、ジャック・デリダ（一九三〇―二〇〇四）、ジル・ドゥルーズ（一九二五―

九五）などである。

ここでは代表者としてジャック・デリダを取り上げておこう。デリダは「脱構築（déconstruction）」をキーワードにした哲学を打ち立てた人である。西洋の哲学は、二項対立、すなわち知性対感性、内部対外部、主観対客観、同一対差異、善対悪、人間対動物、男性対女性、などで構成されてきた特色があるし、どちらがより優位かということの分析を重ねてきた。しかしこれらの二項対立も、例えば男性対女性を考えても、いろいろな男性、いろいろな女性がいることを無視してはならず、それらを考慮してこそ哲学が成立するとした。

哲学とはこうした二項対立を解体して乗り越えねばならず、それすなわち西欧特有の形而上学を乗り越えるのがこれからの哲学である、と主張したのである。これが「脱構築」につながるとしたのである。

日本人哲学者がフランス哲学から受けた影響

筆者は日本の哲学者を数十名ピックアップして、訓練をどこで受けたかを丁寧に調べてみた。すると意外な事実を発見した。それは若い頃にどこの国に留学して勉強したかをみると、圧倒的にドイツであった。草木もなびくがごとく、カント、ヘーゲル、ショーペンハウエル、ハイデッガー、フッサール、マルクス、ゲーテ、シラーなどを学ぶために渡独する人が多かった。これは日本を離れて外国に留学した経験を持つ哲学者のことであって、外国に留学しなかった哲学者も相当数いる。その代表は日本の生んだ最高の哲学者・西田幾多郎である。

フランスに留学した中では、本書で取り上げる中江兆民、政治家になった西園寺公望がフランスの思想・政治学の影響を受けた人として有名である。それより若い人であれば、『「いき」の構造』で著名な九鬼周造が八年間の西欧留学期間中、数年にわたってフランスに滞在し、アンリ・ベルクソンから大きな影響を受けた。帰国後の九鬼は京大においてデカルトやベルクソンのフランス哲学を教えたのである。

京大ではデカルト、パスカルが人気であり、野田又夫（一九一〇—二〇〇四）は当時京大を席巻した西田幾多郎（一八七〇—一九四五）とは異なる路線を歩んで、デカルト、パスカルを中心としたフランス哲学で業績を挙げた。その弟子筋にあたる小林道夫も同じ路線を引き継いだ。私的で申し訳ないが、筆者がフランスに滞在中に彼は大学都市の薩摩館にいて、パスカルに関する博士論文（フランス語）をパリ大学に提出すべく執筆中であった。年代が若くなると現地の言葉で哲学の論文を書くようになっており、感銘を受けた記憶がある。京大教授を務めたが故人となった。

最後に、西田幾多郎がフランス哲学をどう評価したのかを『日本の名随筆』（一九九八）の中で見つけたので、それを紹介しておこう。西田哲学の特色は西欧流の哲学をも考慮しながら日本独自の思想を展開した点にあるが、海外留学をしていないがヨーロッパ言語の哲学書は充分に読破していたのである。

まずデカルトに関しては、理性ないし合理主義的特色を評価しているが、その主張は論理的というよりも直感的、あるいは感覚的なものと判断している。さらに西田はフランス哲学に独特な内観的基礎はパスカルにもっとも現れていると述べている。そしてその精神は、当時注目を浴び始めたベルクソンに引き継がれたと見ている。

最後に西田の結論として、ドイツ哲学の優秀さを容認しながらも、フランス哲学にはドイツ哲学やイギリス哲学にはない直覚的な物の見方や考え方があるし、美しく芸術的で直観的なところに特色があるとしている。哲学に素人の筆者ではあるが、西田の言っている美しく芸術的で直観的、という文章には納得がいく。

2　アングロサクソンとは異なるフランスの経済学

フランス経済学の貢献

経済学、とくに今日の経済学を支配している経済学は近代経済学と呼ばれるもので、それはアングロ・アメリカ諸国の経済学者による貢献が主流である。新古典派経済学、ケインズ経済学の発展は主としてイギリスとアメリカの経済学者によってなされたのであり、フランス経済学は主流にはなり得なかった。しかし過去には独創性においてフランスの経済学が英米の経済学よりも先を走り、かつ大きな影響を与えた時期があるので、それを論じてみたい。

十六―十八世紀、ヨーロッパは重商主義の時代であった。重商主義は絶対王制と植民地主義の下での経済思想で、現代ではこの二つの条件を有している国はほとんどない。したがって、伝統的な意味での重商主義の役割は非常に小さい。しかしながらその政策や目的、例えば貿易によって利益を得る、輸出を増大させるという重工主義などは、重商主義以降も生き続けた。

ケネーによる重農主義

重商主義が商工業を偏重し、国家が貿易を含めた諸活動を保護・干渉する姿勢にあることに反対するのが重農主義である。すなわち経済の根幹をなすのは商工業ではなく農業であり、農業のみが純生産物を生む産業と考え、国家が積極的に介入して経済政策を実行するのではなく、国民の経済活動が自由に行えるようなレッセ・フェール（行くにまかせよ、自由にまかせよ）の精神がもっとも価値のあることと考えたのである。この重農主義は十八世紀後半のフランスで、ルイ十五世の暴政の下、戦争と王権による贅沢の繰り返しによって、経済と社会が疲弊した頃に発生した経済思想である。

カンティヨン（一六九七―一七三四）というアイルランド系イギリス人の経済学者の『商業一般の性質に関する論文』（“Essai sur la Nature du Commerce en Général”）が死後二一年目の一七五五年に出版された。

土地こそが一切の富が生産される源泉であると説いて、土地があることによって生まれる農産物こそが価値の源泉でありかつ成果であるとした。

カンティヨンのもう一つの貢献は、社会は次の三つの階級によって構成されるとしたことにある。すなわち、①君主（国王）と地主、②農民、③製造業者、工匠、商人、労働者、奴隷、の三種である。土地を用いて農産物をつくる農民を独自の階級として考えた点に、重農主義の萌芽が見られる。江戸時代において封建幕府が、農民を士農工商の身分制度の中で第二番目の高い地位に置いた発想に似ている。もっとも現代ではこの士農工商の身分制度は顕著ではなかったとの説が有力である。

この経済思想を体系化して完成させたのが、十八世紀に活躍した有名なフランソワ・ケネー（一六九四―一七七四）である。ケネーは古典派経済学の創始者の一人とみなしてもよいほどの貢献をしている。カンティヨンによる三階級の概念を発展させて、ケネーは次の三つの階級を考える。①生産階級（農業の従事者）、②不生産階級（工業と商業の従事者）、③地主階級、である。

生産階級のみが土地の耕作によって富を生産するのでもっとも重要であり、商工業者は生産業者の供給する原料と彼らの生産した食料を消費するだけであり、しかも商品を横に流すにすぎないから、不生産階級とみなしたのである。商人は商品を交換するにすぎず、新しいものを生み出していないので、江戸幕府が商人を最下位層にした発想に通じる。

農業のみが純粋に生産活動を行い、かつ富の増大に寄与していると考え、農産物は国民が食べて生きていくための基本的な生産物であるので、他の商工業製品はこれら農産物と交換できるものであるから、あくまでも農産物をつくる農業が人間社会における生産活動の根源にあるのだ、という信念に基づいているのである。

ケネーは有名な「経済表」という表を作成して、経済循環の流れを、生産階級、不生産階級、地主階級の間でどのような取引によってなされているかを図式化している。

現代の経済学においては、工業や商業も現代の経済学用語で言えば付加価値を生むと考えられるので、重農主義のように農業のみが付加価値を生むと考えるのは、一面的な理解と言ってよい。農業を重視する重農主義がなぜ十八世紀のフランスで隆盛したかは、当時のフランスの経済状況と政治状況を考えればわかりやすい。

すなわち、社会の上層にいる貴族と僧侶は免税措置の利益を受けていたが、下層にいる農民は封建領主、地主や教会から重税を課せられており、生活は非常に苦しかった。この苦しい農民をなんとかせねばばらないという動機から、農業は国家活動の根源である、との経済思想が浮かび上がったと理解していいのではないだろうか。

政治哲学の立場からは、重農主義は、フランス語では「physiocratie」という言葉が与えられているが、この言葉は「la science de l'ordre nature」（自然な秩序の科学）と定義され、自然的秩序を重視する法則としての「自然法」に価値を置いている。

一方で人為的秩序を維持する法則が「人定法」と解釈され、重農主義ではこれを軽視する。自由を束縛するような重商主義における保護・干渉主義は「人定法」の範囲に入るものなので、「自然法」

の世界とは相容れないのであり、重農主義はむしろ自由な経済活動を推奨したと理解できるのである。

レッセ・フェール（自由放任主義）は後に産業革命時代からそれ以降の資本主義経済の根本原理となる経済思想である。

不思議なことに、産業革命期とそれ以降の主たる産業は工業であり、重農主義の時代にレッセ・フェールが主張されていたということは、元々は工業に特有な思想ではないということを意味する。むしろ現代では、農業が保護主義の対象になることが多いことを考えれば、レッセ・フェールは時代によってどの産業を問題にするかが異なるのである。

したがってどの産業にとってレッセ・フェールが適当か、ということを考えたり論じたりするよりも、人間社会の活動において政府の介入を排して、個人や組織の自由な経済活動を保障することが最も好ましい原理である、ということを重農主義を信じる人が主張したと考えてよい。

まとめれば、重農主義は、第一に農業を産業の根源とみなす思想と、第二に「自由な経済活動」が望ましいという思想の二つを意味しており、どちらかが他方の前提条件であるということを想定しているわけではない。

現代において重農主義を再評価すれば次のようになる。第一に、重農主義とは異なるが、一変形ともみなせる姿として特に日本を中心にした農本主義という思想があり、農業を重視する思想は日本においても存在している。

第二に、重農主義の根底にあったレッセ・フェールは、現代でも有力な経済の考え方の一つとして生き続けている。すなわち市場原理主義、あるいは新自由主義と呼ばれる思想がそれであり、政府の介入を排し、規制緩和を行い競争促進を図る政策が、経済を強くするために必要と考えるのである。

この思想は例えばイギリスのサッチャー元首相、アメリカのレーガン元大統領が信じてかつ実行したものである。わが国においても根強い支持があり、小泉純一郎元首相の思想・政策である構造改革路線もこの経済思想である。

ワルラスの一般均衡理論——需要と供給の一致で市場が均衡

新古典派経済学はフランス、イタリアといったラテン諸国で一つの発展を示すことになる。それは一般均衡理論と呼ばれるもので、経済学の一つの体系が完成したと言ってよいほどの価値を有する理論である。この理論を提示したフランス人のレオン・ワルラス（一八三四—一九一〇）は経済学史上で輝く星という位置を占めている。この理論を用いる経済分析が大きく発展していったし、経済のあるべき姿を認識することを可能にしたことでも大きな貢献である。

ワルラスを簡単に紹介しておくと、経済学者であったオーギュスト・ワルラスの息子として育つ。フランスの名門校、エコール・ポリテクニークの入試に失敗するも、パリ国立高等鉱業学校という別の名門校で学ぶ。しかし学校を中退してから色々な職業を転々とする。その後、スイスのローザンヌ・アカデミー（後のローザンヌ大学）の経済学教授に三十六歳のときになんとか就任する。主著は古典とされる『純粋経済学要論』（"Éléments d'économie politique pure, ou théorie de la richesse sociale", 1874, 1877）である。ワルラスは経済学者としては市場経済の価値を重視したが、思想的には社会主義に近く、例えば土地の国有化などを主張した。

一般均衡理論は生産要素の保有者（地主、資本家、労働者）が自分の用役を企業家に提供して、その対価として地代、利子、賃金を得るという事実に注目することからスタートする。企業家はそれら用役の提供を受けて生産に励むが、用役の提供・供給と企業の用役の需要の橋渡しをするのが生産物要素市場（土地市場、金融市場、労働市場）である。生産者は自己の利潤を最大にするように、生産量と用役の需要量を決定するのである。ここで古典派経済学の分配理論が意義を有することになる。

一方、用役の保有者は生産者から得られた所得を、自己の個人的消費分と生産者に売却する部分に分割する行動を考える。そして個人的消費から得られる効用（満足と称してもよい）と生産者に提供することによる対価から得られる非効用（例えば労働の苦痛）の合計を最大化するように、生産要素の供給量と個人的消費量を決定する。ここでは消費者と生産者の橋渡しをするのが生産物市場となる。

これら二つの市場において需要と供給を一致させたときに、市場が均衡していると考える。個々の生産用役の需給均等と個々の生産物の需給均等が達成されていることが条件なのである。なぜ「一般」という言葉が用いられているかと言えば、この理論では各生産財と各生産要素などの多数の財と、多数の生産要素（労働など）のすべての需給が均衡していると考えるからである。

もし、一財か二財だけの生産物しか考慮しないのであれば、「部分均衡」と呼ばれるのであり、「一般均衡」は一つの国におけるすべての財とすべての生産要素が均衡していることを意味しているのである。ついでながら「部分均衡」はイギリス人経済学者アルフレッド・マーシャルでよく用いられる。

仏英の経済思想の差

ここで一般均衡理論と部分均衡理論を足がかりにして、仏英の文化・思考の違いを述べてみたい。前者はフランス人のワルラスであり、後者はイギリス人のマーシャルが中心だからである。

フランスでは全体がうまく機能するような世界を好む。庭園を例にすれば幾何学模様に基礎をおいた全体が整然とした植木の並びを美しいとみなすのに対して、イギリスでは全体の整然さよりも一部の植木が自然に育っている姿を好ましいと考えるので、全体美に注目した幾何学模様の庭園はイギリスには存在しない。

庭園に関する英仏人の好みの違いから、フランス人が一般均衡理論を好み、一方でイギリス人が部分均衡理論を好むのではないか、という筆者独自の勝手な解釈を提供した次第である。

ところでワルラスの一般均衡理論では、需要と供給が一致しないとき、すなわち超過需要や超過供給があるときに受給を一致させるには、財の価格が自然と上下することによって達成されると考えるのに対して、マーシャルの部分均衡理論では価格が上下するのではなく、財の量そのものが変化して調整すると考える。

なぜフランスで価格が動くと考えられ、イギリスではなぜ数量が動くと考えられるのかの違いを、すでに述べた庭園様式の英仏間の違いのように説明できないのが残念である。

ただし現実の市場経済を考えれば、財の価格を変化させることは瞬時に実行できるが、財の数量を変化させることは生産には時間を要するし、在庫や販売の問題も発生するので、時間や費用を必要とすることが避けられない。筆者はこのことからワルラス流に、価格変化が需給を調節する役目を果たすと考えることが自然であると考えている。こう考えるもう一つの理由は、次に述べるワルラスの「模索過程」の有用性が頭に残っていることも影響している。

「模索過程点」——価格の上下によって需給は一致する

一般均衡（general equilibrium）という言葉は、物理学で釣り合いが取れている状態という意味で用いられる言葉であり、これを経済学に応用しようとしたのである。需要と供給の釣り合いのとれていることが市場の目的であり条件でもあるので、それが満たされていれば均衡状態にあるとみなすのである。

数学に関心の強かったワルラスは一般均衡の体系を示すために、生産要素の数がn個、生産物の種類がm種ある世界を考えて、連立方程式体系の均衡式を独立した（2m＋2n－1）個で表現することができることを示したのである。均衡数量と均衡価格という未知数も（2m＋2n－1）になるので、方程式の数と未知数の数が一致することになり、連立方程式が解けてすべての財の価格と数量が決定するのである。なぜマイナス1がここに入るかは、すべての財の合計である総量の供給と需要が一致しているという式が入るからである。

一つの市場において競りを考える。競売人がある価格を市場の売り手と買い手に叫んで、もしその価格で需給が一致しないのなら、競売人は価格を上げたり下げたりする。もし需要が供給より大きければ価格を上げ、逆に供給が需要を上回るときには価格を下げる。需給の一致するまでその過程を繰り返し、一致すれば均衡が達成されるのである。

この「模索過程」の意味するところは経済学の基本的な思想を提供していると理解してほしい。すなわち、需要と供給が一致しないときには、価格が上下することによって需給の一致する力が市場には必ずある、という命題である。ワルラスは競りにおける競売人を考えて、その人が価格を上下させ続けると考えたが、現実にはすべての財や生産要素別の市場に競売人が存在すると考えることは不自然なので、ここは別に競売人が存在しなくとも、価格が需給不一致に応じて市場での圧力から上下すると考えてよいのである。

空想的社会主義を生んだフランス一連の思想家群

残念ながらイギリス人のロバート・オウエン（一七七一―一八五四）から始めねばならない。オウエンは紡績工場の経営者、そして後には協同組合運動の指導者をしながら、実践家としての立場から空想的社会主義の代表者として名を残した人なので、ここで紹介しておく必要がある。

オウエンは経営者としての経験から、子どもが過酷な労働に従事していることを嘆き、子どもを労働から排除したり、自分の工場に幼児の学校をつくったりした。これは幼稚園の始まりとされている。さらに、長時間労働の規制を図った。これら子どもの労働規制や労働時間短縮は、労働条件を良くするために制定された工場法の精神となる。

労働者の保護という目的を達成するためには労働者が団結する必要があると感じ、のちに友愛組合や労働組合の運動にコミットすることになる。

オウエンはアメリカに渡り、一八二五―二八年に共同体であるニュー・ハーモニー平等村（New Harmony Community of Equality）をつくって実践をしたが、失敗に終わる。その後、オウエンは帰英して協同組合運動の指導者となる。資本家と労働者の対立が避けられない資本主義の下での企業という形式ではなく、出資者が平等に経営に当たる協同組合をオウエンは好んだのである。

オウエンの場合には経営学を勉強した結果から、社会主義が制度として望ましいという結論に到達したのではなく、むしろ企業や協同組合での実践活動の経験と、本人の平等や正義を好むといった倫理的な思想からそう思うようになったのであり、のちのマルクスなどのように科学的分析による経済学の論理から得られたものではない。

このことからオウエンの社会主義は「空想的社会主義」として、エンゲルスなどのマルクス経済学者から半分、揶揄を込めて呼ばれるようになった。「空想的」というのは単なる理想に燃えた感覚的な社会主義にすぎず、経済学や哲学の論理や演繹から得られた社会主義ではない、しかも実際の運動でも具体性に欠けるという意味がある。

経済学の論理ではなく、思想家の倫理観に基づいた政策

筆者個人の印象は、社会主義を好むようになるのは必ずしも科学的な分析の結果に依存するだけではなく、平等や正義という個人の好む価値判断に依存してであってもかまわないと思う。これは社会主義のみならず、資本主義、自由主義、共産主義などほかの主義、主張に関しても、個人の価値判断によって自己の好みの主義を決めてよいということと同義である。

たしかに厳格な科学的分析によって論理的に、たとえば資本主義が望ましいかそれとも社会主義が望ましいかを決定する方法は一つの有力な手法であるが、あまりにも専門的な理論構成でそれが主張されると、非専門家や一般の人はその理論を理解できないことが多い。それらの理論を知らなくとも人の直感による判断、あるいは日頃の生活や労働という体験から得られる知覚も重要と考える。筆者の言いたいことは、「空想的」という言葉は、決して「科学的」という言葉より劣ること

を意味しないと考えたいのである。

空想的社会主義はフランスにおいて論じられることが多かった。十八世紀から十九世紀にかけて必ずしも経済学の論理からではなく、社会改革者として私的財産権の抑制、計画による生産と分配の決定、不労所得の批判、などの社会主義的な政策を主張したのが、サン＝シモン（一七六〇―一八二五）、フーリエ（一七七二―一八三七）、プルードン（一八〇九―六五）といったフランスの思想家、改革者である。

ここでフランスの代表的な空想的社会主義者、アンリ・ド・サン＝シモンを簡単に述べておこう。一七六〇年生まれであるから、フランス革命を青年の頃に見聞している。貴族の出身なので教育と軍事の訓練をしっかり受け、若いときにアメリカに渡ってアメリカ独立戦争に義勇軍として参加した。特にアメリカでの体験から、一国の繁栄をもたらすのは産業の発展に貢献する経営者と労働者であり、貴族や僧侶ではないと考えた。さらに、労働者が経営者に搾取されるような生産体制や労働関係を改め、経営者は労働者を救済すべきと考えたのである。これは社会主義思想の萌芽とみなしてよい。それと同時に企業が繁栄して、労働者への支払い分が増加することも重要と考えたので、企業の経営がうまくいくことも奨励した。さらに、これが一国の経済を強くすることになると考えたのである。当時はまだそのようなサン＝シモンの思想への社会での支持は少なかったが、資本主義の発達によって労働者や弱者の劣位が明らかにされるにつけ、支持は増加したのであった。

フーリエに関する逸話が有名なので、ここで述べておこう。フーリエはマルセイユの商社で働いているときに、飢饉であるにもかかわらず、企業が儲からないという理由でもって米を海に投棄する仕事をさせられた経験から、何でも自由にやってよい資本主義が嫌いになったとされる。

確かに資本主義にはこのような性質があることは否定できず、政府の存在によってこのような矛盾を排除することは可能なのであり、のちの時代になって混合経済（私企業と政府の併存によって社会経済をうまく運営すること）が重要視されるようになる一つの根拠を示している。

プルードンは独学で勉強したので系統的な理論体系で著作を書いた人ではないが、彼の社会主義思想と無政府主義的な考えは、後の社会主義者に一定の影響を与えた。代表作の一つは『貧困の哲学』。

フランスにおける空想的社会主義の主張は、オウエンと同じく、必ずしも経済学の論理に立脚したのではなく、思想家の倫理観に基づいて、社会主義的な政策を主張しているのであるが、筆者はこれらの主張はたとえ論理的ではなくとも、現代でも意義のある政策になっているものがあることから、科学的社会主義に必ずしも劣らないと判断している。

セイとシスモンディそしてクールノー

十八世紀後半から十九世紀前半にかけて、主張の異なる経済学者が二人いたので、この二人を紹介しておこう。一人はジャン＝バティスト・セイ（一七六七―一八三二。以下「セイ」と呼ぶ）であり、もう一人はジャン＝シャルル＝レオナール・シモンド・ド・シスモンディ（一七七三―一八四二。以下「シスモンディ」と呼ぶ）である。

セイは「供給は需要を生む」という言葉でよく知られている。いわゆる古典的自由主義であり、アダム・スミスの市場主義に賛成して、スミス流の自由放任主義を主張したのである。自由放任の経済は必ず需要と供給を一致させるので、供給を増加させれば、需要を誘発できると考えた。この考え方は現代でいう「サプライサイド・エコノミー理論」の走りとみなしてもよい。このセイの考え方は「セイの法則」として古典派経済学の定理として長い間信じられた。

もう一人のシスモンディは、若い頃は古典派経済学を信じていたが、恐慌を見ることによって、この思想から離れることになった。現代流に言えば、「過小消費説」すなわち需要が供給に追い付けない経済を認識したのであり、言ってみれば「セイの法則」の否定であった。ここに二人の対立点が明確であることに気づいてほしい。

マルクス経済学の恐慌論は、このシスモンディからヒントを得たとされるので、後のマルクス・エンゲルスの『共産党宣言』では、シスモンディを「小市民的社会主義の首領者」として一定程度の評価をしたことが知られている。

なお、後のケインズの「有効需要の原理」も「過小消費説」から出発しているので、マルクスとケインズという偉大な経済学者二人に影響を与えたシスモンディの経済思想は、先駆者として評価できる。

もう一人重要なフランスの経済学者がいる。アントワーヌ・オーギュスタン・クールノー（一八〇一一七七）で十九世紀の人である。元々は数学が得意で、名門のエコール・ノルマル（高等師範学校）で数学を勉強した。後に経済学をも勉強し始めて、完全競争経済のように無数の生産者や労働者が存在する世界ではなく、限られた数の企業（独占ないし寡占と呼ぶ）しかいない経済において均衡がどう達成されるかを分析した。現実の経済はこのような不完全競争の世界なので、クールノーの方が完全競争を想定したワルラスよりも現実妥当性が高く、クールノーは燦然と輝いている。とはいえワルラスの分析があったからこそクールノーの寡占均衡が分析されたのであるから、決してワルラスを軽視してはならない。

フランス経済学の貢献と日本経済学者の対応

フランスはケネー、サン＝シモン、セイ、シスモンディ、ワルラス、クールノーなど傑出した経済学者を生んだ。現代の一般均衡と寡占均衡に代表されるミクロ経済学はフランスで始まったといっても過言ではない。さらにマルクス、エンゲルスによる社会主義経済理論はサン＝シモンやフーリエによる空想的社会主義思想がその先駆けであり、それでこそマルクス経済学が生まれたといっても過言ではない。ここで記憶すべき事実は、これらの経済学者の書物や論文は全てフランス語で書かれていて、外国の人はフランス語で読むか翻訳書に頼ったのである。当時はフランス語が国際語であったし、経済学においてもがフランスは世界のリーダーだったからである。

ところで日本はこれら二つの重要な達成にどう応じたのであろうか。まずは一般均衡論に関して大きな貢献をしたワルラスの連立方程式（2m＋2n－1）は、式の数と未知数の数が一致するので、解の存在はあるだろう、と想像するにすぎなかった。しかし問題があった。それは均衡価格は非負（正値かゼロ）であらねばならない、という条件が考慮されていなかった。価格ゼロはタダで購入と解する。

この一般均衡解の存在問題は、実は高等数学を用いて解かれる課題であった。もう一つは、価格が一定値に収束するという一九五〇年代から六〇年代にかけて、アロー（アメリカ人）、ドブリュー（フランス人）、といった経済学者とともに、日本人の経済学者、すなわち二階堂副包、森嶋通夫、宇沢弘文、根岸隆といった人が大きな貢献をしたのである。一般均衡理論は日本の経済学者を魅了したのである。これらの学術的な課題は非常に専門的であるし、かつ数学的でもあるので、ここでは一切言及しない。関心のある方は橘木（二〇一九）を参照されたい。なお、ここで記された人の業績はほとんどが英語で書かれており、フランス語の地位の低下を物語っている。

次は空想的社会主義の影響である。まずは「日本の資本主義の父」と称される渋沢栄一がこの空想的社会主義を愛したことは、彼のところで解説する。さらに、日本では空想的のみならず、科学的社会主義と自称するマルクス、エンゲルスの経済学は、非常に好まれて強く主張される学問となった。戦前はマルクス主義の弾圧があったので細々とした勢力しかなかったが、戦後は学問の自由が保証されたので、非マルクス経済学者よりもマルクス経済学者の数が多いという、資本主義国としてはユニークな特色を誇ったほどであった。

とはいえ日本のマルクス経済学者は、マルクスとエンゲルスがドイツ人で、ドイツ語の文献が多いこともあって、ドイツに留学する場合が多かった。特にマルクス主義ほどの左翼ではないが、やや中庸とみなせる社会政策の専攻者は社会政策の本家・ドイツに留学したのである。一方の非マルクス系の経済学者もシュンペーターなどのいた、いわゆるウィーン学派のオーストリアに留学する人が結構いた。フランスに行った人は少なく、ワルラスの書物を翻訳した小樽高商(現・小樽商大)の手塚寿郎が目立つ程度であった。

大杉栄

フランスに渡った重要な人として、経済学者ではなく思想家あるいは無政府主義者、ジャーナリストの大杉栄(一八八五―一九二三)を取り上げてみよう。大杉に関しては大杉(一九六三a・b)を参照した。大杉は父親が軍人の家庭に育ち、本人も軍人を目指して名古屋陸軍地方幼年学校に入学した。幼年学校とは将来の軍幹部になるような人を入学させる全寮制の学校で、十三―十五歳のときに入学する。従って旧制中学に在学中に転校したのである。卒業生の多くは士官学校に進み、軍人になる人が圧倒的に多かった。ただ陸軍士官学校や陸軍大学で優秀な成績を残す軍人には幼年学校の卒業生が多かったとは必ずしもいえず、エリート軍人の養成校とまでは言いきれない学校であった。しかし外国語の教育には熱心で、大杉はそこでフランス語を学んだ。

ところが大杉の幼年学校での成績は良くなく、しかも素行も悪かったので二年生の時に放校処分にあった。そこで他の中学校に転学してから、東京外国語学校（現・東京外国語大学）の仏文科に入学してフランス語を勉強した。その頃から大杉は社会主義思想の本を読んだり、そういう人々と関係を持つことが多くなり、当局の監視を受けるようになっていた。一九〇三（明治三十六）年から一九一〇（明治四十三）年当時の日本は左翼への弾圧が強くなりつつあった。しかも彼は過激な行動にも出たので、逮捕されて二―三年の刑務所生活も強いられた。「監獄学校」と自分でも呼んで、刑務所内で猛勉強に励んだのである。その頃から社会主義者になっていたし、特にアナキズム（無政府主義）に共鳴していた。

大杉はフランス語が得意だったので、フランスの哲学書を読んでいた。特に労働組合運動（サンディカリズム）の主唱者であったジョルジュ・ソレル（一八四七―一九二二）を好んでいて、彼の紹介文などを執筆していた。サンディカとはフランス語で「労働組合」を意味する。例えば「ベルグ《ママ》ソンとソレル」という論文が『労働運動の哲学』という大杉の書物に含まれている。

大杉によると、労働組合運動に関係する人には二つのタイプがあって、一つは労働者自らが身を張って現場で抵抗運動を行うタイプであり、もう一つは社会学的、あるいは哲学的に労働運動の重要性を思想として主張するタイプである。

もとよりソレルは第二のタイプに属すると考えてよいが、必ずしも学問、思想として労働組合運動を支持するだけではなく、ソレルは『暴力論』を出版して、労働運動を成功させるためには、時には大規模なストライキなどを必要としており、いわば暴力に頼ることがあってもよい、という主張をしていた。彼はイギリスのロバート・オウエンとともに労働組合運動の父と称されることもある。

哲学者ベルクソンは、既に本書でも登場した人物である。大杉の論文では、ベルクソンは、ソレルによる「革命的サンディカリズム」を哲学的に解説しようとした人物としてフランスでは取り上げられ、ベルクソン自身はそれに迷惑した、ということが書かれている。

しかし大杉はベルクソンの哲学の中には、そう解釈されても間違いではないところがある、と記述している。要約すれば、大杉からすると、ソレルとベルクソンは労働組合運動に非常に親しみを感じていた思想家なのである。

日本ではますます左翼の弾圧が進み、一九一一（明治四十四）年には「大逆事件」によって幸徳秋水などの社会主義者一二名が処刑された。にもかかわらず、大杉は荒畑寒村などと『近代思想』『平民新聞』などを創刊して、社会主義の普及に励もうとした。これらに掲載された大杉栄の文章に対して、山田（二〇一五）は素晴らしい口語体と絶賛している。特にこれまでの左翼の人が書いたのは漢語を多く用いた、いわば文語調の堅い文章だったのとは違い、大杉の文章は熱のこもったみずみずしい口語体との評価を述べている。さらに大杉はアナキスト的な立場から労働運動に直接関与するようになり、いわゆる社会主義者としての活動を拡大していった。

そこに思いもよらない招待状が一九二二（大正十一）年に大杉のところに届いた。ベルリンで開かれる国際アナキスト大会への参加要請であった。既に日本でアナキスト運動の指導者としての地位があったからこその招待であった。上海を経てマルセイユ経由パリ行きの旅程とパリ滞在記については山田（二〇一五）に詳しい。大杉自身の筆による『日本脱出記』まで出している。パリでの何カ月間かは、汚らしさと設備のひどさは最低の水準で、日本のホテルでもこんな粗末な所はない、と書いているほどの貧民街に宿泊したのである。

フランスに憧れてやってきた日本の文士や画家で極端に貧乏だった人を除いて、そういう人の立ち寄らない貧民街のホテルに大杉は住んで、フランスの下層階級の実態を知ろうとした。さらに安い値段で男性に身を売る売春婦の実態をも知り、ミディネット（お針子、女子売り子）と称される安い賃金で働く女性たちが、正午になるとあちこちの商店や工場から集ってみずぼらしい昼食をとる姿まで大杉は知ることとなった。いわばパリで最低生活を送る人々の姿に接し、こういう社会は容認できないと、ますます彼の政治信条に自信を持ったのである。

パリに到着して数カ月後に、五月一日のメーデーが近づくと、どことなく既に無政府主義者の大杉の名前が知られたのか、日本のメーデーについて話をしたところ、秩序を乱す罪で逮捕され、ラ・サンテ監獄に収監された。政治犯は当然として、泥棒詩人のジャン・ジュネ（一九一〇―八六）、ポーランド人の詩人のアポリネール（一八八〇―一九一八）も名画「モナ・リザ」盗難の嫌疑で収監されていたという有名な監獄であった。

「監獄学校」と称して日本で実のある監獄生活を送った大杉にとって、フランスの監獄も心地よかったのであろう。『日本脱出記』の中では次のような文章がある。

パリにすきな事二つあり
女の世話のないのと牢屋の酒とたばこ

快適（?）なパリ生活は、大杉が無政府主義者であることを当局に知られて、結局は強制送還の身となった。日本に帰国後の二カ月後に関東大震災に見舞われ、その二週間後には甘粕事件によって虐殺されたのである。

甘粕事件とは、一九二三（大正十二）年に大杉などが憲兵隊によって虐殺された事件である。アナキストとして当局から要注意人物とされていた大杉は、関東大震災直後の社会不安が高まる中、危険人物として憲兵隊に連れて行かれ、そのまま殺害されたのである。社会主義思想の拡大を恐れた政府当局は、取り締まりを強化していたのであるが、大杉虐殺が憲兵隊大尉の甘粕正彦らの独走によるのか、それとも軍幹部が関与していたのかは、事件後に論争となった。

これは余談であるが、大杉は女性関係が自由であり、虐殺されたときに一緒に殺された伊藤野枝（作家）は、大杉には妻の保子がいるのを知りながら大杉と不倫関係にあった。彼には他にも神近市子（後の社会党国会議員）という愛人もいたので、良く言えば女性にもてたが、悪く言えばかなり奔放な女性関係にあった。甘粕事件の最大の要因は大杉のアナキスト的社会主義思想にあったが、彼の自由な女性関係も当時の保守的な背景からして、憲兵隊に睨まれる要因の一つとなっていたのかもしれない。

大杉は自己の信条、すなわち無政府主義と社会主義に忠実に生き、現代であれば虐殺されない身であろうが、時代がまだ早過ぎたのであった。パリで最底辺の生活を知り、ますます資本主義の弊害を悟ったに違いない。文学や美術に関心が高くフランスに憧れていた日本人が、フランスに行ってますますフランスを好きになる姿とは好対照であった。

ピケティの衝撃

二〇一三年に刊行されたトマ・ピケティ著『21世紀の資本』は、世界中の経済学者・政策担当者から、マスメディア、一般読者までを巻き込んだ一大ブームを引き起こした。原書のフランス語版が九五〇ページを超え、英語版は七〇〇ページ近くに達し、日本語版も七〇〇ページ台に達した。英語版は専門書にもかかわらず五〇万部、日本語版も十数万部の売れ行きというから、驚きの数字である。この壮大な本の何がそれほど人々の関心を惹いたのか。ピケティが膨大なデータに基づいて分析した、先進国の富裕層の資本蓄積の実態が、世界的な所得・資産格差拡大を懸念する人びとの関心に合致したのではないかと思う。将来のノーベル経済学賞の候補であるピケティを紹介しよう。

ピケティはパリ郊外で一九七一年に生を受け、超名門校であるエコール・ノルマル・シュペリウール（パリ高等師範学校）で数学を学んだ。ピケティはその後ＬＳＥ（ロンドン大学経済政治学院）で所得分配論、福祉国家論の世界的権威のアンソニー・アトキンソンの下で博士論文を書いてから、アメリカのＭＩＴ（マサチューセッツ工科大学）でしばらく教鞭をとった。しかし、アメリカの経済学が数学に毒されているのを嫌ってフランスに戻り、現在はパリ経済学校で教えている。数学の得意な彼が数式で満ちた経済学を捨てたところに意義がある。

少し専門的な話になるが、ピケティが理論的根拠とするのは、ハロッド＝ドーマーの成長理論である。それは、次の式で表される。

$\beta = s/g$（βは資本所得比率、sは貯蓄率、gは国民所得の成長率）

このあたりはイギリスの経済学であるが、ポストケインジアンの成長理論として有名なハロッド＝ドーマーの考え方が、ピケティの議論で重要な役割を演じるのは、筆者にとってやや意外であった。比較的単純な成長理論であるハロッド＝ドーマー理論の応用自体に違和感はない。

もう一つ、ピケティにおいて重要な式は、次の会計式である。

$\alpha = r \times \beta$（αは資本所得／国民所得比率、rは資本収益率、βは同じ）

ピケティは、多くの場合、$r > g$（資本収益率が国民所得の成長率を上回る）という関係が成立することによって富の格差の拡大が進行する、と主張する。その上で、第一次大戦と第二次大戦の間、および第二次大戦後のしばらくの時期は、g＞r（国民所得の成長率が資本収益率を上回る）という関係が成立していた可能性があり、そのために格差が縮小したのかもしれない、と言う。ちなみにピケティは、rの値は多くの時期で四―五％、gの値はせいぜい一％前後の観測値だと主張しており、r＞gが多くの時期で成立しているとみなしている。

このようにして現代は資本の蓄積が進んで、労働所得の伸びよりも資本所得の伸びが上回り、結果として所得と資本の格差の拡大がますます進行しているとした。その資本（富）は次の世代に相続され、富める者の地位は世代間で受け継がれる。このことをピケティは「世襲（Patrimonial）資本主義」と呼ぶ。格差拡大は公正という点からも好ましくないと考えるピケティは、それを阻止するための手段として、r（資本収益率）の縮小を期するために、国際的な協調の下で資本（富とみなしてよい）への課税の強化と、相続税の引き上げを政策として主張する。

ピケティはここで説明したような比較的単純な経済理論を現実の統計に当てはめて、富の格差が拡大している現状とその理由をうまく解析したのである。さらに実証研究としても多くの資本主義国を一〇〇年に以上にわたるスパンで分析しており、その現実妥当性は高い。日本が格差社会になっていることを主張してきた筆者にとっても、ピケティが提出した理論、実証、政策提言は極めて有意義で新鮮である。

特に新鮮なのは、分析の主眼を資本、あるいは富の動向と経済成長率との関係に特化したことである。資本に特化することにより、資本所得／国民所得比率が前面に出てくる。また、資本ないし富を保有しているのは誰であるかに最大の関心が払われるのは自然なことである。資本を持つ人間がそれを全資本の中のどのくらいの比率で保有しているかが、格差分析の中心となる。単純化して言えば、金持ちが世の中にどれほどいるのか、そしてその金持ちがどれほどの金持ちなのか、さらに、金持ちの一家はいかにして世代を通じて（すなわち相続により）金持ちであり続けているのか、が明らかになれば、世の中が格差社会であることを証拠立てることができる。なお日本における格差社会については橘木（一九九八）、金持ちについては橘木（二〇一七b）を参照されたい。

先に『21世紀の資本』の主な論点とその新しさを紹介したが、なぜこの大部な本が一般の注目をこれほどまでに集めたのであろうか。

筆者の考えでは、第一に、先進諸国のほとんどで富や所得の格差が拡大していることを一般の人がなんとなく知るようになっているところに、それを真正面から取り上げて豊富なデータを用いて厳密に分析したということ。

第二に、『21世紀の資本』は、経済学の専門書に通常みられる数学や計量方程式がほとんど出現しないので、深い専門知識がなくとも読みこなせるということ（ただし専門用語は多く登場するので、ごく初等の経済学の知識がないと読むのに苦労するかもしれない）。ピケティは数学をこねくりまわしながら学術論文を書く経済学者が多いことを嘆いているし、そういう論文にはほとんど価値のないことを強調している。

余談だが、既に述べたようにフランスにはケネーやワルラスなど経済学の巨人たちがいるが、現代のフランス経済学は数理経済学の牙城という印象がある。これまでフランスは三名のノーベル経済学賞の受賞者（ジェラール・ドブリュー、モーリス・アレ、ジャン・ティロール）を輩出しているが、彼らは全て数理経済学者である。ピケティは数学の教育を受けてはいるが、その流れの中にいない。筆者はピケティが将来、非数理的な経済学でノーベル賞を受ける可能性があると考えている。

第三に、第二点の裏返しであるが、本書の記述にはごく初歩的な数表やグラフが用いられているだけで、内容を直観的に理解できるということがある。また、フランスやイギリスの歴史書や文学作品（例えばバルザックやジェーン・オースティンなど）、あるいはフランスの社会学および人類学の巨人、アレクシ・ド・トクヴィル（一八〇五―五九）、クロード・レヴィ＝ストロース、ピエール・ブルデュー（一九三〇―二〇〇二）などの業績と関連付けられた議論がなされているため、経済学以外の人からも関心が持たれた。

第四に、特に彼の国における一七八九年のフランス革命前後から現代までの二〇〇年を超える長期の話題をカバーしている。フランスとイギリスでは、人びと（特に高額の所得・資本保有者）の経済状況を示す統計と文書が豊富に残されており、ピケティはそれを丹念に掘り起こして詳細な分析をおこなっている。そのことが本書に歴史書としての読みごたえと魅力を与えている。

第五に、二〇〇年以上の長期間を扱うだけに、その間に出現した経済学者や経済理論を積極的に取り上げて、理論と現実の関係に注意を払った点に価値がある。議論の対象になる経済学者は、イギリスのマルサス、リカード、ハロッド、ドイツのマルクス、そしてロシア生まれのアメリカ人、クズネッツとドーマーらである。ピケティがもっとも批判するのは、経済発展と格差の関係を実証した、いわゆる「逆U字カーヴ仮説」で有名なクズネッツの所説であり、ここにピケティの独自性がある。

第六点として、ピケティは英仏のみならずアメリカ、ドイツ、日本、スウェーデンなど、約二〇の資本主義国の所得と資産の時系列データについて、国際比較分析をおこなっている。そのために、多くの国の人から興味を持って読まれたということがあるだろう。特に資本主義国のリーダー、アメリカの極端な高額所得者・高額資本保有者に対して批判が向けられており、それがかえってアメリカ人の関心を呼んだ。

ここで『21世紀の資本』の日本にとっての含意を考えてみよう。

ピケティは、先進諸国で所得格差、資産格差が拡大中であることを主張したが、その中には日本も含まれている。日本で格差問題を提起した筆者とピケティの違いを述べておこう。ピケティは資本所得や富の集中度に注目して、格差拡大が進行していると主張した。ピケティの指標に基づくと、日本は英米を中心とした西欧所得よりはやや低い程度で格差が進行中ということになる。換言すれば、日本では格差拡大が進行しているが、西欧諸国に較べれば、それほど深刻ではないということになる。

今までの格差論は、筆者を含めて高所得者と低所得者の所得差の大きさや、貧困で苦しむ人がどれだけ世の中にいるのか、といった点に注目してきた。前者に関しては、例えばジニ係数といった統計指標が用いられて、国民の所得分配の全体像が分析されてきたし、後者に関しては、例えば国民の何%が貧困者であるかという絶対的貧困ないし相対的貧困の動向を用いて、格差社会が分析されてきた。

ピケティはジニ係数による分析を好まない。彼は、国民全体の格差の状態を知ることよりも、富裕者の動向を知ることの方が、格差の実態をより明確にできると考えた。また、資本保有が経済成長に与える効果は大きいので、資産分配と実体経済との関係に注目することを第一に重要なことと考えた。貧困者のことを分析しても、その人々はほとんど資本や富を保有していないので、その動向が経済成長に与える影響はないと考えてよい。つまり、貧困者の分析を通して、富と実体経済の関係を知ることは不可能なのである。ピケティとしては、富と実体経済の関係を探ることの方により関心があったということと理解してよい。

しかし、現実には世の中に貧困者は存在している。生きるための所得が十分にない人の存在は無視できないのであるから、格差を語るときは貧困者のことを分析することも、資本や資産のことを分析するのと同様に重要なことではないだろうか。現に日本の貧困率は一六%にも達していて、OECD（経済協力開発機構）加盟の主要先進国ではアメリカに次いで第二位の高さである。一国の格差を論じるときは、ピケティのように資本に注目した富の分析と、貧困者のことを分析したもの、その二つを同時に考慮することで全体像がより明白になるのではないだろうか。

レギュラシオン理論

最後に、フランスが世界に対して、特に日本に対して影響を与えた経済思想があるので、それを述べておこう。それは「レギュラシオン理論」と呼ばれるもので、ごく一部の日本人と南米諸国の経済学者の支持を得た。

一九七〇年代にロベール・ボワイエ（一九四三―）、ミシェル・アグリエッタ、バンジャマン・コリアといったフランス経済学者が主張したものであるが、経済の調整過程を重視する思想である。マルクス経済学の流れを汲むものであるが、それをやや批判的にとらえ、かつケインズ経済学の立場にも配慮するものである。誇張すれば、マルクス経済学と非マルクス経済学（近代経済学）の良い点を融合させようとした経済思想である。この学派の全容を知るにはボワイエ（二〇一九）が有用である。

簡単に言うと、労働市場における賃金、金融市場における利子率の調整機能がうまく働けば、極端な貧富の差を生まずに経済はうまく進行するという考え方である。その機能を背後から支える主体として政府の役割に一定の期待を寄せるのは、ケインズ経済学の主張に沿った点になるのである。

幸か不幸か、レギュラシオン理論は、アメリカやイギリスを中心とする新古典派経済学の隆盛と、新自由主義の席巻する時代の中にあって、全世界的に勢いのある経済思想とはならなかった。ただしこの経済思想はフランス生まれなので、ここで取り上げた次第である。

3　パリ大学都市で学んだ人々

パリ国際大学都市日本館（通称・薩摩館）の創設過程は次章で述べるが、そこで学んだ日本人の研究者に注目してみよう。この大学都市はフランスの国会議員で文部大臣も務めたアンドレ・オノラ（一八六八―一九五〇）の提言で始まったものである。多くの人の寄付（日本館は次章で紹介する薩摩治郎八の寄付）で学生寮が建設され、外国からの留学生の住む施設として、アルゼンチン館、ベルギー館、アメリカ館など世界各国の館が建設された。

フランスは国際協調や国際行事の先駆けとなる人を多く輩出したので、幾人かこれらの人を書き留めておこう。まずはアンドレ・オノラである。家庭の経済的都合でリヨンの高校の中退を余儀なくされたが、自学自習によってジャーナリストになった苦労人である。やがて大臣官房の職を得て、いくつかの大臣の下で働く身となった。その後国会議員になり、一九二〇年には文部大臣にまでなった。その時の構想が大学都市の建設であった。本人が大学を出ていない悔恨を、大学生への支援に向かわせたのであろう。

次はピエール・ド・クーベルタン（一八六三―一九三七）である。近代にオリンピックを復活させた人としてよく知られ、一八九六年にオリンピック発祥の地、ギリシャのアテネで復活第一回の開催にこぎつけたのである。彼は名門貴族の出身であったが、法律学校の中退者であった。でも本人はイギリスのパブリックスクール（私立の名門高校）が文武両道を達成していることに魅力を感じ、スポーツの振興に身を捧げる道を選ぶ。パブリック・スクールもイギリスのエリート校なので、貴族趣味を感じさせる。現に、クーベルタンは優生学（劣等な人種を排して優秀な人種を増やすべしの思想）の信奉者であったとされるのでやや残念である。

最後は、第二次世界大戦後の混乱期に、ヨーロッパ経済の復興を計るため、経済共同体をつくろうとした動きがあったが、その端緒がフランスの復興のためのモネ・プランを提案したジャン・モネ（一八八八―一九七九）である。それは後に欧州石炭鉄鋼共同体の設立につながり、後にEU（ヨーロッパ共同体）にまで発展したことは皆の知るところである。もともとジャン・モネは経済人であったが、同時に政治家にもなり、戦前は国際連盟の事務次長も経験したので、国際協調の必要性を痛感して、モネ・プランを提案した。このモネ・プランを現実に成就させたのは、当時のフランスの外務大臣、ロベール・シューマン（一八八六―一九六三）で、シューマン宣言として国内外に発表した。EUの基礎はモネとシューマンという二人のフランス人の功績なのである。

以上フランス人が国際的な仕事をした人の例を示してみた。大国フランスならではの人物輩出であり、当時のフランスの文化・芸術・政治・経済が強かったことの反映でもあった。

次に大学都市で学んだ日本人を何名か紹介しておこう。

岡潔

岡潔（一九〇一―七八）は秀才の歩む道である三高・京都帝大で学び、京都帝大理学部の講師から助教授になる。京大での先生は河合十太郎であったが、この河合は二つの意味で有名である。一つは、戦中、戦後は米不足の中、ヤミ市があったが、彼はヤミの食料を買うことを拒否して栄養失調で亡くなったのである。裁判官でこれと同じことをした人はいたが、数学者にもこのような潔癖な人がいたのである。二つ目は、三高教授時代に、研究業績が高いことに加えて、大学の教科書の定番である『解析概論』の著者である高木貞治を教えたことである。

河合に「有理関数のイテレーション」を研究するように勧められ、この分野で仕事をしていたフランス人のガストン・ジュリアのところに行くため、岡はフランス留学をし、「日本館」に滞在したのである。しかし岡はこの問題に興味を失い、やがて多変数解析関数論に向かう。長期間にわたって研究を重ねて、「ハルトークスの逆問題」を解決して、多変数解析関数論に道筋をつけ、大数学者となったのである。

数学を全く不得意とする筆者にとっては、数学者としてよりも岡の人生に関心が移る。フランス留学中に『雪の研究』で有名な中谷宇吉郎（一九〇〇―六二）・北大教授を宇吉郎の弟である考古学者・治宇二郎を通じて知り合うのである。岡と宇吉郎は生涯の友となる。治宇二郎もパリで学んだので、岡とはパリで知り合いになったのである。精神不安定だった岡が職を失って困っていたとき、中谷宇吉郎は北大に短期間の「理学部研究補助の嘱託」という地位で岡を招待し、しばらく滞在させている。心配した中谷が北大の数学者に頼み込んだのである。

職を失ったきっかけは、一九三六（昭和十一）年六月二十三日に、広島文理科大（現・広島大）に赴任していた岡が不可解な事件を起こしたことが発端である。自宅の近くを流れる二股川の土手で、帰宅途中の修道中学の夜学生を襲い、帽子、書籍、靴、自転車などを奪ってから、牛田山の笹原で寝そべって一夜を明かした事件である。警察が呼ばれ、新聞沙汰にもなったが、これは病気の兆候であった。いわゆる「躁鬱病」とされ、その後入退院が繰り返された。

この事件から二年間ほど岡は他人から見ると奇行が多くなる。例えば歩いていて道端に突然しゃがみ込んで、地面に数字を書き出す、夏でも長靴をはいてその長靴が暑いからと冷蔵庫へ入れて冷やして使う、という類の話が知られている。また行き先を告げずにどこかに行ったりして家族を困らせた。入院も重ね、一九三八（昭和十三）年に広島文理科大は休職となる。休職はさしあたり二年と決められたが、病状は回復せず、結局は二年後に辞職したのである。ここで驚くべきことは、この数年の間病気と闘いながらも、数学の論文を主としてフランス語で次々と発表しているのである。「躁鬱病」の躁のときに、一気に考えて書き上げたのではないかと素人は想像するが、確認はしていない。当時のフランス語は非常に汎用性が高かったので、外国においても岡の業績は注目されるようになったのである。これらの業績が評価されて、日本学士院賞や文化勲章が戦後になって授与される。

文化勲章によって岡潔は一躍有名となる。本人の経歴と人物の特異さも手伝ってマスコミの寵児となり、随筆を次々と出版する。もう一つ彼が人気を博した理由は、多くの一般人は筆者を含めて数学を不得意としており、数学の天才が何を考えているのかを知りたい、という好奇心もあったと思われる。代表作は『春宵十話』であり、その他にも『紫の火花』『風蘭』『春の雲』『月影』『情緒と創造』などがある。一般の人にとっては、むずかしい数学はわからなくても、このようなエッセイは読めるので、読者を集めたのである。仏教論、人生論、教育論など独自の目線でユニークなことを主張し、人気エッセイストとして知られるようになった。しかし晩年になるとやや常識にかけ離れたことも書き始めたので、人気は落ちてしまった。

前川國男

前川（一九〇五―八六）は府立一中・一高・東京帝大（建築学科）卒という戦前の秀才コースを歩んだ建築士である。卒業後にパリに渡り、有名なル・コルビュジエ（一八八七―一九六五）の事務所に入った。ル・コルビュジエとは、フランク・ロイド・ライト（一八六七―一九五九）、ミース・ファン・デル・ローエ（一八八六―一九六九）とともに近代建築の三大巨匠として有名な人である。ル・コルビュジエは元々はスイス生まれで時計職人の子であったが、美術学校で学んでから建築家になった人である。丁度鉄筋コンクリート工法の発達時期だったので、装飾のあまりない機能性を重視した建造物を設計しモダニズム建築を提唱した人である。日本では上野にある国立西洋美術館の建築で知られている。ここに登場する建築家は桐敷（二〇〇一）から情報を得た。

前川に話題を戻すと、フランスで修業してから建築の仕事を始めた。日本における近代建築の発展に大きく寄与した。師のル・コルビュジエの国立西洋美術館の隣りにある演奏会用の東京文化会館を設計しており、師弟が設計した建物が並んでいるのも珍しい。他に国立国会図書館本館や京都会館（現・ロームシアター京都）などがある。

なお前川の後輩で昭和時代の代表的建築家の一人、丹下健三（一九一三—二〇〇五）も前川と関係がある。東大卒業後に前川建築事務所にしばらくいたし、何よりも丹下の建築もル・コルビュジエの影響が大きい。フランスに長期滞在したことはないが、前川とル・コルビュジエとの関係から、ここで登場してよい人である。代表作には東京オリンピック用につくられた国立代々木競技場第一・第二体育館、国際連合大学、広島平和記念公園などがある。

湯浅年子

大学都市日本館では当初は男性のみの入居が許可されていたが、その後女性も可能になった。とはいえ戦前の学問はまだ男性のものだったので、ほとんどが男性の研究者で、女性はごく少数であった。その中でも特筆すべき人・湯浅年子（一九〇九—八〇）を述べておこう。湯浅については山崎編（一九九五）から知り得た。

旧制大学において入学の認められていたのは男性だけであった。しかし女子高等師範学校（現・お茶の水女子大学）で学んだ女性のうち、旧制大学に進学して学びたい人もいたが、原則的には排除されていた。ところが東北帝大は、「帝国大学令」には女子の入学を禁止する規定がないとして、女性の正式入学を認める策を採用したのである。昔は入試のむずかしい旧制高校を卒業した学生は、ほぼ自動的に帝国大学に進学できたのであるが、一部の帝国大学は旧制高校卒業生だけでは定員を埋められず「選科生」として旧制の高等商業学校、高等工業学校、高等師範学校などの専門学校の卒業生も受け入れていた。東北帝大も旧制高校卒だけでは定員を満たせないので、女子学生の入学許可をしたいという理由のあったことも否定できない。

最初に帝国大学に入学した女性は、黒田チカ（東京女高師理科卒）、金山（旧制・牧田）らく（東京女高師理科卒）、丹下うめ（日本女子大学校家政部）の三名が東北帝大に入学したのである。これら三名がその後どうなったかは橘木（二〇一一）に詳しい。なお、東北帝大に続いて、北海道帝大、九州帝大、東京文理大（現・筑波大学）、等も女子学生の入学を認めるようになった。湯浅年子は東京女高師（現・お茶の水女子大学）から東京文理大学に進学して、物理学を学んだ。女性で物理学専攻というのは極めて珍しかった。

湯浅の生い立ちを簡単に述べておこう。父は東京帝大工学科出身の役人であったし、母も家系に歌人がいるという家庭で育った。子どもの頃から文芸、科学の雰囲気の強かった中で、年子も勉強好きであった。小学校の先生の口頭試問で「大きくなったら何になりますか？」と問われて、「理学博士」と答えたというから、相当な学問好きだったと思われる。特に女子の小学生の答えは「よいお母様」とか「おとなしい人」というのが普通であろうから、非常に珍しい答えだった。

女学校時代においても、社交、宴会、結婚など普通の人のやることには興味なく、勉強好きの少女であったし、成人後も普通の人のする事象には無関心で、独身を通しての学究生活なのである。既に列挙した第一期の女性大学生三名のうち牧田らくだけが結婚しており、湯浅を含めた四名のうち三名が独身者であった。当時であれば職業生活と家庭生活の両立はほぼ不可能だったので不思議はない。東京女高師を卒業後に東京文理大で物理の勉強をしたのである。日本のノーベル賞受賞第二号の物理学者・朝永振一郎はまだ東京文理大で教えていなかったと想像できる。彼女自身による本人の物理学評はアインシュタインの天才肌というよりも、マダム・キュリー（一八六七―一九三四）のような努力型に近いと判断しているようで、熱心に勉強、研究に励んだのである。

東京女高師の助教授の時に、フランス政府給費留学生試験に合格して、一九三九（昭和十四）年に渡仏する。国際大学都市の日本館で生活を始めた。尊敬するラジウム発見者のマダム・キュリーの研究室に入っての研究を望んだ。外国人がキュリー夫妻の研究室に入るのは困難であったがなんとか入ることができた。第二次世界大戦の始まった頃でパリもドイツ軍の進攻と占領があり、生活も研究も大変であった。日本はフランスからすると敵国なので、ついに日本に帰国せざるを得なかったのである。帰国後は東京女高師の助教授、戦後はお茶の水女子大学の教授になった。

パリでの研究と生活が忘れられず、湯浅は再び渡仏した。キュリー夫妻の他界もあったので、留学先はCNRS（フランス国立科学研究センター）になって独自の原子力に関する研究を始めた。物理学に疎い筆者が湯浅の研究内容を書くと間違えるかもしれないし、読者の関心も高くないであろうからここでは述べない。

むしろ私達にとって興味深いのは、彼女は在仏中にエッセイや短歌を多く作成し、それらを『パリ随想1、2、3』として出版したことにある。日記風に毎日の生活を日本語で詳細に文章にしているし、ときにはフランス語を交えてのエッセイ集である。正直言って、例えば同じくパリ在住ながらエッセイを書き綴った森有正の文章の方が高雅で美しいし、筆者を含めて読み手に感銘を与えたと言える。これは湯浅に責任はない。なぜなら森は文学部で学んだ人なので、読書量は多いだろうし、文章作成の訓練も受けていたのである。湯浅は物理学の専攻なので、文章の訓練を受けた経験がないのは当然である。さらに自己選択として、森は自分の文学的才能を感じて文学を選んだが、湯浅は理科系の能力があると感じて物理学を選んだとも言える。湯浅のエッセイを読んだ人は、細々とした日常生活の暮らしぶりを書いているので、おそらく自然科学者による率直なわかりやすい文章に魅力を感じるのではないだろうか。

湯浅年子は七十歳の時にフランスで客死した。憧れのフランスで好きな物理学の研究ができたし、エッセイ集も出版したので、幸せな人生ではなかったかと想像できる。

以上、岡潔、前川國男、湯浅年子という研究者とプロの建築家は、自分が修業したい先生がパリにいるのに魅力を感じて、フランスに渡った人である。それぞれが努力を重ね、しかもいい先生の指導の下に、素晴らしい業績を挙げたのである。

ごく最近における日本人のフランスでの活躍

これまで日本人がフランスに憧れて、文人、画家、学者など数多くの人がフランスに行き、修業を重ねてその一部は一人前の文人、画家、学者などになった経緯を紹介してきた。ここではそれらの歴史が今ではどう受け継がれているのかを簡単に述べておこう。

戦前、あるいは戦後のしばらくの間、日本からフランスに行くには、距離、時間（船を使っていたから）、資金など大変な覚悟と準備が必要であった。従って日本人がいくらフランスに憧れていたとしても、実際に行ける人の数はとても限られていた。一部のごく優秀な人は奨学金をもらうことができて渡仏できたとか、あるいは大金持ちの子息（代表例は薩摩治郎八）だけが渡仏できるにすぎなかった。

しかし今や飛行機の時代になり、しかも日本も経済的に豊かになったので、フランスに行きたい人は、その気になれば行くのが容易な時代となった。換言すれば、ごく普通の人が渡仏できる時代となった。そうすると格別の才能を持った人だけが渡仏する時代ではなくなり、種々の人々がフランスでの修業を目的として渡るようになったのである。

その証拠に、フランスにある種々の美術学校、音楽学校、あるいは大学などに留学する人の能力差や意欲差が千差万別になった事情を指摘できる。やや極端な話題であるが、フランスに絵画の修業に来た日本人の中で、絵は上達せずに結局はラーメン屋で働くようになった日本人もいると聞く。似たような話題は音楽家、学問を目指した学生、ファッションや料理を学びに来た日本人の中でも、初期の目的を達成することのできなかった人がいるようである。

これは日本が豊かになったことの悲劇と解することができなくもないが、筆者は必ずしもこのことを嘆いてはいない。異文化を体験したり、あるいは若い時代に自分の好きなことができるようになったのは、日本が国際化したことのお蔭であるし、必ずしも初期の目的を達成しなくとも、その人が自由で好きな生活を若い時代にできたことは喜ぶべきことと判断している。昔の日本人であれば、フランスに行くということなどほとんどの人ができなかったことであり、今の年代の人はそれができるようになって幸せであると解しておこう。

とはいえ、現代でもフランスで活躍する日本人も何人かいるので、パリ日本文化会館館長（杉浦勉）のご教示によって、それらの人の名前と業績を詳しくは述べずに記しておこう。画家の世界では、赤木曠次郎、松谷武判、黒田アキなどがいる。音楽の世界では、すでに何人かの名前は述べたが、フルートの工藤重典、ソプラノの奈良ゆみ、俳優では笈田吉、食文化の本をフランス語で書いている関口涼子などがいる。

最後に最近の学問の世界について一言。戦後の学問ではアメリカが最優秀国になったので、現代ではフランスの地位がやや低下し、日本人の間でもフランスで学問を修業したいという人は、文学、哲学、数学以外では少なくなったようである。とはいえ、フランスの学問でもっとも輝いてるのは、文学、哲学、数学であることを歴史上でも現代でも再確認できることの意義はあるといえようか。フランスが数学で強さを保っている事実は、パリ大学都市の日本館館長（森田隆二、物理学者）の言であった。

第3章　政治・軍事・経済の世界で学ぶことはあったか

ナポレオンの帰還（1840年）

1821年にセント・ヘレナ島で死んだナポレオンは、1840年に棺に入って帰還した。国民は三色旗を手にして英雄の帰還を祝福したのである。

はじめに

明治時代の日本は、政治に関しては天皇治政下の帝国でありながら立憲主義を持ち、しかも国力、軍事力を強くしていたプロイセン、ドイツ帝国から多くを学ぼうとしていた。経済に関しては、最初に産業革命を達成して経済の強くなっていったイギリス、そして徐々に資本主義国として力を蓄えつつあったアメリカへの関心が高かった。ドイツに学んだ人の好例は伊藤博文、イギリスでは陸奥宗光を挙げることができる。

フランスはどうかといえば、政治・経済よりもこれまで述べてきたように、圧倒的に文学、美術・音楽などの世界への注目が高く、多くの人が渡仏したのはこの分野であった。とはいえごく少数ながら政治・経済の分野でフランスで学んでから開花した人がいる。それは政治の西園寺公望、経済の渋沢栄一である。しかもこの二人の貢献は政治と経済の世界では絶大であった。また、これら二人以外の人もいるので論じてみたい。

江戸幕府がフランスとの関係が深かったので、明治時代になっても政治、特に軍事の分野でフランスに学びたいとの希望が残っていた。そこで軍事についても言及してみたい。

1　西園寺公望ほか

西園寺公望の生まれ・育ち

西園寺公望（一八四九―一九四〇）に関して特筆すべきことは、公家の名門である清華家の次男として生まれた公家の出身だったことにある。幕末と明治時代に活躍した公家出身者として岩倉具視がいるが、彼は西園寺ほどの名門の出ではなかった。明治維新を導いた人々は、木戸孝允は医者の子であったが、西郷隆盛、大久保利通、などの多くは薩長土肥の下級藩士であったので、西園寺の家柄は特別なものであった。西園寺が政治の世界で登場した時期は、明治維新の動乱がほぼ沈静化して、日本が立憲王国に向かおうとしていた時期であった。別の言葉を用いれば、西園寺は明治維新後の動乱期（西南戦争で代表される）にはフランスにいて、もっぱら学問の修業をしていたのである。なお、西園寺の人生については、立命館大学（一九九〇）、岩井（二〇〇三）、千葉（二〇〇三）などを参考にした。

西園寺の幼少の頃は漢字、次いで詩や歴史の勉強に励んでいたので、学問好きは生まれつきのものであったし、その後の人生でも学問に取り組んだ。福沢諭吉の『西洋事情』などによって世界のことも知ろうとしていた。幕末や明治初期の西園寺はまだ若かったので、倒幕運動のトップとして活躍したことはなく、戊辰戦争などの倒幕軍では中堅リーダー、あるいは参謀として参戦した。

その働き振りと、名門公家の出であるということも幸いして、若くして参与（トップを補助する役）に就いたのである。

フランス留学へ

西園寺は政治の世界で偉くなるよりも、まずは留学を希望した。しかもフランス語を学んでいたのでなぜフランスか、という問いを探究せねばならない。明治新政府は、西園寺を新潟県知事に任命したが、一八六九（明治二）年にそれを辞して、東京開成所（後の東大）で学ぶことにした。

その頃に倒幕の軍事戦略家として名を上げていた大村益次郎（一八二四―六九）と親しく付き合うようになっていた。大村は新政府の中でも実力があったし、何かと西園寺の面倒を見るようになっていた。幕末の江戸幕府はフランスからの支援でフランス式の軍事力を取り入れていたので、幕府と明治新政府はフランス軍への尊敬度は高かったのである。そこで西園寺はフランス語を学んで、軍事力を含めて学問修業のためにフランスに留学したい気持ちを持っていた可能性が高い。

明治維新（一八六八年）は、日本を一変させたのは確実であった。新政府は幕府と関係の深かったフランスから遠ざかる政策を取ったのは当然としても、後にフランスが普仏戦争（一八七〇（明治三）

年）でドイツ・プロイセンに敗戦したことも大きく、なんとなく日本ではフランスへの関心が薄れつつあった。そこで西園寺も一時はフランス留学への熱意を失いつつあったが、大村益次郎がフランスで軍事を学ぶよりも、フランスはヨーロッパ文明の中心の一つだし、法制度も充実しているのでそのためにフランスに行くのは価値があるとのアドヴァイスがあり、西園寺はフランス語の勉強を続けた。

当時の西園寺にとって重要なことは、生まれ故郷の京都で立命館という私学校（現、立命館大学）を創ることに情熱を注いだ。立命館創設の動向については橘木（二〇一一）に詳しいのでここでは述べない。一つだけ補足しておくと、西園寺は私学校創設の考えを提供したが、計画を持ってからすぐに長崎に遊学したし、その後はフランスに旅立ったので京都にはおらず、実質的には立命館の創設は彼のまわりの人の仕事であった。

西園寺は当初三年間の予定で長崎の広運館でフランス語を学ぶつもりでいたが、一八七〇（明治三）年の十一月付けで政府から官費でのフランス留学の命令が下ったので、急遽アメリカ経由でその年にフランスに向かった。なぜ彼にフランス留学の命が下ったのか、彼の学力の高さは当然としても、ここでも名門公家という出自が役立ったというのが一般的な理解である。

なお、広運館では熊本藩士・井上毅もフランス語を学んでいた。西園寺と井上は後の明治政府内で法律に関して多少対立する関係になるので、記憶しておきたい。井上は長期にわたってフランスに留学した人ではない。

パリ留学期

一八七一（明治四）年の二月七日（陰暦）、太陽暦では三月二十七日に、二十二歳の西園寺はパリに到着した。これから一〇年あまりのフランス留学の始まりである。次に述べる渋沢栄一と藤田嗣治は二十六歳のときだったので、四歳も若い二十二歳という若さは、何かを得ようとする身にとって好年齢であった。

蛇足であるが、ここで述べる三傑と比較するのはとてもおこがましいが、筆者は三十歳になってからの渡仏であった。

パリに到着した西園寺にとって最初の洗礼は、パリ・コミューンとの遭遇であった。ナポレオン三世の第二帝政の末期、そして普仏戦争の敗戦というフランス社会の混乱期に、パリの民衆が立ち上って革命を目指した運動である。世界で最初の労働者が中心となっての蜂起であり、後の社会主義・共産主義の運動にも影響を与えたほどである。当時のフランスはイギリスに遅れはとったが、産業革命を経験しつつあり、資本主義が発展する過程にあった。これに対してマルクス主義が勢力を持ち始めた時代でもあったのである。

やや横道にそれるが、作家・大佛次郎（一八九七―一九七三）が一九六四（昭和三十九）年に『パリ燃ゆ』というノンフィクション作を出版したが、これはパリ・コミューンについて書き、その後に第三共和制に至るフランスの動乱を書いた名作である。大佛は仏文学を勉強した人ではなく、東大で法学を学んだ人である。

パリ・コミューンに関して西園寺は、日本への私信や書簡によってその印象を書いて送っている。コミューンや民衆の立場に立つ国民軍とティエール（一七九七―一八七七）の率いる政府がヴェルサイユ軍を持ち、両者は戦闘を繰り広げた。西園寺は前者の軍を反乱軍（あるいは賊軍）とみなし、後者の政府軍を正統軍とみなしていたし、共和政治を主張するコミューンには敵対意識を持っていた。後に日本に帰ってから共和政、あるいは民主制を主張する西園寺にしては意外な、フランス滞在時での感想である。

なぜこのような想いをしたのであろうか。筆者なりの解釈を書いておこう。第一に、フランスに到着したばかりにこのコミューンに遭遇したのであり、西園寺は当時のフランスの社会情勢をそう知る立場にいなかったので、暴力的振る舞いをする民衆をよく理解できなかった。第二に、西園寺は公家の出身であり、明治天皇の側に立つ支配層だったので、政府に反抗する労働者、民衆の立場に同情できなかった。第三に、これから西園寺はパリ大学で政治学、法学を学ぶ身であり、一〇年後にパリ・コミューンに遭遇しておれば、民主政、共和政を支持したであろうと思われる。

ここからは西園寺の留学生活である。パリ到着後はフランス語の修得に励んだ。その後、ジュネーヴやマルセイユに一時期滞在していたことがあり、パリ大学法学部への入学はパリ到着後から四年も経過したのである。フランスの大学は高等学校（リセ）卒業資格試験（バカロレアと称される）に合格して始めて入学が許可されるのであるが、西園寺がそれを取得した形跡はない。四年間にいろいろな勉強をした成果を考慮した上で、パリ大学入学が認められたのであろう。四年間もフランスにいてフランス語に接しておれば、充分に大学の講義をマスターし、試験にも合格できるフランス語の能力を持つようになっていたと想像できる。

問題は西園寺がパリ大学の法学士の資格を得たかである。政治家やタレントが外国の大学で真に学士、修士、博士の学位を得たかどうか、よく話題になるが、立命館大学（一九九〇）では、これに関してほぼ正確な解釈を提出している。法学士を得てはおらず、一年目修了、二年目修了の証明（原語ではディプロム、訳語は法学得業士と称している）があると記載されている。一五〇年ほど前のことであり、西園寺の学位取得が真であるかどうか、大した問題ではないが、帰国後に一時期彼は明治法律学校（現・明治大学）の講師になるが、そこでの教員紹介において自分の名の次に法学士という称号を付託していないので、彼には学歴詐称はないと判断できる。

パリで学んだことと交友録

学位のことよりも、西園寺がパリ大学で何を学び、そしてその成果を後の人生や政治にどう生かしたかの方が、はるかに重要だし興味深い。さらにフランス滞在中に知りえた友人、知人との交流も大切で、現にそれはかなりのベネフィットになっているので、ここでそれを記述しておこう。

まずは序章で強調したように、フランスはデカルト、ルソー、モンテスキューなどの自由主義、民主主義、三権分立などの共和思想が生まれかつ存在していた歴史のある国であり、パリ大学法学部においてもこれらが教えられていた。さらに、シャルル・フーリエ、サン＝シモンなどによる空想的社会主義者の思想も十九世紀のフランスではかなりの影響力があったので、西園寺はこれについても学んだと思われる。空想的ではなく科学的な社会主義の経済学を説いたマルクスとエンゲルスの思想も既に一八七〇年代には存在していたが、西園寺がマルクス主義に親しんだという痕跡はない。

むしろ西園寺が晩年になって、「いずれにしてもフランス時代の知人として一番益を受けたのは、先生であったアラコース」と述べているように、もっとも影響を受けたのは急進的共和主義者のエミール・アラコースであった。ベルン大学のフランス法教授をしていた事もあったが、学者というよりもむしろ急進的な政治思想を実践した人のようであった。西園寺はパリ大学の学生でありながらも、同時に彼の塾に入ったという関係にあった。

このアラコースが後にフランスの首相になるジュルジュ・クレマンソー（一八四一―一九二九）と仲が良かったので、自然に西園寺はクレマンソーとも交流を持った。若い頃は社会主義者であったが、後年になって保守派の政治家になった人がクレマンソーである。西園寺とはパリで同居をしたほどの仲であった。後になってフランス首相になったとき、第一次世界大戦後のパリ講和会議のフランス代表だったので、日本から代表としてパリに来た西園寺に何かと便宜を施したとされる。若い頃の交友が役立った良い例である。

日本人との交流ではもっとも知名度の高い人は中江兆民（一八四七―一九〇一）であった。土佐藩の足軽の息子だったので。名門公家出身の西園寺とは大きな身分格差があったが、外国で知り合った場合には家柄と無関係に付き合えるので、西園寺と中江は親しくなれたのであった。中江は、藩校の文武館で学んでから長崎と江戸でフランス語を学ぶ。大学南校（後の東大）でもフランス語を学び、岩倉使節団の通訳兼留学生としてフランスに渡った。合計三年間の滞仏後に帰国し、日本では語学学校の教師・校長などを務めながら執筆や翻訳を行った。

中江の代表作はルソーの『社会契約論』の翻訳（なんと漢文訳である）であり、同時に自由民権運動の推進者としてかつジャーナリストとしての自己の思想を披露したのである。中江と西園寺の関係は帰国後も続いていたが、中江の思想の方が西園寺のそれよりもラディカルであった。しかし中江は西園寺の政治家としての能力に期待していたところがあったし、現に彼は後に政治家の道を歩むことになるのである。中江に関しては同和地区の人々の支持を受けて衆議院議員になったこともあるが、基本は自由民権の推進を主張する思想家、ジャーナリストとみなすべきである。

帰国後は政治家、首相の道へ

およそ一〇年間の滞仏期間であったが、長期間の官費支払いは無理だったので途中で官費留学生から私費留学生への変更があった。実家からの仕送りで生活、勉学をした時期もあったが、前後に明治天皇直々の資金（賜金）提供で留学生活を終えた。このあたりは名門公家の出身である西園寺に格別の配慮があったのであろう。

一八八〇(明治十三)年に帰国した西園寺は、急進的自由主義と民権運動の立場をとる『東洋自由新聞』の社長になったが、周囲からの、当時としては過激な主張をする新聞社を辞めろとの声に応じて、明治法律学校(現・明治大学)の講師として行政学を教えた。しばらくしてから西園寺は、政府の参事院(法律上の諸問題を処理する公的機関であり、後の内閣法制局の前身)の議官補(補佐官)に任命された。後に初代の内閣総理大臣になる伊藤博文が、西園寺の豊富な学識と在外経験を評価しての推薦であった。

一八八二(明治十五)年に伊藤博文を団長として、政府は日本国憲法の制定のための準備としてヨーロッパに調査旅行に向かったが、西園寺も一員として随行した。このあたりから西園寺は伊藤と政治的立場を共通にする方向に進んだのである。伊藤はドイツ帝国の立憲主義に注目していたので、主とした調査の地域はベルリンとウィーンであった。急進的な共和主義の国フランスで学んだ西園寺であったが、必ずしも共和主義の方針には賛成せず、「君民共治」論者である。国家の長は皇帝(天皇)であるが、民間人が皇帝と共に国を治める、という意味である。従ってドイツ帝国の憲法がどうであるかを知ることが、調査団の主要目的であった。ウィーンではシュタイン教授の立憲民主主義の説話に伊藤はいたく感銘を受け、日本憲法もその方向に持っていったことは既に述べたので、これ以上言及しない。

西園寺のキャリアに戻すと、外交官の道を歩むこととなり、オーストリア公使となった後に、ドイツ兼ベルギー公使になったのが一八八七(明治二十)年であった。一〇年間もフランスで過ごした西園寺にとっては、ゲルマン諸国での体験は彼の人生経験を豊富にしたと思われる。ラテン文化とゲルマン文化のどちらを気に入ったかを西園寺に聞いてみたいが、筆者の調べた限りでは確実な解答を見出せなかった。しかし、ベルリン在任中のときに暇さえあればパリに遊びに行き、一年の三分の一はパリにいたとされる。ドイツのメシがまずいのでおいしいフランス料理を楽しむためだったのである。筆者の仮説を述べておこう。西園寺の好みは多分ゲルマン文化よりもラテン文化にあったであろう。

五年間の外交官としての在欧経験後、政府の要職にいくつか就いた。時の権力者・伊藤博文の人派に属していたので出世は早く、文部大臣や外務大臣を経験した。伊藤博文のときに外務大臣・陸奥宗光（一八四四―九七）、文部大臣・西園寺公望の時代があり、二人は親しい仲にいた。共通点が二人にはある。まず陸奥が紀州の出身で薩長土肥の藩閥政治の外にいたし、西園寺も公家出身ではあったが、藩閥とは無縁であった。さらに陸奥はイギリスに留学した経験があり、二人はヨーロッパ帰りという特色を共有していた。

陸奥は日本にいたときからイギリスの哲学者、ジェレミー・ベンサム（一七四八―一八三二）を勉強していて、功利主義の思想に共鳴していた。「最大多数の最大幸福」で有名なベンサムの功利主義であるが、当時の思想としては勢いがあった。後になって功利主義は例えば二十世紀最大の哲学者とされるアメリカのジョン・ロールズ（一九二一―二〇〇二）などのリベラリズムからの批判を受けることになるが、少なくともイギリス社会と経済を運営するための思想としては当時は有力であった。さらに陸奥はイギリス滞在中にイギリスの議会政治や内閣制度を勉強して、伊藤博文などにそれを報告していたのである。

ここで西園寺のフランス、陸奥のイギリス、伊藤のドイツというように、三名がヨーロッパの大国の特色のいいところを提供し合って、日本の社会、経済を好ましい方向に持っていこうとする姿が読み取れる。現にこの三名は仲が良く、明治時代の政治を動かす原動力になったのは確実である。

伊藤博文の後押しと、本人の実力とが重なって政治家として大物になっていた西園寺に、ついに内閣総理大臣（首相）になる機会が訪れた。一九〇六（明治三十九）年、五十七歳でのことであった。日本の資本主義がそろそろ離陸して、本格的な産業革命の中に入り、高成長に離脱しようとしていた時期でもある。欧米諸国のアジア進出に呼応して、日本もアジア諸国に進出を始めた頃である。具体的には日露戦争後の処理問題があった。さらに軍部が強くなりつつある時代なので、政治家と軍部との関係も微妙になりつつあった。こういう激動の時代に向かう時期に西園寺は政治の舵取りを任されたのである。彼は後の一九一一（明治四十四）年にもう一度首相になっている。

西園寺が首相時代に何をやって、それがどう評価されたかについては、政治学の世界で研究の蓄積があるし、評者のような素人が行うには荷が重過ぎる。ここではごく簡単に首相として何をやり何をやらなかったのかだけを述べておこう。西園寺の政界への進出は政党の政友会総裁になってからが本格的なものになった。伊藤博文の要請に応じたのであるが、本人には権力欲はなく、渋々の受諾であった。フランスで学んだ自由主義・民主主義への好意は強かったが、自分が先頭にたってそれを実践する気はなく、傍観者ないし批評家のような態度を取っていた。公家という育ちの良さからくるものと解される。これは後に述べる皇族出身の東久邇宮稔彦（一八八七―一九九〇）と似ている。

ここで財界人、渋沢栄一による西園寺評を述べておこう。それは鹿島（二〇一一）に記されている。渋沢は政治家の西園寺については最低の評価しか与えていない。すなわち、格好ばかりつけて、自分では何一つ手を汚そうとしない姿勢を批判し、ただ文化・芸術・遊びだけに強い政治家にすぎない、との酷評である。渋沢は、自分は文化・芸術に弱いことを告白しているので、両者の対比は興味深い。

同じフランス帰りの二人でありながら、西園寺はフランスから文化と芸術を吸収したのに対して、渋沢は経済の吸収に徹したのである。この二人の差は、西園寺の公家育ち、渋沢の農家育ちの差で説明できる点もある。

西園寺が政友会総裁になってから半年後の一九〇四（明治三十七）年に日露戦争が勃発し、なんとか勝利した。しかしその後のポーツマス条約で日本は賠償金を獲得できず、政治家や国民の不満は高まっていた。重鎮・原敬は西園寺を首相にするため奔走し、一九〇六（明治三十九）年一月に西園寺内閣が誕生した。

桂内閣に替わっての登場であり、日露戦争の戦後処理と財政赤字の削減が仕事であった。外交的には満洲や韓国への進出を図る日本政府と日本軍を消極的ながら支持して進めたが、内政的にはうまく進めなかった。それは財政赤字の削減等を巡って閣内で対立のあったことと、社会主義者への取り締まりに鈍い行動しかとらない西園寺への反発があった。これらが災いして、二年数カ月で西園寺内閣は崩壊した。

第二次西園寺内閣は一九一一（明治四十四）年八月に発足した。当時は桂太郎と西園寺が交互に政権を担当する時代だったので、「桂園時代」とも称される。陸軍の「大御所」、山県有朋派と立憲君主派の伊藤博文派の交互の政権交代の時代である。当時は桂や陸軍が満洲出兵を強硬に唱えていたが、西園寺内閣はそれをなんとか抑えた。しかし今度は朝鮮への進出を目的として、陸軍と海軍は軍事費支出の増加を要求してきた。緊縮財政政策をとりたい西園寺は軍部に抗しきれず、翌年の十二月に退陣したのである。

むしろ西園寺の政治が、彼がフランス留学中の頃に得た思想がどのように生きたかを考えて、西園寺に関する考察を終えたい。

第一に、急進的共和主義に染まっていた西園寺も、帰国後はその思想を表面に出してリベラルな政治を強力に推し進めた形跡はない。ただ一つだけの例外として、西園寺内閣のときに社会主義運動への取締まりを緩和することに努めた。当時は社会主義思想が強くなっていて、政府体制側はそれを危険とみなして取締まりの強化を図っていたが、西園寺は「社会主義思想もまた一つの世界的風潮であり、従って一概に警察力によって抑圧すべきではない、社会主義運動の中でも緩和なものは認め、これを導いて国家の進歩に役立てたい」との声明を出している。これに関しては千葉（二〇〇三）を参照のこと。

これは明らかにサン＝シモンやフーリエの空想的社会主義思想の影響を受けた政策と考えられるので、若い頃のフランス滞在で学んだ効果の一つを物語っている。

第二に、とはいえ西園寺の若い頃の急進的共和主義、ないしリベラリズムの思想を、現実の日本において推し進めたことはなく、当時の政治が保守化、軍事力化、帝国主義化している流れに抵抗することはなく、むしろそれらを黙認していたと言った方がよいであろう。これが彼の生まれ育った名門公家としての立場と指導者側あるいは体制派の黙認、あるいは天皇親政を認めざるを得ない家庭環境からの限界であったと言えようか。

第三に、首相を降りた西園寺は元老として活躍した。元老とは天皇を補助し、内閣総理大臣を推薦するといった重要な職であり、彼はこの職としてかなり目立った仕事をした。彼の生い立ちと経歴からするともっともやりがいのある仕事であったかもしれない。首相などという細かい政治や経済あるいは軍事の仕事や、精神をすり減らす仕事よりも、大所高所から政治の世界を導く仕事を好んだのではないだろうか。ちなみに西園寺は戦前では最後の元老職にあった人だったのである。

林忠正

林忠正（一八五三―一九〇六）は、画家としてフランスに渡った人ではないが、明治時代に画商として日本の浮世絵を欧米に売ったり、印象派の洋画を購入して日本に持ち込んだ人である。絵画の世界に生きた人なのであるが、政治的な動きをした人でもあるので、ここで番外編として紹介する。

林については評価が真二つに分かれる。一方は、世界の人に日本独特の浮世絵を知ってもらうようにした人として価値があるし、印象派の西洋画を日本に持ち込んで人々に親しめたので社会に影響を与えた、という前向きな評価がある。他方は、貴重な浮世絵を日本から持ち出したので、極論すれば売国奴のような仕事をしたし、彼はこれら美術製品の取引で巨万の富を得たので批判も強かった。彼の人生を詳しく調べて、彼の正当な評価を行えるようにしたい。林の生涯については木々(二〇〇九)に依存する。

忠正(幼名・志芸二)は富山藩代々の蘭方医の家庭に生まれたし、実父は蘭学者だったので学問の雰囲気の漂う家に育った。養父・林太仲が新しい思想を勉強するために、フランス語を学んでいた。当時の江戸幕府はフランスと関係が深かったので、フランス語の勢力は強かったのである。養子の忠正がフランス語を学ぶようになったのは、多分養父の影響が強かったと思ってよい。忠正は藩校の中で選抜されて、東京の大学南校(この学校は後に開成学校となり、さらに東京大学となる)に一八七一(明治四)年に入学する。相変わらず忠正はフランス語の勉強を続けていた。そこに忠正の従兄である磯部四郎(一八五一—一九二三)が、大学南校で選抜されて一八七五(明治八)年に、フランス国費留学生の第一期生としてパリ大学の法学部に入学していた。この従兄のフランス行きは忠正をいたく刺激したと思われ、彼も渡仏を強く希望したのである。

ここで各藩で選抜されて大学南校で勉強した学生のエリート振りを知っておこう。それらの学生は貢進生と呼ばれて、学費を各藩で負担して大学南校に送ったのである。詳しくは清水（二〇一三）が有用である。全国から三〇〇名ほどの選ばれしエリートが学んだのであるが、その中でも特に優秀な学生は欧米への留学の機会が与えられていた。富山藩では林の従兄であった磯部四郎はフランスに行ったし、小村寿太郎は文部省第一期留学生としてアメリカ・ハーバード大学へ、鳩山和夫はエール大学に行ったのである。その他にも明治時代の初期に日本を導いた人々の貢献と留学組の名前は清水（二〇一三）で知ることができる。貢進生であった林忠正が留学生になりたいと希望したのは当然であった。

忠正も国費留学生の試験を受けたと思われるが不幸にして不合格だった。そこで彼は民間人としての渡仏の道をいろいろ探求していたが、一八七八（明治十一）年に開催予定のパリ万国博覧会に参加予定の「起立工商会社」に入社する。彼の高いフランス語能力が評価されたことは間違いない。忠正は開成学校を中退してまでフランス行きを実行するのである。開成学校はこの年に東京大学に名前を変更していて、将来のエリート大学になることは確実であったので、周囲は中退せずに東大を卒業すべきと勧めたが、彼はそれに応ぜず中退してまでフランスに向かったのであった。

なぜ長々と林の東大中退と渡仏の経緯を述べたかといえば、学歴をどれだけ評価すべきかの資料として林は一つの例になりうるのである。彼はどうしてもフランスに行きたかったのであるし、民間会社に就職するのであれば、東大卒の称号は不必要と思ったかもしれない。

パリ万国博はフランスが普仏戦争に敗れて国が落ち込んでいるときに、なんとか盛会に終えたことにより、フランスにとっては国威発揚上でいいことであった。日本館はヨーロッパからするとエキゾティックな製品や日本特有な美術品が珍しく思われて、人気は高かったが、美術の専門家からするとさほどの賞賛はなかった。むしろ関心を呼んだのは浮世絵であり、この事は、既に一部のヨーロッパの印象派の画家が浮世絵に魅せられていた事実の再確認にすぎなかった。

パリ万国博が終了しても林は日本に帰る気はなく、美術商への道を歩む。日本企業にいながらパリで商売をしても成功しないと林は判断して、自分一人で独立する決心をした。一八八四（明治十七）年にモンマルトルの地区に、林は小さな美術店を開いた。細々と日本美術の紹介の仕事をしたり、自分なりに西洋美術の勉強も始めた。林は扱う日本絵画を浮世絵中心にする方針を採用した。しかし現地のフランスの画家も浮世絵の人気に便乗しようとしていて、浮世絵を販売していたので競争はあった。

一八九〇年から一九〇〇年の間に浮世絵人気はますます高まったのであるが、価格が上昇したので浮世絵を購入できるのは、一部のブルジョワジーや高級官僚、すなわち富豪だけだった。庶民にとっては高根の花であった。価格の高騰と扱う絵の数の増加は、浮世絵を扱う画商の収入を増加させるのに貢献したので、林もかなりの収入を得るようになっていた。

林をはじめとして浮世絵の販売をしている画商は、フランスでもっとも権威のあるルーヴル美術館での展示を希望するようになった。小さい部屋ではあるが、何枚かの浮世絵が寄贈され、展示もされるようになっていた。

むしろここで強調しておきたいことは、浮世絵が印象派の画家に大きな影響を与えた事実である。かの有名なゴッホが浮世絵に魅了されたのはよく知られている。印象派の全盛期は一九〇〇年以前のことなので、林が大々的に浮世絵を紹介して発表した時代より前のことなので、林の活動が印象派の画家を刺激したという説は正しくないのである。

画商になった林は、美術誌の出版にも精を出したことを述べておこう。美術雑誌の『日本美術』は主筆のルイ・ゴンスによって一八八三（明治十六）年に出版されたが、林はこの著述を積極的に手伝ったのであるが、この仕事によって林は美術や絵画の知識を自分なりに吸収したのである。美術を正式に学んでいない林にとっては、商売だけで美術に関与するのは避けようと、勉学に励んだ姿は評価してよい。少年のころから学問好きだった林なので、なんとか美術の歴史、技法などを知りたいと思ったのであろう。あるいはエドモン・ド・ゴンクール（一八二二―九六）やフィリップ・ビュルディといった美術研究家を支援して、彼達が研究者として美術書を出版するのを助けたこともあった。

こうして、美術を学んでおらず、一介の画商にすぎない林は美術を勉強してプロの一人として認められたいと思っていた。林と黒田清輝との関係を知ることによってそのことがわかる。法律を勉強するためにパリに来ていた黒田の絵の才能を見つけて、彼に画家にならないかと勧めたのは、既に述べたように画家の山本芳翠となんと林忠正であった。黒田はその後大成功して日本の西洋美術界の大ボスになったのであるが、林をとても煙たく思っていたのが黒田であった。

なぜか。「林の故国（筆者注：日本のこと）の人々は、美術専門でもない彼が、美術に口出ししたり、ましてや浮世絵や春画で富を築いた人間が、フランスの思想界や美術界で成功したことが許せなかったのである」。日本美術愛好家、レイモン・ケクランの言葉である（木々（二〇〇九）p. 223より）。

以上が簡単な画商・林忠正の生い立ちと人生であるが、ごく手短に筆者なりの感想と批評を述べておこう。藩のエリートとして大学南校（後の東大）まで進んだ林は、どうしても行きたいフランスへの希望を成就するために、東大を中退してまでも、企業に勤めるために渡仏した。そこで就いた仕事が万国博覧会での日本美術の担当であり、美術に興味を覚えて画商になったのである。ヨーロッパで日本の浮世絵の人気が高く、それを日本から取り寄せて販売するビジネスに入ったのである。おいしいビジネスチャンスを見つけた林は、今で言えばベンチャー・ビジネスに進出したのであり、そのビジネス感覚は評価してよい。

本人は日本美術を先頭に、美術一般のことを勉強して美術界に貢献したが、あくまでも職は画商なので限界はあった。特に素人なのに色々と美術界に口出しする姿がプロの画家から嫌われもしたのである。「金は出すが口は出さない」に徹すればよかったところを、資金を持っていたので美術界に口も出したのであろう。これは矢張り画商に徹して、ビジネスだけの人生の方が林にとってはよかったのかもしれない。美術の商取引で富豪になっていたのは批判される必要はないが、口を出したのがいけなかった、というのが筆者の判断である。それでなくとも絵画でお金を儲けた林に対してはやっかみがあったろうから、林はビジネスマンに徹すればよかったのである。

ただし、林は美術研究者を支援したし、美術書の執筆の手伝いもした。画家との付き合い、特に印象派のマネとは日本人唯一の友達として付き合いがあり、彼の紹介にも務めた。これらの活動があったからこそ、林の名前は後世まで残ったのであるから、一介の富豪画商ではなかったことは、評価しておきたい。

薩摩治郎八

林忠正より五〇年も遅れての人物であるが、パリに在住した富豪であるということと、美術との関係が深い人だったので、ここで取り上げる次第である。彼の人生については村上（二〇〇九）と小林（二〇一〇）から知り得た。

まずは治郎八（一九〇一―七六）の祖父、治兵衛から始めねばならない。薩摩治兵衛は近江（現・滋賀県）の農民の子として生まれ、江戸に出てきてから木綿商として大成功した立志伝中の富豪であった。二代目の治兵衛と手織物商の杉村家の娘・まさとの間の子が治郎八である。なお妹（蔦子）を持つが、治郎八はこの妹と一緒にヨーロッパに行くことになるので、重要な人物である。父母ともに裕福な家庭に育ったので、治郎八の子どもとしての生活も裕福そのものであった。とはいえ、商売で大成功した経済人という男性の影響力は治郎八にはさほどなく、治郎八は母や祖母の影響力の下で育てられたとみなした方がよく、花の世界や短歌の世界という和文化の中にいたのである。

中学校は開成中学（現・開成高校）と高千穂中学（後の高千穂高商、現高千穂大学）で学ぶが、三年目の修了だけで卒業していない。なぜ学業を中退で終えたのか、いろいろ調べても不明である。思いを巡らせば、商売という家督を継ぐのであるから勉学は不要である、と本人と周りが判断したか、本人が学業が嫌いであったか、あるいは自伝でも書かれているように文学に憧れたので、東西の小説や詩歌に親しみたいために学業をあきらめたか、である。そのときに永井荷風の『ふらんす物語』を読んだという記録があり、フランスへの憧れを抱いたかもしれない。

イギリスで紳士教育を受けるという目的で、一九二〇（大正九）年にヨーロッパに向かって旅立った。妹・蔦子と家庭看護婦の一人を従えての旅であった。後継ぎ経営者の修業という目的もあって、イギリスの名門・オックスフォード大学で経済学を学ぶため、というのが表面上の理由であった。しかし、オックスフォードに入学、卒業という事実はなく、本人もそれを認めているので、現今話題の学歴詐称はない。ただし、富豪の息子・娘の在外生活だけに、大金を用いての贅沢な留学と消費生活であった。

治郎八はイギリスの生活がそれほど楽しめず、イギリス滞在中にときどき訪問したパリの印象が強く、そちらに憧れを感じてとうとうパリに移住してしまう。産業や経済のことに関心が強ければイギリス留学は役立つだろうが、文学や美術・音楽に興味のある人にとってはフランスにより魅力を感じる、というのは薩摩治郎八のみならず、筆者を含めて多くの人の実感するところであろう。

パリに移住してからの治郎八の生活は連日が音楽会やオペラ通いの生活であった。美術館通いにも熱心であった。フランス語の勉強にも精を出していた。東大の仏文科教授になる辰野隆や、東京商大のフランス語の教師だった内藤濯（作家・伊藤整の先生）などの紹介によって、フランス語の家庭教師からも習っていた。さらに治郎八はパリ在住中に日本語で文章を書いていて、日本の雑誌などにも投稿するようになっていた。

このように働くことなしに、毎日が音楽会やオペラ、美術館通いという生活であるし、パリの高級住宅街に住んでいたので、生活振りは華麗で派手であった。しかも、好きな音楽家や画家にはパトロン的な役割も果たしていた。このような豪華な生活であれば、経費も多額になること必至であり、富豪の息子ならでは可能なことであった。一説によるとパリ十年間で現在価値で六〇〇億円の消費だったとのことである。パリで治郎八が所得を稼いだという形跡はないので、日本からの送金に依存していたであろうから、戦前の日本の富豪の資産額のすごさには驚かされる。

文学、音楽、美術に関心の高かった薩摩が、当時パリの画壇で人気を博しつつあった藤田嗣治と交渉を持ちたいと思ったのは当然のことであった。その頃の藤田は、かの乳白色の裸婦の絵でパリの美術界で騒がれていた頃であったし、私的にも妻フェルナンドとの別れ話があり、新しい恋人のモデルのユキと付き合っていた時期である。薩摩が二十三歳、藤田が三十八歳という十五歳の年齢差であった。かなりの年の差があるので、二人は友人というよりも、薩摩が才能豊かな父ないし兄の藤田を慕うといった関係ではなかったろうか。後に述べることであるが、薩摩はパリの国際大学都市の日本館の建設に資金提供するのであるが、通称その「薩摩館」で壁画を藤田が描くことになる。

実は薩摩は音楽家との親交もあって、モーリス・ラヴェルやモーリス・ドラージュ（一八七九―一九六二）とは親しかった。ラヴェルはとても有名な作曲家なので多言を必要としない。薩摩は藤田の展覧会に一緒に行って、ラヴェルが藤田の後ろ向きの裸婦の絵画を大変気に入ったとの記述が、藤田の「パレー・ロワイヤルの幻」の中に見られる（小林（二〇一〇）のp.158より）。

モーリス・ドラージュという作曲家はラヴェルの弟子で、父親が裕福な商人で、インド、日本、中国の滞在経験があった。アジア特にインドの民族音楽の奏法を取り入れた音楽が有名である。藤田との親交はとくに有名で、彼の楽譜の装丁は藤田の担当だったほどである。

治郎八は一九二五（大正十四）年の二月にパリから帰国する。二年前に発生した関東大震災によって実家が被災したし、本業の綿商業が打撃を受けて、徐々に経営が傾くようになっていた。倒産までには至らなかったが、パリにいる治郎八への送金も減額が余儀なくされる状態だった。治郎八は伯爵・山田英夫の娘で美人の誉れ高い千代と結婚した。フランス帰りのハイカラ御曹司との婚姻はお似合いであった。

治郎八は東京に戻ってからも日仏交流の役割をいろいろ果たしていた。ぞっこんのフランスかぶれとして当然の行為であった。フランスから音楽家を招いて演奏会を開いたり、東京の日仏会館の賛助会員になったりしていた。ついでながら京都にも日仏会館があり、その中にあるレストランの名前は「ル・フジタ」で画家の藤田の名前からとったものであった。京大のすぐ近くにあるので、筆者もよく通ったレストランであった。

ここで降って湧いた話がパリの国際大学都市の日本館建設であった。そもそも大学都市は一九一九（大正八）年にパリで始まった計画で、一九二五年あたりに完成の予定であったが、日本館建設の依頼がフランス政府から日本政府に届いていた。日本政府は国家の資金難を理由に乗り気ではなかったので、政府による民間への求めに応じて、薩摩家が資金拠出を申し出たのである。なぜ薩摩家は決意したのであろうか。

治郎八の自伝『半生の夢』によると、すでに大物であった西園寺公望の秘書で、フランス留学の経験のある松岡新一郎（住友財閥から派遣されていた）と外務省欧米局長の広田弘毅（後の首相）が、薩摩家に寄付の依頼に来たのである。フランスに関係にある人の依頼は治郎八に好印象を与えるだろうという依頼側の意図があったかもしれない。でも薩摩家が受けた最大の理由は、治郎八がまたフランスに行くことができるだろうと予想したことにある。それほど治郎八はパリから戻っていたことを残念がっていたし、もし日本館建設が自分たちの資金でなされるなら、自分はパリに行けるだろうと思ったに違いない。日本館建設に二〇〇万フラン、維持費として一〇〇万フランの提供の申し出がなされ、仮合意に至った。

一九二六（大正十五）年に治郎八は、今回は千代と一緒にフランスに向かった。前回の家庭看護婦も同行した。今度は日本館建設の正式調印と陣頭指揮が目的である。日本館の建設には建築様式、部屋数、各部屋の内容など、そして運営方針を巡って紆余曲折があった。正式な呼称は「パリ大学、薩摩財団、日本人学生会館」となり、俗称は薩摩館であった。運営方針は西園寺公望公の意向が反映されたので、ここでも親仏家・西園寺の影があるし、言うまでもなく親仏家・薩摩治郎八は計画・運営のあらゆる点で関与したのである。

もう一人の親仏家、藤田嗣治も言及せねばならない。実は会館の講堂に藤田が壁画を描くことが契約にあったが、なんと藤田が契約の破棄を申し入れてきた。会館建設と運営の責任者として重要なメンバーである薩摩は、これに対処せねばならなかった。なぜ藤田が破棄を言ってきたのか諸説がある。例えば、壁画の下絵を売りに出したいと言い出した説、契約金が安すぎるとの不満を藤田が持っていて、それをもっと上げるための条件闘争という説、薩摩が下絵や製作過程を藤田に渡してほしいと要求した説など、様々なものがある。真実は不明である、と小林（二〇一〇）で結論付けられている。

契約破棄の問題には間に入る人がいて、結局は解決して藤田の壁画は完成して導入されたのである。実はこの前後にパリに在住する日本人画家の間でも内紛があり、パリ日本美術協会が分裂騒動を起こしていた。これは藤田嗣治を語ったときに論じたので、ここでは再述しない。

いろいろ問題はあったが、一九二九（昭和四）年に完成し、完工式や開館式を無事に終え、治郎八は三年の在仏を終えて帰国したのである。会館の運営に関する問題に対処するためと、本人の訪仏希望も手伝ってその後も何度かフランスに渡っている。帰国後も治郎八は薩摩商店の経営には関わらず、もっぱら本人は執筆活動と文化支援活動に取り組んだのである。経営に関心のない治郎八は作家としての人生を望んだ節がある。フランス語に習熟していた治郎八は、フランス語で小説を書いてフランス語の出版社に応募したが、応じた出版社はなかった。そこで日本語での出版に変更して、散文や詩作を雑誌に載せて書いたり、私家詩集『白銀の騎士』を三〇部出版している。さらに『巴里・戦争・女』『せ・し・ぼん――わが半生の夢』などの著作を出版したが、これだけの作品だけでは収入は少なく、作家としての生活は不可能であった。と同時に、一九三五(昭和十)年に薩摩商店は閉鎖を迎えたのである。ただし資産は多少残っていたので、貧困に陥ることはなかった。このような波乱万丈の人生の中、治郎八は一九七六(昭和五十一)年に満七十四歳で死去した。

ここで筆者なりに治郎八の人生を総括しておこう。大富豪の家に育った治郎八は、家の財産を用いてパリで自分の好きな人生を送り、そしてパリ国際大学都市部における日本館(通称・薩摩館)の建設に寄付をして、彼にとっては一大事業に貢献した。「パリ日本館こそわがいのち」と言ったほど、人生最大の事業であった。

でもこの財源は本人が働いて稼いだ資金から出したものではなく、ほぼ全額を祖父(初代)と父(二代目)治兵衛が商業で成功した資金であった。商家という視点から理解すると、「初代はものすごく、二代目はそこそこ、三代目で家を潰す」ということわざ通りの家系であったといえる。特に三代目(治郎八)は家業にほとんど関与せず、むしろ資産を使いまくる放蕩息子にすぎなかったとの解釈が可能である。

なぜ薩摩家は三代目の孫・治郎八を商売の跡継ぎにしなかったのであろうか。これは何よりも本人の希望と人生観、すなわちフランスに行きたいという希望と文化的な生活を送る息子に対して、父・治兵衛は送金を認めたからによる。息子の巨額な浪費を容認した父の決断が間違いだったと判断できる。息子可愛さのあまりであろうが、親の教育方針としては商家の後継者を育てることを怠ったのである。パリ行きを認めたなら、子どもの意思尊重策は悪くないが、巨額の送金をすべきではなく、自分で稼ぐようにすべきであった。さらに、父・治兵衛は治郎八以外の後継者を育てる策をも採用しなかった。大阪の船場の商家では、有能な娘婿を後継ぎにするのが最も望ましいと考えられているが、この策も取らなかった。案外自分の代で薩摩商店を閉店してもよいと思っていたのかもしれない。

普通の人にはできない富裕家の放蕩息子の人生だったとの総括であるが、遺産としてパリに日本館を残した功績を評価しておこう。さらに、文学、芸術の世界にいる人を直接、間接に支援したのもよかった。しかしそれらが本人の稼いだ資金の負担であればなおさらよかったと思う。

2　軍人、秋山好古

江戸時代の終末期に幕府はフランスと良好な関係にあったので軍隊もフランス式を導入していたし、軍艦、大砲などの軍事技術もフランスから学んでいた。しかし、明治新政府はドイツを模範とする主義を採用したので、フランス軍への関心は急速に衰えつつあった。しかし一部にはまだフランス軍への郷愁を持っている軍人がいて、フランスに留学した人がいた。その代表の一人が秋山好古である。

秋山好古(一八五九―一九三〇)は「日本騎兵の父」と称されたように、陸軍において騎兵隊を育てて強力な軍事組織とし、本人の指揮の下での日露戦争勝利の立役者だったのである。ついでながら、好古の弟・秋山真之は、日露戦争のときに東郷平八郎の海軍指揮の下、ロシアのバルチック艦隊と対戦したときに勝利したが、真之は東郷の参謀として大いに貢献したのである。この二人の兄弟は、司馬遼太郎の歴史小説『坂の上の雲』として描かれ、有名になった経緯がある。他にも秋山兄弟については楠木(二〇〇九)が有用であった。

好古は松山藩の下級武士の子弟として生まれ、子どもの頃は教師を目指していたので、大阪師範学校で学んだ。当時の教育界は優秀な教師を確保するために、学費ゼロの師範学校が設立されていた。大阪師範を卒業後に名古屋で小学校の先生をやっていたが、弟・真之の学費調達のために陸軍士官学校に入校した。士官学校を卒業後、数年間の騎兵隊生活を送ってから陸軍大学校に入校した。優秀な士官を陸軍大学に送り込む制度だったので、好古は優秀な軍人だったのだろう。そこに好古にとって転機となる話が舞い込む。フランスのサン・シール陸軍士官学校への留学話である。

これを語るには、久松定謨《さだこと》(一八六七―一九四三)から始めねばならない。伊与松山藩の当主が久松であるが、軍人でありフランスに留学することとなった。久松は一八八六(明治十九)年に既に渡仏していたが、一八八七（明治二十）年にサン・シール陸軍士官学校に入学の運びとなった。

まだ身分社会の残っていた明治中期のことであり、同じ藩の人なので好古は定謨と比較すると身分は下であり、目上の人の世話をするという立場にならざるを得なかった。明治二十年に好古は二十七―八歳のほどであり、定謨は十九―二十歳ほどだったので、好古の方が年上であるが、身分上からは上下関係が逆であった。しかし軍隊の中では好古の方が地位は高かったであろうから、必ずしも全面的に好古が下、定謨が上という訳ではなかった。現に好古は定謨の補導役として派遣されたのである。

上の記述からわかるように、好古のフランス行きは半分は軍当局の命令によるところが大きく、本人は日本軍の中で出世が目に見えたところに、同郷の高貴な軍人のお供という役割を背負いながらだったので、不本意な渡仏だったかもしれない。

とはいえサン・シール陸軍士官学校に入学すると学ぶことは多く、フランスの軍隊組織の全容、騎兵隊の戦術から兵士の訓練のこと、馬の調達から育て方など、いろいろなことを学ぶことができて、日本に帰国後に彼が騎兵隊を組織・運用する上で大いに役立つのであった。

ここでサン・シール陸軍士官学校を知っておく必要がある。この学校はかのフランスの英雄、ナポレオン一世によって一八〇二年に創設された士官学校である。フランスの歴史を振返れば、戦争では敗戦の多いフランスにおいてナポレオンが随一の戦争勝利をもたらした英雄なので、強い兵士を輩出する伝統のある士官学校との認識があるに違いない。

学校の場所がサン・シールにあるので、そう呼ばれている。七月十四日の革命記念日におけるシャンゼリゼ通りの行進では、エコール・ポリテクニーク（軍が運営する名門の理工系学校）、海軍兵学校とともにサン・シールの士官学校生は行進をするというから、フランスの中でも超エリート校の色彩が強い。同校のＨＰによると卒業生にはかのフランスのシャルル・ド・ゴール（一八九〇—一九七〇）大統領、日本人では東久邇宮稔彦王がおられ、後に一言述べる。

サン・シール士官学校に入学するには、高等学校卒業資格試験（バカロレアと称される）のパスに加えて、大学ないしグラン・ゼコールでの何年間の教育が必要とあるので、かなりの学力が要求されていると理解してよい。なおフランスの大学、グラン・ゼコールに関しては橘木（二〇一五）を参照されたい。軍隊の学校であるから、強靭な肉体と精神の持ち主であることが要求されるのは言うまでもない。卒業後の任官では中尉から始まり、実力に応じて地位を高めていくのも、エリート軍人学校卒業生の特色である。

秋山好古に話題を戻すと、サン・シール陸軍士官学校で学んだ頃はフランス流の騎兵隊を徹底的に勉強して、その長所と短所を自分流に身に付けた。特に当時の日本の陸軍はドイツ式に染まっていたが、ドイツ式のように馬に乗ったときに膝から下を後に引く弓形の姿勢を取るのに対して、フランス式は姿勢を自由にして足も自然に垂らす姿であった。確かにドイツ流の方が威風堂々に見えるが、足などの身体を弓型に固定するのでかなりきつい姿勢を強いられるが、フランス流は自然な姿勢に任せるので長時間の騎乗が可能である。好古はドイツ流よりもフランス流の方が好ましいと思ったのである。

この騎兵隊の馬乗り方式の違いを知るにつけ、ドイツとフランスの文化の違いまでもこの騎兵の馬の乗り方の違いで理解できる。すなわちドイツは規律を重視するのに対して、フランスは自由を重視する国民性を持っていることは皆の知るところであり、騎兵における馬の乗り方姿勢においてもこれが反映されていて、興味深い。

帰国後の好古は日本陸軍において騎兵隊の組織を作る仕事に取り組んだ。これまでの日本の騎兵はひ弱な軍隊にすぎなかったが、若干三十三歳の好古に日本の騎兵隊づくりが任されたのである。そこでは陸軍を創設し、かつ陸軍での権力中枢にいた山県有朋の支持があったことも忘れてはならない。「軍国主義の権化」「反動的・武闘的」の評判がある山県の支援の下で、秋山好古流の騎兵隊組織が育成されたのであり、少なくとも日清・日露戦争の勝利を導いた騎兵隊だったので、陸軍にとっては好ましいことであった。

好古は日清戦争に従軍してある程度の武勲を示したが、むしろ戦後に陸軍乗馬学校の校長、そして陸軍騎兵実地学校の校長に就任して、騎兵の組織育成に直接関与した貢献の方が大きい。その効果は日露戦争のときに表れて、騎兵第一師団長として直接の指揮にあたり、戦果を挙げたのである。かのナポレオン軍を倒したコサック軍という強力なロシアの騎兵を負かしたのであるから、大きな武勲であるのは確実であった。

ところで好古の騎兵作戦は必ずしも勇敢に前に進み出て相手を打ち負かす作戦ではなく、騎兵以外の歩兵、砲兵、工兵などと一体となって戦う方式を採用した点に利点があった。すなわち、これらの兵士が拠点を作って相手の騎兵からの攻撃の防御にあたり、機を見て騎兵隊が側面からの相手の騎兵への攻撃に向かう、という作戦であった。この防御と攻撃の両面作戦、そして騎兵のみならず歩兵、砲兵、工兵などとの共同戦線が、日露戦争における陸軍勝利の原因であった。

この日露戦争での武勲が功を奏して、好古は陸軍大将にまで昇進した。しかし好古は地位や金銭にこだわりはなく、陸軍を退いた後は地元の私立中学校の校長に就任して、教育界に身を投じた。幼少の頃に師範学校で学んでから小学校の教師になった人であるから、軍隊生活を終えると次の人生は天職の教員生活を選択したのであった。

シャルル・ド・ゴール大統領と東久邇宮稔彦王首相

この二人はなんと、サン・シール陸軍士官学校の同窓生である。年齢も三歳しか違わないので、面識があったかもしれないが確認はとれていない。前者はフランス国の大統領、後者は日本国の首相になった人なので、政界のトップを占めたという意味では共通である。

まずはド・ゴールから始めよう。名門家系で育ったシャルルであり、父は学者であったし母は名門実業家の娘であった。フランスでは姓名に「ド」が付くのは貴族の証とされるので、育ちが名門であったことは確実である。一九〇九年にサン・シール陸軍士官学校に入学し、卒業後は陸軍少尉となった。第一次大戦ではドイツと戦ったし、戦後はポーランドの軍事顧問などもした経験を持つ。

ド・ゴールの頭角は第二次大戦前から表れた。彼は軍事上に関する書物を出版して、有名な第一次大戦のヴェルダン戦で勝利したのは、機動力のある戦車や飛行機を駆使した電撃作戦の成功であると主張した。ドイツのヒトラーはこの著作に感銘を受けて、自己でも電撃作戦によってポーランド進行を果たしたのは有名な歴史的事実である。

一九四〇年にヒトラー独軍のフランス侵攻が始まり、フランスは敗北を重ねてとうとう親独のヴィシー政府が誕生した。ド・ゴールはこれに反抗してロンドンに亡命して、レジスタンスという亡命政府の樹立を宣言した。ド・ゴールは自由フランス軍を組織して北アフリカなどでドイツに抵抗していたが、ついにアメリカの参戦を経て連合国はドイツに勝利するに至った。戦後一時期首相にもなったがすぐに引退した。

一時期政界を離れていたが、当時のフランスはアフリカの旧植民地や、アルジェリアや西アフリカ、赤道アフリカなどの独立運動に悩まされており、強力な指導者の望まれる雰囲気が漂っていたので、ド・ゴールは大統領に選出された。第五共和国の誕生でもあった。

ド・ゴール大統領の政治スタンスは反米、反ヨーロッパ、言ってみればフランス中心主義の政策であり、NATO（北大西洋条機構）からの脱退やEEC（欧州経済共同体）への加盟反対などの策を用いている。この政策を支持する人々をゴーリストとフランスでは呼び、フランス大国主義を好む一派として一時期は勢力を誇ったが、ド・ゴールの引退後は力を失っていった。

次は東久邇宮稔彦王である。東久邇宮については広岡（二〇〇九八）を参照した。彼は久邇宮朝彦の第九王子して誕生したので正真正銘の皇族である。皇族の常として学習院で学んでからは陸軍士官学校、陸軍大学で学んだ人なので、エリート軍人としてのキャリアであった。皇室の人が軍人になるのは別に不思議ではなかったので、彼が軍の学校に進学したのは自然であった。

とはいえ皇族でありながら軍人、そして後に述べるように思想としてはリベラル色の濃い人なので、人生ではかなりの葛藤があったのではないかと想像できるし、実生活上でも困難な選択に迷うことがあった。

転機は一九二〇（大正九）年のフランス、サン・シール陸軍士官学校への留学によって訪れた。秋山好古よりも三七年遅れの渡仏であった。大正時代に入ってからのフランスの兵学校への留学は、当時はドイツ、アメリカ、イギリスの兵学校への留学と比較してそう人気があったとは思えないので、彼自身のフランス行きの希望が強かったのかもしれない。そう思う根拠は、リベラル色のある稔彦王なので、自由・民主の国への憧れがあった可能性がある。そう思う根拠は若い頃の愛読書がトルストイやドストエフスキーであり、自由主義や反貴族主義への理解があったと想像できる。

結局フランスには七年滞在して、現地のフランス女性との付き合いも含めて自由な生活を楽しんだのである。画家のクロード・モネから絵を学んだり、元首相のクレマンソーとの付き合いもあった。西園寺公望がクレマンソーと一緒に住んだことのあるほど仲の良かったことを思い出してほしい。後に東久邇宮本人が述べているのであるが、フランスにいたときほど自由な生活を楽しめた時代はなかったのである。

帰国後は軍人生活に戻り、師団長、陸軍航空部長を経て、日中戦争では第二軍司令官として軍の幹部として活躍した。とはいえ、自由な思想の持ち主である稔彦王は拡大する軍事勢力には否定的な思いを抱くようになっていた。例えば日本軍がヴェトナム侵攻を計画している際には反対の意向を述べたし、昭和天皇に対しても日米開戦の動きが強くなっているのに対して、思いとどまるように直々に進言したのである。

日本がアメリカとの開戦を決意しようとしているとき、最後の切り札として近衛文磨や広田弘毅そして海軍の一派は東久邇宮を首相にして避戦の策を取ろうとした。しかし木戸幸一は戦争責任が皇族に及ぶのを恐れて反対し、結局は東条英機に決まった。それ以降は皆が知るように開戦と敗戦であった。東久邇宮は終戦を早くする策に加わったが、結局はポツダム宣言受諾決定が一九四五（昭和二十）年の八月十日、天皇の玉音放送が八月十五日であった。

予想外のことが東久邇宮の身に起こった。彼への首相就任への要請である。避戦論者であり、しかも終戦を早めにしようと努力した彼であるし、皇族の身であることはむしろ戦後の大混乱を乗り切るのにふさわしい人、とみなされて天皇と重臣による選択であった。彼は就任を固辞したが、自分の責任を取ることもできると考えて、就任を受け入れた。

とはいえ就任が八月十七日、辞任が十月九日だったので、わずか五〇日ほどの短命内閣であった。彼の仕事は無条件降伏の承認・調印と、次の総選挙までの暫定内閣であった。しかし彼は生来のリベラルな思想を発揮して、言論の自由を打ち出したし、かつ共産主義者を含めた政治犯の釈放まで指示した。これにはマッカーサー元帥まで驚いたそうである。内相の山崎巌は強硬に釈放に反対したので閣内不一致であり、東久邇宮内閣は総辞職したのである。

東久邇宮稔彦を総括しておこう。皇族で軍人という堅苦しい環境の中にいながらも、若い頃にフランスに留学して自由と民主の思想と世界を知り、珍しくもリベラルな思想を持つ人が首相にまでなった。戦争直後の特殊な時代だったので首相になれたが、政策を考える暇もなく退任に追い込まれた不幸な人であった。しかし戦争の皇室責任を感じて、本人は皇室を離脱した。天皇の退位説を持っていたが、それを強く発言しなかった。

むしろ彼のその後が興味深い。生活のために闇市で食料品店を開いたり、喫茶店や骨董品の商売をも行ったが、不正な取引を避けたので、生活は自滅であった。元皇族の出来る仕事ではなかった。新興宗教「ひがくに教」を立ち上げようとしたが、これも許可が降りなかった。

保守主義と軍国主義の横行した時代に、東久邇宮稔彦のようにリベラルな思想と行動を貫いた人を評価したいと思う。特に皇族出身ながらの人の人生なので、ユニークな点が興味深い。それもフランス留学の賜物と解せるところがあるので、親近感を覚える。

3　渋沢栄一

徳川幕府の幕臣まで

渋沢栄一は、武蔵国の血洗島村（現埼玉県深谷市）で豪農の息子として生まれた。彼の人生に関しては主として渋沢栄一記念財団（二〇一二）、鹿島（二〇一一）に準拠した。士農工商の身分制社会であった江戸時代に、父・市郎右衛門は武士になろうとした人であった。他の農工商では必ずしも絶対にそうではなかったが、武士の子は武士に、農民の子は農民にという世襲社会であったが、武士になろうとしたので進取の気性に富んだ父であった。栄一も父のDNAを受け継いでいた。

父の学問好きは息子の栄一にも幼い頃から学問を学ぶように仕向けた。それは儒学を中心にしたもので、必ずしもそろばんなどの実務を学んだのではなかった。特に従兄の尾髙惇忠《あつただ》（一八三〇―一九〇二）から儒教の四書五経や頼山陽の『日本外史』を勉強した。渋沢は彼のことを「生涯の師」とも呼んでいるので、影響力は大きかった。後に栄一は惇忠の妹・千代と結婚している。

十四歳のときに家業の手伝いをするようになり、藍の葉の買い出しに出掛けるようになった。その仕事によって、良い藍をいかに買い付けるかの方法を身をもって学んだ。それにはいかに藍を作る農民の競争意識を高めることが大切かを認識したのである。これは後になってビジネスの最先端に立つことになる渋沢栄一に対して、ビジネス精神の基礎を与えた経験かもしれない。

富裕農民になっていた渋沢家は藩から御用金を出せとの命令を、近所の代官（バックには幕府が控えている）から受けていた。いわば借金の財源の提供要求である。そこでは御用金を借りる代官が、御用金を貸す側（つまり渋沢家）よりはるかに威張っている姿があり、お金を借りる側が貸す側よりも威張っているのはおかしいし、商売は対等であるべきだと思ったし、それは身分差も一つの原因であると栄一は実感したのである。これが栄一を倒幕派、尊王攘夷派に向かわしめた一つの理由であった。一八六三（文久三）年には勤皇志士として過激な倒幕計画などにも参加したが、これは結局実行されなかった。

ここで不可思議なことが栄一の行動に発生した。なんと幕府内で次の将軍になるかもしれないとみなされていた一橋慶喜（後に十五代将軍になる）に家来として仕える、下級の武士になったのである。尊王攘夷論者の渋沢栄一が、開国も辞さない気になっていた改革派とはいえ、幕府体制内にいる慶喜に仕えるというのは意外な行動であった。理想主義者か、現実主義者か、日和見主義者か、解釈の困難な渋沢の行動であった。

鹿島（二〇一一）の解釈は、一橋慶喜の腹心・平岡円四郎（一八二二―六四）が間に入って栄一を慶喜の家来にしたのであるが、この平岡が渋沢栄一の潜在能力を高く評していたことと、栄一が平岡の人となりに強く惹かれたことが両者を結びつけた、というものである。筆者の解釈を渋沢に関して提示しておこう。第一に、渋沢は本来は開国論に近い主義を持っていた可能性がある。第二に、一橋慶喜が次の将軍になることを栄一は密かに予想していて、そちらの方が自分の好みとする政治がやれるかもしれないと思った。誤解を恐れず誇張すれば、第三に、幕府という体制内にいた方が出世の可能性は高いかもしれないと思った。歴史家の筆者ではないので、この説の検証などは不可能である。

慶喜の家来になっていた渋沢であるが、少なくとも表面上は慶喜は将軍職を受けるべきではないと発言していたが、現実には慶喜が第十五代将軍になってしまった。幕府側の家臣を続けていた渋沢にフランスに渡る話が届いた。それは一八六七(慶応三)年、パリで万国博覧会が開かれることになったのであるが、通商条約を結んでいるフランスとの関係が良好な幕府は、代表団を送ることにした。代表は慶喜の弟の昭武である。その一団に渋沢栄一が加わるようにという指名であった。

攘夷論者として知られた渋沢がフランス行きを拒否すると周りは見ていたが、最終的にはフランス行きを受け入れたのである。なぜ彼は受け入れたのか諸説があるが、本人の言葉として、いつまでも日本が攘夷を続けることは不可能だろうということと、欧米諸国の進んだ社会・経済の現状を知りたいという希望であった、とある。これがもっとも妥当性が高い理由と思われる。

フランス滞在記

一八六七（慶応三）年の二月に渋沢を含めた一行は、長い船旅を経てマルセイユに着いた。これからおよそ一年半の在欧経験をすることになる。これまで何名か日本からフランスに向かった人を述べてきたが、渋沢の場合は、他の人よりも準備が不十分であった。まずはまだ幕末の時代での渡仏なので、ヨーロッパの知識は不十分であったし、なんといってもフランス語の訓練も不満足であったのは否めない。しかし渋沢はそのようなハンディキャップを乗り越えて、短期間のヨーロッパ滞在中にいろいろなことを吸収している。なお渋沢は基本的にフランスに滞在していたが、その間にヨーロッパ諸国をも訪問して見聞を広げたのである。

当時のフランスはナポレオン三世の第二帝政の時代であった。イギリスより産業革命を起こすのが遅れたフランスだったので、産業・経済はまだ弱く、ナポレオン三世の政策はフランスの産業を発展させて、資本主義の強国にするのが目標であった。さらに世は既に帝国主義の時代に入っていたので、イギリスと植民地獲得を巡っていろいろな争いや競いがあったし、隣国プロイセンが力を持ち始めたのも気になる時代であった。ナポレオン三世はフランスの強国振りを示すために、万国博覧会を開催して、世界各国からの出展を呼びかけたのである。

もう一つ重要な事項は、つとに鹿島茂の強調していることであるが、サン＝シモン主義と呼ばれる経済体制論が当時のフランスに与えた影響力の大きさである。本書で何度も登場した「空想的社会主義」に属するサン＝シモンであるが、マルクス・エンゲルスに代表される「科学的社会主義」からは批判の対象になった経済思想である。正統派のマルクス主義者からすると、空想的社会主義者は単に弱き者・貧しきものを支援するか、強き者・富める者を排除せねばならないと主張するだけで、その具体策については見るべきものがないとした。例えば正統派マルクス主義は労働者が団結して資本主義そのものの破壊（後になってレーニンなどの暴力革命論）を主張したのである。なおこの空想的社会主義は何もフランスだけではなく、既に述べたようにイギリスのロバート・オウエンの「協同組合主義」などがある。

ナポレオン三世の時代に有力な経済学者のミッシェル・シュバリエがいて、彼の主張はフランスの産業を発展させて富を蓄積することがまず第一に重要であるとした。まずは英独との競争に勝つには経済が強くなければならないし、もし富が蓄積されればそれを弱き者や貧しき者に分け与えることが可能になる、との思想であった。この後者の考え方を現代風に言えば、「トリクルダウン理論」と同じと考えてよい。富む者がますます富めばいずれ貧しき者にも、雫が落ちるように便益が及ぶので、まずは産業・経済を強くすることが大切との思想である。なお、ミッシェル・シュバリエ「トリクルダウン理論」と「空想的社会主義」については橘木（二〇一二）に詳細な議論がある。

ミッシェル・シュバリエ、サン＝シモン資本主義論の根幹の制度は、株式会社（当時の渋沢は合本主義と呼んでいた）、銀行、鉄道の三つであると考えていた。この三つがうまく発展して機能すれば、経済はうまく運営されると考えたし、これらが資本主義経済の大きな柱であることは言うまでもない。株式会社によって広く資金の調達が可能となって、事業の推進に役立つ。銀行によって資金の供給と流通がスムーズに進むし、信用の創造にも役立つ。鉄道は原料や製品の輸送に役立つことは言うまでもない。これら三つの重要性を学んだ渋沢は、日本に帰国してから自分の仕事として、それらを実行する立場になることは皆の知るところである。

なお、渋沢のパリ滞在は徳川昭武団の随員の一人であったが、その身分は団の序列の中でも低いものであった。しかし与えられた役目は、団の会計と書記という仕事であった。会計はまさに団の資金管理なので、帰国後にいろいろな企業の創設にかかわることになる渋沢にとっては良い経験になるのであった。すなわち「収入のないところに過大な支出をすべきではない」という会計原則の習得であった。書記というのは実は昭武の身の回りの世話をすることや、本国との通信をするときの文章の用意という仕事であった。これらも帰国後の栄一の仕事に多少は役立ったと思われる。

大蔵省を経て経済人へ

日本では徳川幕府は崩壊して、明治新政府が誕生していた。昭武一行はこの事態を受けてフランスを離れ、一八六八（明治元）年に日本に帰国した。恐らく渋沢はもっと長くヨーロッパに滞在して見聞を広げたかったであろうが、政治体制が替わってしまったので、帰国は仕方のないことであった。

慶喜に仕えていた栄一はどうすればよいのか、いろいろな道があった。幕府に恭順を示して、箱館の榎本武揚軍に入るか、団長だった昭武が戻る水戸藩で仕えるか、慶喜のいる静岡で仕えるか、などであった。結局は藩の役人にはならず民間人になることにした。静岡に移住した渋沢は自分の好みである株式会社、すなわち商法会所という合本会社を設立することから始めた。企業人、あるいは経営者としてのスタートであった。

そこに中央政府から大蔵省への仕官の話が舞い込んだ。有能な渋沢を見込んでの次官級の地位にいた大隈重信の説得に応じて入省する。渋沢三十歳のときであった。渋沢は大蔵省内でもバリバリ仕事をやり、彼自身が取り組んだ政策は次の三つであった。（1）租税を米で納めるのではなく、現金で納める（2）鉄道の建設（3）貨幣制度、公債制度、銀行制度の確立であった。（2）と（3）は彼がフランスにいたときのフランスにおける政策課題であったことに気付いてほしい。大蔵省には四年間いたが、出世街道を邁進し、今で言う次官の地位まで登りつめていた。

ところが大蔵省内の意見対立に巻き込まれ、渋沢は大臣だった井上馨とともに大蔵省を辞すことになった。直接的で表面的な原因は、仲が良く、しかも意見の一致していた井上に殉じての辞職であったが、本心は自分のやりたいこと、すなわち銀行の創設と株式会社の設立ということにあったと思われる。現に渋沢は第一国立銀行（現・みずほ銀行）の設立にもかかわるし、その後もいろいろな銀行、株式会社の設立に関与するのであった。その数は優に五〇〇を超えるものであり、「日本資本主義の父」と称されるにふさわしい経済活動を将来に行うのであった。

その後の渋沢の財界人としての仕事振りは、まさに日本の産業革命の最先端を走る経済人として出色の出来であった。どのような企業、銀行の創設、経営に携わっていたかはここでは詳しく述べない。ただし、財界人渋沢の側面を示す現象だけをいくつかここで記しておこう。

第一に、改めてフランスの、それも一年半という短い滞在ながら、フランスの資本主義の発展を自ら見て、学ぶべき点を日本で導入した事実は高く評価してよい。株式会社、鉄道、銀行制度が特に強調される。しかしながら、人生の後半期になると、若い時にいたフランスよりも、資本主義の本家・イギリスや、経済の強さを示すようになっていたドイツやアメリカを好むようになった。

第二に、企業の経営者として利潤の追求に走ることを遺棄せず、ビジネスの安定あるいは発展のためにはある程度の儲けを確保することはとても重要と考えたことも評価してよい。しかし、たとえば三菱の岩崎弥太郎のように、儲けなどに走るだけで働く労働者をさほど気に掛けない経営方針には賛成しなかった。これはフランスのサン゠シモンやフーリエの「空想的社会主義」の影響があったと認識してよい。

第三に、実業界を引退した後の渋沢は儒教の勉強に熱心であった。『論語と算盤』を出版して、経済人として利潤追求をすることは当然としても、人間（あるいは商人、企業人）は道徳を持って行動するのが望ましいとして、両者がバランスよく存在するのが理想と説いていたのである。これは経済学の父であるアダム・スミスは『国富論』によって資本主義の正当性を述べてはいるが、それに先立って『道徳感情論』を出版して、商取引には人を騙してはならないとか、抜け駆けをしてはならないといった倫理が伴わねばならない、と主張した点で共通する。若い頃に『論語』、儒学を勉強していただけに、自然な思いと解釈できる。渋沢がアダム・スミスのことを知っていたかどうかは不明であるが、西の経済学者と東の経済人が同じことを主張していたのは感銘深い。

第四に、渋沢は商人、あるいは企業人を養成する学校の設立に熱心であった。一八七五（明治八）年に文部大臣になる森有礼とともに「商法講習所」（後の東京高商、東京商大、現在の一橋大）を創設したのである。実務に強い商人とビジネスマンの養成は日本経済の発展に必要との認識から、渋沢は資金提供まで含めて協力したのであった。

第4章　ファッションと料理

『ガゼット・デュ・ボン・トン』のファッション画（1913年）
1912年にフランスで発行された高級ファッション誌に掲載されたファッション画。同誌は1925年に『ヴォーグ』誌に吸収された。

日本人の生活様式から評価してフランスを見ると、もっとも関係の深いのは、ファッションと料理である。それもやや高級なイメージととらえられている感がある。この章では日本がフランスのファッションと料理とどう関係してきたかを見るものである。

1　ファッション

パリモードの誕生

世界の三大ファッション都市は、パリ、ミラノ、ニューヨークと言われる。これらの都市で開催されるファッション・ショーは世界各地から関係者を集め、例えばパリコレ（パリコレクション）と呼ばれて大変な人気であるし、流行を生む役割をも果たしている。デザイナー、縫い子、仲買い業者、モデル、布地提供者（繊維業者）などがこれらの都市に集って一大産業を形成している。マスコミ関係者も宣伝に一役果たしている。

なぜパリかと問われれば、十七―十八世紀に栄えたフランスの宮廷社会における服装文化に出発点がある。ルイ王朝の時代には、頻繁に晩餐会、舞踏会、パーティ、音楽会、バレエ会が開かれ、それに参加する貴族の婦人たちはそれこそ派手な衣装で着飾るのが常であった。男性の貴族もかなり派手な衣装で着飾ったが、あくまでも女性が中心であった。晩餐会に出す食事を作る人々が料理人として宮廷で雇われたように、衣装をつくる人々も宮廷で働いたのである。

この皇帝一族、貴族が着飾る女性用の衣装をつくるには、先程述べたようにデザイナーをはじめいろいろな職種の人が関与したのである。これに関していえば、フランス中部のリヨンでは絹や羊毛などの繊維業が発展したのである。ここで重要なことは、これら繊維産業は手仕事ではなく、産業革命によって機械生産に移行し、衣装が大量に製造されるようになったことにある。これら質の高い服地を用いて衣装をデザインしてから着飾ることができるように、縫い子が仕上げるのであった。この段階では機械化は困難で、かなりの製品は手仕事でつくられた。ただし、後の時代になると、この衣服製造にも機械化が進行して、工場において大量の既製服をつくるようになった。

誰が十九世紀においてかなり高価な衣料の購入者であったかといえば、それは貴族と産業革命後に登場したブルジョワジーという比較的所得の高い企業家を中心にした市民階級であった。ところが十九世紀後半ではナポレオン三世による帝政の時代もあったので、貴族文化の再興があった。ナポレオン三世の時代は舞踏会が頻繁に開かれたので、これが服飾文化を盛り上げた。一昔前のルイ王朝時代ほどの派手さはなかったが、第二帝政の時代には服飾文化がやや盛り返したのである。貴族と裕福なブルジョワジーがその担い手であった。

それを促進したのが、エミール・ゾラのところで紹介したように、百貨店の発展があり、百貨店のショー・ウィンドーでいろいろな衣装を展示して、人々の消費意欲を刺激したのであった。パリを知る人にとっては、パッサージュ（ガラス屋根で覆われた回廊）では道路の両側に衣服商店が立ち並んで、ウィンドーで様々な衣装を競って展示している姿になじみがある。百貨店と有力な衣装の小売店がパリモードの発展を促したと言っても過言ではない。

チャールズ・フレデリック・ワース（フランス語読みはシャルル・フレデリック・ウォルト）

フランスのファッション界、特にパリモードの代名詞、オートクチュール（注文によって縫製する衣装を提供する高級服飾店）を発展させた重要な人物としてワース（一八二五―九五。フランス語読みはウォルト）がいるので、この人を紹介しておこう。彼については成実（二〇一六）を参考にした。

まず強調すべきことは、ワースはフランス人ではなくイギリス生まれである。二十歳のときにフランスに渡って、フランスのモードを発展させた人である。フランスのファッション界の人ならフランス人と思いがちであるが、意外なことにイギリス人だったのである。

親の経済生活が破綻したことにより、ワースは十九歳の時にイギリスで働き始めた。職場は布地屋での徒弟奉公であったが、やがて王室御用達の男性服飾店で働くようになった。今でもそうであるがイギリスは高級紳士服で有名だったのだが、ワースは婦人服の分野で働きたい希望があったので、決意してその当時から婦人服で有名だったフランスで働くことにした。二十二歳のときに高級絹物商ガジュランで働くようになった。そこで一人の売り子マリー（後に妻となる）と親しくなり、彼は彼女のために衣装をデザインするようになった。その衣装が評判を得て、ワースの人気が高まった。ワースはガジュランの経営者に対して、ドレスの制作・販売など一式をすべて同社でやったらどうかと提案したが、経営者は乗り気ではなかった。

そこでワースは独立を企画し、同僚のオットー・ボベルクと独立を決行する。なんとボベルクはスウェーデン人である。ここでもフランス人でない人がフランスファッションの発展に貢献したという不思議さがある。自国人だけでなく外国人の発想に期待するというのはファッションの世界だけでなく、いろいろな産業の発展にとって必要なのである。現代においてもそれは当てはまり、アメリカの今はときめくＩＴやＡＩ産業はインド人にかなり負っているのは有名である。

ワースとボベルクはドレスを注文してくれる有力顧客の開拓に成功する。第一は、メッテルニッヒ侯爵夫人のポーリーヌであり、第二は、ポーリーヌの衣装を大変気に入ったナポレオン三世皇妃ウージェーニ（一八二六―一九二〇）であった。宮廷でのパーティ開催の主要人物である皇妃のお気に入りとなれば、ワースの制作したドレスの注目度が一気に高まるのは当然であった。しかも皇后ウージェーニは一度着たドレスは二度と着なかったので、何着もの衣装の注文が王室からワースのところに来るようになった。帝室御用達の名声と人気の高さによって、晩餐会や舞踏会に参加する貴族やブルジョワジーの夫人や未婚女性から注文が殺到するようになったのは当然であった。このお蔭でワースのビジネスは順調に成長し、一八七〇年頃には一二〇〇名ほどの雇用者を抱えたというから、創業ビジネスの大成功者だったのである。宴会用ドレスといった高級衣装のみならず、普段着といったような衣装の種類を拡げたのであった。

ところが政変が起きた。一八七〇年の普仏戦争の敗戦により第二帝政は崩壊し、革命騒ぎもあったので、ワースは王室御用達の信用を失ってしまった。ビジネスの縮小を迫られたが、ワースは新しい方向を目指したのであり、それが「オートクチュール」の確立である。注文を前提とした高級衣装店において、デザインと縫製、販売を行う制度である。

もう少し具体的に説明すると、顧客からの注文に応じてデザイナーがいくつかのモデルを用意してから顧客に見てもらい、最後に選択してもらう。顧客のサイズに応じて制作してから、それを顧客に買ってもらうのである。大量生産のできない制度であるし、仮縫いを繰り返す対個人の制作なので時間がかかり、一般的には高価な衣装品となる。すなわち既製服のイメージを排除する特色がある。

こういう「オートクチュール」制度の顧客は誰だったかといえば、企業家や銀行家を中心にした裕福なブルジョワジーと、まだ残っていた貴族などがそうであった。十九世紀に産業革命を達成したフランスなので、資本主義経済の最先端にいた企業経営者や幹部といった富裕層の妻や娘が代表的な顧客となったのである。それと忘れてならないのは、君主制をまだ続けていたヨーロッパ諸国における王室、貴族、そして経済大国になりつつあったアメリカでの富裕層という外国からも、既に名声と高級イメージを得ていたパリのオートクチュールには注文が相次ぎ、ファッションにおけるフランスの地位が定着したのである。

最後に、ワースの末路に言及しておこう。十九世紀末から二十世紀ファッションとパリモードのあり方に創業者として大きな影響を与えたワースであったが、一八九五年に世を去った。息子たちが継承したが、昔の豪華なドレスに固執したため、一九五六年には閉鎖するに至った。むしろ、ルイ・ヴィトン、エルメス、シャネル、クリスチャン・ディオールといったブランドがそれに替って隆盛を極めるようになったのは皆の知るところである。パリモードの現在については後に言及する。

ガブリエル・シャネル

チャールズ・ワースは男性であったが、女性としてもっと有名なファッションデザイナーはガブリエル・シャネル（一八八三―一九七一）とされるし、もっとも有名なブランドの一つでもあるので、彼女について一言述べておこう。もっともシャネルが最高のデザイナーであったかといえば、他にも古くからの創始者としてジャンヌ・ランヴァン、ライバルのジャンヌ・パキャンのような女性がいたので、必ずしも最高とはいえない。むしろ彼女の生い立ちや波乱万丈の人生がカリスマ性を高めたともいえる。シャネルについては成実（二〇一六）に依拠したし、二〇一九年一月四日（金）放送のＮＨＫテレビによる番組も参考にした。

ガブリエル・シャネルはロワール地方の小さな村で生誕したが、実家は大変貧しかった上に母が病没したので、孤児院に預けられるという悲惨な生い立ちであった。施設は修道院だったので厳しい戒律の下で育てられた。そこで裁縫の技術を身につけ、十八歳からはお針子として働き始めた。

ただし彼女はそれよりも派手な生活を送りたいと希望して、カフェのシャンソン歌手になった。

そこで若い男性、エティエンヌ・バルサンと知り合い、恋仲になる。生まれつきの美貌と男性に魅力を感じさせる資質があったので、その後もいろいろな男性が彼女のまわりに現れて、派手な人生を送ったことも彼女のカリスマ性に寄与したのである。

独立心に燃えるシャネルは帽子屋を開業した。当時は帽子は装飾品として必須であったし、彼女の装飾に満ちたものではなくシンプルなデザインは人気を博し、成功をしたのである。そこで彼女は自分のデザイナーとしての才覚に目覚めて、スポーツウェアや衣装のデザインに進出して、自己の「オートクチュール」を開業したのである。それには新しい恋人、イギリス人の青年実業家、アーサー・カペルと恋仲になり、資金の支援を受けたのである。

シャネルのデザインは十九世紀に特徴的だった、コルセットで腰を締めてクリノリン（スカートを膨らませるために開発された鯨ひげや針金を輪のようにした骨組）ないしバッスル（ヒップラインをきれいに見せるための腰当で、針金が用いられた）で下半身をふくらませるスタイルではなく、とてもシンプルで直線的であり機能性を大切にしたデザインだった。代表的なデザインは「小さな黒いドレス」と呼ばれるもので、モダニズムの象徴であった。シャネルのつくった衣装は、ドレスのデザインがシンプルだったので一見廉価に映ったが実際はそれほど安くはなく、そこそこ高価だった。

特に一九二〇年代には経済的に裕福になっていたアメリカ女性から人気を博したのが大きかった。その理由の一つは、世界で人気であったパリモードへの憧れをアメリカ女性が持っていたからである。シャネルは服飾だけでなく、装飾品、スポーツウェアや香水の事業にまで進出して、一時は四〇〇〇人の従業員のいる大企業にまで成長したのである。

もう一つ戦前のシャネルに関しての話題は、イタリア生まれのデザイナー、エルザ・スキャパレッリとのライバル関係であった。スキャパレッリは貴族の生まれであり、貧困育ちのシャネルとは対照的であった。とはいえ、シャネルの方がスキャパレッリよりも容姿は美しかった。男性の芸術家（例えば画家のサルバドール・ダリ）を巡って二人の恋の争いもあったとされる。衣装のデザインも二人は異なっていて、何かにつけてのライバル関係は当時の話題だったのである。

もう一つシャネルのデザインでは、もともと男性の着る服飾のデザインを女性にも取り入れて、機能性を大いに持たせた特色があった。

ところで第二次世界大戦はシャネルの事業にも困難を与え、シャネルの人気の衰えも手伝って、戦時中にビジネスの閉鎖に追い込まれた。当時も彼女の男性関係は派手で、イギリス人で有名なウェストミンスター公爵と親しかったし、ドイツ人の恋人もいた。戦時中には政治的にもドイツのナチスに与して暗躍したとの噂もなきにしもあらずで、しばらくはスイスに移住して身を潜めていた。

一九五四年にシャネルは復活を果たした。しかし彼女のデザインはフランスで評価されなかった。かつてのシャネル調の復活にすぎず、人々は新しい風を期待していたからである。しかし、救いはいた。それは戦後に経済大国になっていたアメリカにおいて、中上流階級の女性にシャネルの服飾は気に入られたのである。意外とアメリカ女性はクラシックなデザインを好んだからである。

ガブリエル・シャネルはそれこそ波乱万丈の人生を歩んだ。パリモード界の寵児となり、ファッションビジネス界での大成功者であった。男性関係も派手であった。男性に経済的に依存していた昔の女性とは異なる独立した女性の生き方を示した一人でもあった。むしろ筆者は彼女をファッション・デザイナーというよりも、一人で起業してビジネスを成功させた女性企業家パイオニアの一人として評価したい。しかしそこでは背後に男性の支援があったことも否定できず、女性としての魅力に富んでいたことも助けになったのは、過渡期にいた成功者の女性の姿だったかもしれない。これからの時代はまったくもって一人で起業して、男性の支援もなく成功する女性が出てきそうな予感がする。

最後に、シャネル自身の言葉として現代でも記憶されるものを述べておこう。(1)仕事の鬼だったので、「仕事のない日は嫌い」(2)「私こそが世界の女性を一番美しく装わせた人」(3)「利口な女性は一〇〇万人に五人しかいない(自分はその一人)」(4)「香水はあなたのキスしてほしいところにつけなさい」。自信家であったことを物語ってはいるが、希有な才能を生かした女性であった。

パリモードの現在

「オートクチュール」が全盛を極めたのは、第二次世界大戦前と戦後の一時期であった。パリコレクションとはパリで開かれるファッションブランドの新作発表会であったが、パリコレクションで中心の役割を果たした「オートクチュール」は一九七〇年代までであった。実は一九六〇年代以降はむしろ「プレタポルテ」と称される方式が主流となりつつあった。プレタポルテとは既製服のことを意味しており、ファッション業界が色々なサイズの衣装を自分のところで作成して、それをファッション・ショーや店頭のショー・ウィンドーで消費者に見てもらい、気に入ったらそれをすぐに買ってもらうのである。

オートクチュールであれば個々の作り手と買い手の交渉だし、デザインから縫製まで個々に行うので、価格がどうしても高くならざるをえない。これだと余程の富裕層でないと買えないので、普通の市民でも購入可能な値段の服飾にするべく、手間を省いて比較的大量の既製服をつくれるようにしたのがプレタポルテである。パリコレクションの発表会でも今ではプレタポルテが主流である。

なお余談であるが、世界の三大モード地といえば、パリ、ミラノ、ニューヨークが一般的である。それに最近はロンドンを加えて四大モード地とも称されることがある。敢えて東京を加えて五大モード地という声もなきにしもあらずであるが、まだ東京は世界で認知されていない。

イタリアのミラノは特に有名である。イタリアのファッション界はパリの後塵を拝していたが、一九八〇年代になってジョルジオ・アルマーニ、ヴェルサーチ、フェレなどのデザイナーが台頭し、九〇年代になるとグッチ、プラダなどの老舗ブランドが復活した。もともと靴や鞄の技術で強かったイタリアなので、小物の生産には優位性があったところに、衣装の世界にも入りやすい国だったのである。

もう一つミラノの成功した理由は、パリモードのような華美さを前面に出さず、実用性第一にしてかつ装飾性も兼ねた衣装を売り物にしたので、アメリカで人気を博したのが大きかった。なんとなくフランス料理は高価、イタリア料理は低価で実質的というイメージがあるが、ファッションの世界でもフランスとイタリアの差が出ているような気がする。

アメリカは自国でデザイナーを擁してパリコレやミラノコレのように勝負するという姿ではなく、世界一の富裕国としてむしろバイヤーの国としてファッション界をリードしている。もっともニューヨーク・コレクションは存在しており、実用的な衣装の多いのが特色となっている。アメリカの代表的な服であるジーンズを想定すればわかりやすい。なおついでに誰がジーンズを開発したかといえば、ドイツ生まれのリーヴァイ・ストラウス（一八二九年生まれで後にアメリカに移住）である。パリモードの創始者がイギリス生まれのチャールズ・ワースであることを記憶しておれば、アメリカモードの創始者はドイツ人なので、双方とも移住者なのである。

2　日本でパリモードが導入された経緯と、それを発展させた人

洋装文化の推移

幕末から明治時代にかけて西洋文化が導入されたが、衣服の面ではどうだったのであろうか。当時の外国人は当然洋装であったし、日本人も一部は洋装を取り入れた。特に宮中での晩餐会において洋服が奨励されたし、兵士、警官、鉄道員のように動きやすい衣服が必要な職業では洋装が進んだ。大正時代になると企業でも洋装が一般化したのである。

一方で女性の洋装は遅れており、和服が中心であった。しかし明治時代に有名だった鹿鳴館では、女性も洋装して舞踏会に臨んだが、これはごく一部の上流階級に限られていた。女性の洋装化が本格的に進んだのは第二次世界大戦後であった。アメリカを中心にした欧米文化が一気に浸透した時期でもあった。

女性の洋装化を背後から後押ししたのは、洋裁学校の存在であった。主として女性のデザイナーが学校を創設して、洋裁工の養成や一般の人でも洋服をつくれるような訓練をしたのである。有名

な学校としては、一九二六（大正十五）年の杉野学園ドレスメーカーの杉野芳子、一九三七（昭和十二）年の田中千代服装学園の田中千代、一九四一（昭和十六）年の上田服装研究所の上田安子である。当時のデザイナーには圧倒的に女性が多かったし、学校で学ぶのも女性がほとんどであった。例えばヨーロッパでは男性のデザイナーも存在したが、日本の特色は圧倒的に女性の世界だったのである。

ではパリのオートクチュールが日本に入ってきたのはいつ頃であろうか。青木（二〇一六）によると、まずは百貨店でのオートクチュール・サロンの創設がきっかけとなった。大丸はクリスチャン・ディオール、伊勢丹はピエール・バルマン、高島屋はピエール・カルダン、三越はギイ・ラローシュと契約を結んで、一九五〇年代後期にサロンを設けたのである。日本人がパリに渡ってコレクションを実際に見て、まずは買い付けを行った。それらを日本のサロンの場で本場フランスの服装を展示して、来客の中で気に入ったデザインがあれば、日本人のデザイナーが顧客のサイズに合わせて、仮縫いをしながら衣装を作り上げていく過程であった。

日本に特有なことは、第一に、これら百貨店内のオートクチュール・サロンの担当者は外部の洋裁学校の校長や先生をやっていたので、パリモードがそのまま洋裁学校の教材にもなったのである。例えば、デザイナー磯村春は一九四九（昭和二十四）年創設の大丸ドレスメーカー女学院の先生だったのであり、大丸はクリスチャン・ディオールのオートクチュールを教材にできたのである。換言すれば、大丸ドレスメークールの生徒は、パリモードのデザイン、布地選び、縫製などの技術を学ぶことができたのである。

第二に、既に記述したパリのオートクチュール担当の多くは男性であるが、日本人でここまで出てきた名前は杉野、田中、上田、磯村とすべて女性なので、フランスと日本ではファッション担当者の性別が異なっていた。しかし後に示すように、日本でも男性が登場するようになる。

第三に、エミール・ゾラとチャールズ・ワースのところでフランスでの百貨店の役割を強調したが、日本においても同様で、パリ風のオートクチュールは日本の百貨店を通じて流布していったのである。いわゆる一般論として消費文化に百貨店の果たした役割は大きかったが、繊維・服飾文化においてはその貢献度は特に大きかったのである。

日本人でパリのファッション界で名を上げた人の列伝

日本でパリモードが人気の的となり、日本人のバイヤーがパリコレに出掛けてそれを買付け、日本でもパリモードがかなり浸透したことがわかった。これは、ジャーナリスト、写真家などがパリモードをファッション誌で紹介したということも、日本のファッション界での地位を高めた要因の一つであった。

時代が進むと、日本人のデザイナーがパリのファッション界で有名になるケースが出てきた。これらにどういう人がいて、どれだけの役割を果たしたかを検討してみよう。

既に強調したように、日本での洋装、特に女性の場合には本格的な定着は戦後になってからであった。しかも戦争によって経済が破壊したので国民の所得は低く、華麗な洋装というのはごく一部の富裕層だけのことであった。むしろ貧亡な人々がいかにして普段着れる洋服をどのように購入するかが関心の的だったので、ファッションで着飾るといったことはまだであった。

とはいえ戦後の経済復興に日本は成功して、一九五〇（昭和二十五）年代の半ばから高度成長期に入り、それから二〇年間ほどは国民の所得は増加し、おしゃれにも関心を持つ余裕ができた。日本女性が洋服への需要を高めたし、それも良質なものを求めるようになった。それに対応したのが既に述べた洋裁学校であった。さらに繊維産業と縫製産業の発展が見られ、大量の洋服が流通し消費されるようになった。当然のことながらデザイナーの数も増加した。その中でも人気の高いスターデザイナーの登場も見られるようになった。それらのうちの何名かを取り上げてみよう。早く生まれた順に紹介する。

森英恵　森英恵（一九二六―）は島根県の比較的裕福な医者の家庭に生まれた。その後については森（二〇一一）を参照した。子どもに良い教育を施すために東京に移住し、彼女は名門の東京女子大学を卒業した。戦争中の勤労奉仕で知り合った賢と二十一歳のときに結婚した。彼は将来森のファッションビジネスのマネージャーとして働くことになる。

洋服づくりに関心のあった英恵はドレスメーカー女学院で洋裁を勉強してから、新宿で衣装スタジオ「ひよ・しや」を開設し評判を得た。その後はファッション・ショーを繰り返し開催し、映画女優の衣装を担当したりして、彼女の名声はますます高まっていった。フランス人デザイナーのクリスチャン・ディオールやピエール・カルダンの作品に接し、外国のファッション界に出て行く決意をした。

パリにしばらく滞在したが、フランスのファッション界の古めかしさに馴染めず、森はアメリカに顔を向ける。ファッションの伝統はないが、進取の気性に富むアメリカを気に入り、しかも豊かな国なのでファッションの今後に期待できると思ったのであろう。この決定は彼女にとって正しかったと筆者は判断している。現にニューヨークでのショーは成功したし、「ハナエ・モリ」の名前は定着するようになった。特に高級ブティックや高級百貨店での売り上げと、彼女の知名度の上ったことが幸いして、彼女自身の店をニューヨークで持てたのであった。アメリカでの注文に応じるため、東京での縫製作業は大忙しであった。定住先はニューヨークであったが、本人は日本とアメリカを行ったり来たり、世界中をまわるファッション・デザイナーでビジネス・ウーマンであった。

次の目標はファッションの聖地、パリであった。若い頃はさほど気に入らなかったというか、入り切れない壁を感じたパリであるが、自信も持てるようになったので、オートクチュールに出る決心をした。アメリカ滞在一〇年後のことであった。東洋人として最初の「オートクチュール」組合員の資格も得て、いよいよ本格的にオートクチュールで活躍した。しかし、既に述べたように一九七〇年代にはフランスはプレタポルテの時代に入っていたし、彼女が世界中を飛びまわる仕事をしていたので、「オートクチュール」に全精力を出さないようにした。しかも一九九六（平成八）年に夫・賢が死亡したこともあって、オートクチュールから撤退した。

森英恵は日本女性最初の女性デザイナーとして世界的に活躍した人であった。まずはアメリカで成功してから中年になってパリで活躍した人であり、他の日本人がほとんど最初はパリを目指したのと比べるとユニークである。

三宅一生　ここから登場する四名の全員が、若い頃にフランスに渡ってから名声を博した人である。ファッションの聖地フランスで活躍したのである。

三宅一生（一九三八―）は広島で生まれ育ってから、多摩美術大学の図案科で修業した人である。彼の一生とデザインについては三宅（二〇一三）から知り得た。一般にファッション界にいる人は、例えば後に登場する高田賢三や川久保玲のように洋裁学校で学ぶケースが多いが、三宅の場合は図案科という美術学校の出身であった。衣装をファッションとしてではなく、デザインとみなす三宅の発想が窺える。

しかし最初の仕事はカレンダー用に撮影するモデルの衣装制作だったのであり、徐々にファッションデザインの方向に進むようになった。三宅は二十代半ばという比較的若いときにパリに渡った。いくつかの有名ブランドのデザイン・オフィスで修業を重ねてから帰国し、「三宅デザイン研究所」を立ち上げて、自己のデザイナーとしての仕事を始めたのである。

三宅は森英恵とは逆のストラテジーを採用した。森の場合は先にアメリカ（ニューヨーク）に行ってから次にフランスに進出したが、三宅の場合には先ずはフランスに滞在してからニューヨークに渡ったのである。そこで「ＩＳＳＥＩ ＭＩＹＡＫＥ」の店を出して、アメリカでの拠点にした。

その後パリコレにも出るようにして、長い間参加し続けた。
三宅のデザインの特色は次の二点にある。第一は、「一枚の布」だけでドレスをつくることと、第二に、その布にプリーツ（折ひだ付き）を設けるのである。これらは三宅が「Pleats Issei Miyake」と名付けて、素材の改良と量産体制を整えて、三宅の代名詞になるほど人気を博した衣装となったのである。

高田賢三　現代のフランス人に「日本人の名前で知っている人は誰ですか」と問うアンケートによると、第一位は宮崎駿（アニメ作家）、第二位はケンゾー（高田賢三のこと）であった。一九七〇年代から八〇年代であれば、完全に一位はケンゾー（KENZO）であった。筆者がパリに在住の頃であり、もっとも有名な日本人だったのである。もっとも歴史上の人まで含めれば、画家の藤田嗣治である。

高田賢三（一九三九―）の人生については日経新聞社『私の履歴書』を参照した。彼は姫路で生まれ育ってから、文化服装学院のデザイン科で学んだ。三宅と同様に二十代半ばにパリに渡って、デザイナーとしての修業をしてから、一九七〇（昭和四十五）年に独立して自己のブティック「ジャングル・ジャンプ」を開設した。これはプレタポルテ（既製服）を中心にした店であった。

高田のデザインの特色は、花柄を多く用いるもので、華美な色彩や日本を含めた民族衣装をも混合させた衣装であった。フランスの印象派画家が日本の浮世絵に魅せられたように、日本の民族衣装を取り入れた高田の衣装には、一九七〇年代のフランス人も同様にエキゾティックとして魅せられた側面があるのではないだろうか。

高田は自分自身のブランドである「KENZO」のみならず、他のブランドとも共同でファッションを生んでいるのも特色である。特に皆を驚かせたのは、スウェーデン発のファストファッションであるH&Mとの共同作業は、ケンゾーの華美さとH&Mの独創的なデザインを混合させて、不思議な魅力に満ちた衣装を生み出したのである。

一九九〇年代には自己のブランド「ジャングル・ファンプ」を他社に売却して、一度はデザイナーの仕事を引退したが、その後復帰を果たしている。

山本耀司　山本耀司（一九四三―）は三宅一生や高田賢三のようにフランスでデザインの修業をした人ではなく、極論すれば純粋国産と言えなくもないが、パリを筆頭に世界各国で有名になった国際的なデザイナーなので、ここで紹介しておこう。

慶應義塾大学法学部卒という異色の人物であるが、母親が洋装店を営んでいたので、息子の耀司も文化服装学院で学んでからデザイナーになった。一九七二（昭和四十七）年に自己の会社、ワイズ（Y's）を創設して、ファッションビジネスに入った。当初の頃は日本国内での活躍に限定されていたが、徐々にパリコレクションにも進出し、外国で評判を得るようになった。山本の衣装は、黒を基調にしたものが多く、かつデザインは斬新であり、革命的とも言われることもある。その後ブランド名は『Yohji Yamamoto』を用いるようになった。

スポーツウェアが有名であり、スペインのプロサッカーチーム「レアル・マドリード」のユニフォームや、スポーツ会社「アディダス」と契約して全仏オープンテニスの際にコレクションを発表したりしている。

川久保玲　山本耀司より一歳年上なので、本来は最後に登場する人ではないが、語らるべきことの多い人だし、ファッションデザイナーの最初が女性の森英恵だったので、最後も女性で締めくくろう。川久保玲（一九四二―）のブランドは「コムデギャルソン COMME des GARÇONS（少年のように）」というフランス語で定着している。川久保については成実（二〇一六）を参照した。

東京生まれであり、学歴は慶應義塾大学文学部哲学科卒である。当時の世代の女性にとって哲学を学ぶというのは珍しいことだったので、矢張り異色な才能なり性格の持ち主だったのだろうと想像できる。当時の女子学生の進学先は家政学部か文学部であったが、文学部でも英文、国文、歴史といった学科に集中し、屁理屈を述べる哲学科は男の集まる学部である。これを言うとフェミニストから大反撃を受けるが、最近ではハンナ・アーレント（一九〇六―七五）という大物哲学者もいるにはいるが、人類の歴史上で女性の哲学者というのはとても少ないのである。ついでながら、日本でも哲学者は圧倒的に男性が多いのであるが、現存する有名な国際的にも知られた女性哲学者として石黒ひでがいる。なお川久保は哲学科の中でも美学を学んだようなので、純粋哲学ではなかった。

当時の就職市場では女性の四大卒はまことに不利で、繊維産業は女性との関係があるのか、四大卒生も採用したので旭化成に入社した。宣伝部でスタイリストの仕事をしていたが、既製服を探しても気に入ったのがなかったので、これは自分で創らねばならないと決心して、独立してフリーランスになったのである。

一九六九（昭和四十四）年にファッションブランド「コムデギャルソン」、一九七三年に株式会社「コムデギャルソン」をつくり、高級既製服の製造、販売に自ら乗り出したのである。今でいう起業家の走りであった。ニューヨークやパリのブランドで修業した身ではないので、山本耀司と似た経歴であるが、女性であることに希少価値がある。もっとも成功した先輩女性として森英恵がいたので、彼女に追い付け追い越せの意気込みはあったかもしれない。

一九七〇年代の女性ファッションを振り返れば、「アンノン族」という言葉で象徴されるように、『アンアン』『ノンノ』という若い女性向けのファッション雑誌が人気の焦点であり、いわゆる可愛い女性をイメージした衣装が時代の潮流であった。しかし川久保の「コムデギャルソン」はこの時代の潮流に必ずしも迎合せず、可愛さよりもむしろ強い女性を彷彿させるファッションを世に問うた。それは黒、茶、紺、グレーといった色調を中心に用い、可愛いピンク色やパステルカラー（柔らかい感じの中間色）を排除するというスタンスであった。換言すれば、着飾る女性のファッションによって男性を魅了しようという姿ではなく、プロの女性が自立を示す姿であった。

この方針は必ずしもファッション界では主流にはならなかったが、一部の女性の支持があった。しかし確実に彼女のビジネスは成長したのであった。そこで川久保はこの方針に基づいて、パリへの進出を計画した。一九八〇年代の初頭にパリで「コムデギャルソン」のショーを開催したし、パリコレクションにも参加した。そこでのファッションは黒を基調として、穴あきルックやボロルックと呼ばれる不均衡を象徴するデザインに満ちていた。これまでの西洋の価値観であった左右の対称性の重視、均整のとれた肉体美を表現、あるいは穴の開いていない完璧な布地といった整ったスタイルを排除した衣装であった。この異様なファッションは西洋の伝統に挑戦するものだったし、前衛的な色彩の濃いデザインだったので、現地での反応は当然のことながら賛否両論であった。否定意見があったにもかかわらず、川久保はこのスタイルを保持しながらパリのファッション界で生き延びたのである。

その前衛さを具体的に述べれば、ボロルックの強調、一枚の布地でドレスをつくる、異質な素材の組み合わせ、袖や身頃をなくしたデザインなど、様々な試みだったのである。これを成実（二〇一六）では西洋の価値観への抵抗ではなく、彼女流の新しい美学の追求とみなしているが、筆者にはそれを評価する資格はない。

筆者にとって不思議なのは、川久保の前衛的なファッションはむしろ日本で受け入れられて、コムデギャルソンの売上高は増加し、ビジネスとしては成功を収めたのである。企業経営者としての川久保は広告や店舗での衣服の陳列の仕方などの経営能力に優れていたことも、コムデギャルソンの日本での成功の理由なのである。

しかし、パリの本場においては、賛否両論もあったということで、日本ほどの売上高に達することはなかった。むしろ外国から入ってきたファッションに関していえば、一九八〇年代になれば例えば日本からのコムデギャルソンよりも、イタリアなどからのアルマーニやヴェルサーチの方がより受け入れられたとされる。

川久保玲をまとめてみよう。日本でファッションを学んだ末に、彼女独自のブランド、コムデギャルソンを編み出し、前衛的と言ってよいほどの斬新さでパリに殴り込みをかけた、とやや誇張気味に結論付けよう。賛否両論の対応を受けたが、ある程度の成功を収めたのである。その証拠に海外でいくつかの有名な賞を受けていることによって確認できる。これは世界のトップを示すパリのファッション市場での評価があったからこそと理解できる。

3 料理

フランス料理の歴史

世界の二大料理といえば、フランス料理と中華料理というのが定番である。特にフランス料理は形式張った晩餐会で提供される料理ということが多く、おいしいが高級なイメージがある。人々がどの西洋レストランに行くかを相談するときにも、財布との相談をしたときお金に余裕があればフランス料理に決まり、余裕のないときはイタリア料理やスペイン料理になる。余談ではあるが、イギリス料理はかの永井荷風が酷評したようにうまくないし、ドイツ料理はフランスに一〇年滞在した西園寺公望がドイツ・オーストリア公使だった頃に、ドイツ料理がまずいのに閉口して、滞在の三分の一はフランスに行っていたほどである。日本人がどうフランス料理とかかわってきたかをこれから述べてみよう。

本論に入る前にまずフランス料理の歴史を知っておこう。これに関しては、プーランとネランク（二〇一七）を参照した。

フランス料理が体をなすのは、十六世紀になってからであり、それまでのフランスでは食生活にめぼしいものはなかった。しかし中世にはギョーム・ティレル（一三一〇―九五。通称・タイユヴァン）という人がいて、現代の食卓に似た料理を編み出していた。宴会などでは皿の数が多いので食事の提供を三回に分けて行う習慣がこの頃から発生した。ナイフはなく短剣を用いて肉を切り、フォークもナプキンもなく、手で料理を口に入れるという有様であった。

一五三三年に国王アンリ二世のもとに、イタリアで財をなしたメディチ家からカトリーヌ・ド・メディシス（一五一九―八九）がフランスに嫁入りしたとき、イタリアから料理人や給仕人も同時にフランスに連れてきて、今のフランス料理の基礎作りがされたのである。フォーク、ナイフ、スプーン、ナプキンやいろいろな皿や陶器といった食器が投入されたし、イタリアが地中海貿易や東方貿易で得た、香辛料や各地の珍しい食材の導入もあった。と同時にこの時代にフランス料理の代名詞にもなっているソースの誕生があった。このときに味が濃くて、食感として重く感じられるソースが用いられるようになったのである。

時代は十八世紀に入り、ヴェルサイユ宮殿におけるルイ十四世太陽王による宮殿晩餐会の時代になった。豪華な食卓に豪華な食器、そして何皿にもわたる肉や鶏の料理、ポタージュ、野菜などが調理されて食卓に提供され、それこそ食べきれないほどの料理が出される宴会が宮廷で挙行された。ワインの提供があったことも忘れてはならない。これらの宴を準備するために、多くの料理人や給仕人が宮廷で働いていたのも記憶せねばならない。この豪華な宮廷料理が、フランス料理の原型になったと理解してよい。なおルイ王朝のまわりにいる貴族も、宮廷における饗宴ほどの派手さや豪華さはないが、ある程度の晩餐会を開いて食事を楽しむ日常にあった。

そこに一七八九年のフランス革命の勃発である。皇帝は排除され、封建貴族も権力を失った。それを実行したのはブルジョワ階級と呼ばれた商工業者、あるいは企業家という市民であった。一度に皇帝・貴族が排除されたのであるから、宮廷や邸宅で豪華な料理を作るという仕事がなくなり、料理人や給仕人が職を失うことになったのである。これらの人が街でレストランを開業して、ブルジョワに外食の機会を与える場所をつくるようになった。これによって豪華だった宮廷や貴族の館での宴会料理を、市民も外食で楽しめるようになったのである。もとより値段のこともあって、その食事の豪華度は低下したのであるが、フランス料理の精神だけは残った。これが今日におけるフレンチ・レストランの起源である。

もっともこの大革命後に再びナポレオン皇帝が誕生して、王政の時代になったこともあるが、ナポレオン一世は有名なようにグルメではなく、食事をごく簡単に済ませて仕事に励むという人であった。ルイ王朝のような豪華な晩餐会の復権はなかったのである。

もう一つの興味ある変化は、レストランとは別にカフェも街中に誕生するようになった。カフェは既に十七世紀の後半に生まれていて、コーヒー、紅茶、チョコレート、菓子、果物などを提供していたが、革命前後にはそれが一気に広まったのである。人々の談笑の場としてのカフェは、文人仲間も大いに出入りすることになった。ヴォルテール、ディドロ、モンテスキュー、ルソーなどの作家、哲学者が集まる場所になったのであり、フランス文化の発展に寄与した一つとして、カフェの存在は特筆されてよい。

その後フランスは君主制と共和制を交互に続けていくが、十九世紀後半から二十世紀初頭の晩餐会でどのような食事が出されたのか、二つの例を早川（二〇〇二）から引用しておこう。

（1）一つは一八六三年、文芸評論家サント＝ブーヴ（一八〇四―六九）がナポレオン三世を招いての晩餐会のメニューである。

まずは食前酒（アペリティフ）、食事は順に、タピオカ・ポタージュ、紅鱒の軽い一皿、牛肉の甘口ワイン煮、雉子のトリュフ詰め、ザリガニのピラミッド盛、ホワイト・アスパラガスとグリーン・サラダ、チーズ、生クリーム付きのコーヒー、アイスクリーム、それにワインの名酒を各種食事に添えてと、最後に食後酒、という具合であった。

（2）もう一つは、一九〇〇年のパリ万国博での晩餐会は次のようなメニューである。まずはスモーク・サーモン、牛肉の薄切り料理、若鶏、バロティーヌ・オ・フザン、雉子の肉を巻いた料理、デザートはフルーツ、それにワインの各種、という具合であった。

（1）と（2）を比較してわかることは、（1）はまだかなり豪華で重厚なフランス料理であるが、時代が進んだ（2）では豪華度が多少落ちていることである。

現代では、ポタージュ、アントレ、メインとしての野菜付きの肉料理、アントルメ、チーズ、フルーツ、コーヒーと続く。ワインは通常サービスされるが、フォーマルになれば食前酒や食後酒がこれに付く、というのが定型なので、（2）は現代の姿に近いと理解してよい。

このようにフランス料理の歴史を見ると、十九世紀がフランス美食の黄金時代であったと解釈できる。比較的多くの料理がアントレからメイン、デザートへと何種類も出されていたし、ソースもかなりこってりした重いものが主流であった。二つの新しい変化がこの時期に起きた。第一は、魚料理の提供である。これまでは肉や鶏がほとんどであったが、魚がアントレの一種として入るようになった。第二は、温かい料理と冷たい料理の併用の時代となった。

十九世紀から二十世紀の初頭にかけて、オーギュスト・エスコフィエ（一八四六―一九三五）という料理人が出現して、新しい調理法による珍しい料理を創作した。もっと重要な功績は彼のまわりにいる人と共同で、一九〇二年に『料理の手引き』を出版して、フランス料理の集大成を書物として記述した。世界での指南書にまでなって、エスコフィエ調理法とまで称されたのである。日本でもこの本がフランス料理のバイブルとまで言われた時代があった。

二回にわたる世界大戦の時期はフランス料理も暗黒の時代であったが、二十世紀に入ってフランス料理界に大きな変化はなかった。しかしそれの提供されるのが街中のレストランとホテル内のレストラン、そして晩餐会などで出される食事においての定番となったのである。重要なことは、庶民階級においても伝統的なフランス料理は親しい人を招いての夕食会などで用意されるだけにすぎず、日頃日常の家庭における食事においてはもっと質素なフランス料理が出されていたのである。最後に述べたことは、いつの時代でもそうであったと強調しておこう。

一九六〇年から七〇年代に入って新しい運動が発生した。いわゆるヌーヴェルキュイジーヌ（新しい調理法）の時代であり、これまでの伝統的なフランス料理と異なるものが調理されるようになったし、人気をも博するようになった。どういう運動かといえば、伝統的なフランス料理だと、太り気味の人を増やす傾向があるので、カロリーを減らして健康に配慮した食事の提供という目的を備えていた。具体的には、肉料理ではこってりしたソースの煮込み料理よりもローストだけにするとか、魚料理をもっと多用するとか、あるいは油で調理するのではなくて生野菜の良さを生かせる調理法、といった運動である。これらの運動を展開したフランス料理界の人は多くいるが、ここでは名を挙げない。

むしろ興味ある事実は、後に詳しく述べることであるが、健康食として評価の高い日本料理を、本場フランスのフランス料理人が学んで取り入れようとした点である。後にフランスでフランス料理を学んだ日本の料理人が、フランスや日本で日本料理を取り入れたフランス料理を開発して、フランスで成功した例を紹介するように、日仏の料理人がともにヌーヴェルキュイジーヌに携わったと言っても過言ではないのである。

最後に、現代フランス料理界のトップにいるアラン・デュカス（一九五六―）を紹介して、この章を終えよう。今やフランスのみならず世界各国でデュカスのレストランを展開中である。現在では総売上高一五六億円という企業体であり、世界中の店舗は二七店、星の数は合計で一九という、質量ともにNo. 1のレストランである。パリ、モナコ（彼の誕生地）、ロンドンの三点は三ツ星レストランであるし、世界中の都市に彼の息のかかったレストランが目白押しである。東京にも二つあるし、大阪も二〇〇八年に開店した。フランス料理が世界でのグローバル料理として君臨している事実を、デュカスのレストランから認識できる。

日本でどうフランス料理は発展したか

幕末から明治維新にかけてフランス人をはじめ欧米諸国の人々が日本にやってきて、政治、経済の分野で仕事を始めた。こういう人は慣れない日本料理よりもフランスを含めた西洋料理を食べたいと思うので、日本でも西洋料理の導入がなされたことは自然であった。ここでは特にフランス料理が日本でどう導入され、そして根付き、その後発展していったかを考えてみる。日本におけるフランス料理のすべてについては辻静雄調理教育研究所（二〇一二）が詳しいのでそれを参考にした。

当時の外国人はホテルに多く滞在するので、そのホテル内にレストランをつくってフランス料理を外国人に提供するようになった。まずは一八七〇（明治三）年に「精養軒ホテル」が開業したし、「築地精養軒」というレストランが開業した。これは国策レストランと呼んでよいほど外国の客人を招いてフランス料理による接待に用いたのである。一八七六（明治九）年には上野公園内に支店を設けたが、今でも「上野精養軒」として存在しているのは皆の知るところである。

西洋風ホテルの建設は明治時代の中期になると、日本にやってくる外国人の増加により、東京のみならず他の都市にも波及した。東京では一八九〇（明治二十三）年に帝国ホテルが誕生したし、特に港があった横浜や神戸においてホテルの建設は進んだ。例えば、横浜のオリエンタルホテル、神戸のオリエンタルホテルであった。観光や避暑が目的で日光の金谷カテッジイン、箱根富士屋ホテル、軽井沢万平ホテルなどもつくられた。ホテル内にフランスレストランが併設されたことはいうまでもない。さらにホテル内ではなく、独自のフランス料理店も開業されるようになった。代表例として、「中央亭」や「東洋軒」がある。

この時代のフランス料理の特質を述べれば次のようになろうか。第一に、レストランでのフランス料理の提供が主であり、多くの外国人と少数の日本人がそれらを利用するだけであり、高級料理というイメージが常に付きまとった。日本人の庶民にとっては高嶺の花であった。

第二に、フランスレストランが開業した頃は外国人がシェフになることが多かったが、そのレストランで働く日本人の中で腕を磨いて頭角を現して、その後シェフになる人が徐々に出てきた。そういった中にどういう人がいるかは後に紹介する。

第三に、日本でいう洋食とフランス料理の違いについて一言述べておこう。日本料理、中華料理、西洋料理（洋食）という区分をすれば、西洋料理は必ずしもフランス料理だけを意味するのではなく、イタリア、ドイツ、スペインなどの料理も含む。しかし日本ではこれら各国の料理を日本風にひとまとめに純化して、日本風の西洋料理とした側面がある。従って、洋食とは必ずしもフランス料理だけを意味するものではない。でも洋食といえば、まずはフランス料理が頭に浮かぶほどの地位を確保していた。

第四に、前節でフランス本国での有名料理人オーギュスト・エスコフィエを紹介したが、戦前の日本でのフランス料理は、日本からフランスに渡って修行した料理人がエスコフィエを師匠なり模範としたケースが多いので、エスコフィエ風のフランス料理が戦前におけるフランス料理の主流だったのである。

フランス料理の日本人シェフ群像

明治時代から現代に至るまで、日本人のフランス料理の調理人としてフランス料理の発展に尽くした人を何名かピックアップしておこう。

内海藤太郎　内海（一八七四―一九四六）は明治中期に創設された帝国ホテルにおいて、大正期に料理長として活躍した人である。幼少の頃はフランス人の下で育ったし、フランス人の下で料理の訓練を受けた人なので、フランス語がとてもうまいというユニークさを持っていた。得意なフランス語のお蔭で、何度も登場したエスコフィエの料理本を読みこなせていたので、本場のフランス料理を提供できる特技を持っていた。

内海は帝国ホテルから大阪ホテルに移ったが、しばらくして横浜のホテルニューグランドから副料理長として招聘された。帝国ホテルの料理長だった人が、副料理長で移るというのは降格ともみなせるので意外であるが、ニューグランドの料理長がサリー・ワイルという有名な人だったので、想像するに内海はワイルの下で修業したかったのではないか、という説を披露しておこう。

その後内海は横浜から神戸オリエンタルホテルの料理長として移ったのであり、当時の三大フランス料理店、すなわち帝国ホテル、横浜ホテルニューグランド、神戸オリエンタルホテルの料理長や副料理長をして、日本のフランス料理の発展に尽くした人である。

内海の経歴を知るにつけ、次のような感想を書くことができる。第一に、料理人はレストランを結構移る職種ということである。これは筆者がレストラン関係者にヒアリングしたときの回答でもあったし、何人かの有名シェフの経歴を調べた結果がそうであった。これはフランス人、日本人を問わずに言えることなので、料理界に固有の特色と思われる。もっともフランス人の移動の程度が日本人の移動の程度よりかは高いようである。

経済学者の筆者として料理人はなぜレストランを移動するのか、当然のことながら関心が高まるので、仮説を提示しておこう。第一に、料理人というのは個人の勝負の世界である。個人の能力と努力によってその実力が定まる職業なので、頭角を現した人ないし評判の高い人にはすぐにスカウトの話が舞い込むのは自然である。プロ野球の世界においても実力を示した人には、採用のときのドラフトや後にチームを移動するときにも、個人の評価がもっとも重要なので、案外プロ野球の選手と料理人は似ている職業である。

第二に、料理長といったシェフではない料理人は、誰の下で働くかあるいは修業の身であるかがかなり重要である。他のレストランでの評判が良いとか、シェフの名声が高ければ、そちらに移りたいと思うのは自然である。もとより個人の競争世界であるから、レストラン関係者は料理人が移るということに抵抗感が少ないのであろう。これは企業のように組織で動くといった性質であれば、移ることにいろいろ抵抗があろうが、基本は個人の仕事なので組織の論理はさほど作用しない業界なのである。

第三に、ではシェフの下で働く人や修業中の人にどれだけ調理法のコツや創作料理の作り方を教えるかといえば、ヒアリングの結果によるとさほど教えない職種のようである。これは筆者にとって意外なことであった。ある料理人は、シェフの調理を見て、あるいは隠れて見ながら自分で修得するだけであり、手取り足取り教えてくれないと述べていた。そうであるなら、料理人はまさに個人での勝負の世界なので、レストランの移動は頻繁であると理解できる。

西尾益吉　精養軒で育った人であり、料理長ヘスの下で修業後にフランスに渡った人である。パリの有名なホテル・リッツなどでも修業した人であり、初期の時代に渡仏した草分けの一人である。その後日本人でフランス料理人になるには本場フランスに渡って修業せねばならない雰囲気が生じるが、西尾（一八七六―一九三〇、ただし正確ではない）はその先駆けの役割を果たした人である。

重要な事実は、西尾の渡仏は精養軒の費用負担で可能となったのである。恩義があるから帰国後も精養軒で料理長を続けるつもりであったろうが、経営者の放漫経営に嫌気がさして仲違いして精養軒を去り、自分で燕楽軒を開業した。芥川龍之介や菊池寛の愛用したフランス料理店となった。

既に紹介したように当時のフランス料理界はエスコフィエの全盛時代であり、西尾は彼の教えをも受けたとされる。従って日本におけるエスコフィエ料理の浸透にも貢献したのである。

秋山徳蔵　たぶん秋山（一八八八―一九七四）がこれまでの日本人のフランス料理人としてもっとも有名な人である。その理由は「天皇の料理番」として小説になったし、テレビドラマ化もされたからによる。秋山の人生については秋山（二〇〇五）から知り得た。

比較的裕福な仕出し屋の次男として一八八八（明治二十一）年に福井県で生まれた。当時の日本であれば小学校卒で働き始めるのが普通だったので、彼も高小を卒業すると働き始めた。西洋料理のカツレツに感激して西洋料理人になりたいと思い、東京のいろいろな料理店で働いていた。精養軒で働いていた時に、先に登場した西尾益吉に出会う。料理長が西尾だったが、彼の使うフランス語のうまさと料理のすごさに感激して、秋山自身も渡仏を決意したのである。西尾との違いは、彼は精養軒の費用で渡仏したが、秋山の場合には私費であった。一九〇九（明治四十二）年に二十一歳での渡仏であった。秋山の言によると、当時のレストランの働き手は皿洗いや、素材の皮むきや切る仕事ばかりの下働きばかりやらされており、料理法を学ぶといったことがなかったことへの不満も渡仏の一つの理由であった。当時の社会情勢を考えると、自費での渡仏はとても大きな決断だったと思う。

パリではホテル・マジェスティックやホテル・リッツなどで修業をしたし、何回も登場したフランス料理界の超大物、エスコフィエの下でも働いた経験を持つ。東洋人への偏見や彼が小柄であったことから、差別も受けて苦労を重ねたのであった。パリでは日本大使館とも交渉があったので、フランス料理で一人前の料理人になりつつあった秋山に、大使館の推薦によって宮内省の大膳寮（天皇家の饗宴を準備する部署）の初代厨司長（料理長）になるべく声がかかり帰国した。天皇家、あるいは皇族の饗宴料理責任者と考えてよいので、戦前の人だったので秋山も栄誉に感じたであろう。ほぼ四年間の渡仏生活であった。

一つの逸話が『味』（秋山二〇〇五）にあるので紹介しておこう。ある二〇〇〇人の饗宴の準備の責任者として秋山は、一カ月もかけていろいろ考えながらメニューを決めたという。ザリガニを用いる料理をつくろうとしたが、それが北海道にいると知って、必要数を確保する手段を講じた。さすが軍の総司令官である天皇の要望にもなるので、軍の兵士を総動員して必要数三〇〇〇匹を北海道で用意できたのである。

ところがそれらを饗宴の行われる京都に持ってきて保存しているときに事件は起きた。厨房には厳重に鍵をかけて保存していたのであるが、厨房の生け簀にいたザリガニがいなくなっていたのを係の人が見つけ大騒ぎになった。秋山はこれを聞いて「切腹もの」と思うほどのショックを受けた。

必死になって皆で探すと、なんと厨房の荷物の蔭にザリガニのいることがわかり、ほとんどを捕獲できたのであった。何とか無事に饗宴を終えることができたのである。

『味』には、天皇がどのような料理を普通の日に食べておられるのか、天皇や皇后のお人柄なども記されている。戦後のGHQ（連合国総司令部）で働いている外国人に対して秋山達の料理人グループが、アメリカ人の好む鴨料理を苦労して提供して、なんとか日本の再建や発展をうまくしてほしいという願望の下で、料理をつくる努力した姿なども記されている。

村上信夫　村上信夫（一九二一―二〇〇五）もテレビで有名になった人である。NHKテレビの「きょうの料理」にレギュラー出演していたので、この人の名前を知る人は多い。村上については『私の履歴書』（『日本経済新聞』二〇〇二年）から知り得た。

一九二一（大正十）年に淡路島で生まれ、東京の小学校を卒業する。コーヒー店、グリル、ホテルなどの飲食店で働いてから帝国ホテルに入る。戦争に駆り出されてから帝国ホテルに復職後、在ベルギー日本大使館の料理人となってヨーロッパに渡った。その後パリのホテル・リッツで研修後に帰国したのであるが、一九六〇（昭和三十五）年にNHK「きょうの料理」に登場するようになった。

一九六四（昭和三十九）年の東京オリンピックの女子選手村の総料理長に村上はなったが、男子選手村は別のホテルニューグランド系が担当した。これは戦前のところで記したように、フランス料理の伝統を誇る二大潮流のホテルに配慮した区分け、すなわち女子選手村は帝国ホテル、男子選手村はホテルニューグランドだったらしい。料理界にも誇張すれば、縄張り争いがあるのだ、と感じさせるのに十分な逸話であった。

辻静雄　特異な人がいる。普通料理人とは腕と味見が大切なので、学歴は必要でないが、辻（一九三三―九三）は早稲田大学で仏文学を専攻したし、読売新聞社で記者をしていた。妻の実家が大阪で料理を教えていたので、本人は新聞記者をやめて調理師学校の経営者になった。妻の姓名も辻、静雄の姓名も辻なので、学校の名前はたまたま辻調理師学校になったのであり、婿養子ではないと関係者の言である。

辻静雄は料理法を実践するというよりも、学校の経営と料理そのものの研究に特化したのである。そのために料理の本を多く収集して研究に徹したし、本人は多くの料理に関する著作を出版した人である。本人のフランス語という語学力の高さと新聞記者としての文章力がうまくかみ合って、実に様々な書物と論文を著しているので、料理研究家と呼んでいい人でもある。フランス料理の歴史から始まって、超大物の何度か本書でも登場したオーギュスト・エスコフィエの伝記、『フランス料理研究』といった著作がある。

経営者としての才覚もあって、リヨンで有名なフランスの料理人、ポール・ボキューズを招聘して学生に学ぶ機会を与えたし、辻調理師学校の分校をフランス料理の本場、リヨンに開校したのである。日本の東京にも学校を開設して全国展開を行っている。

フランスのワイン

フランスのワインは世界を代表する名産品でもあるので、フランスワインの歴史と現在を簡単に書いておこう。従来からフランスのワインは高級品とのイメージが強く、他国で生産されるワインよりもプレスティージが高いとみなされていた。しかし最近になって、南北アメリカ大陸において(例えばカリフォルニア州やチリなど)生産額が増加したし、ワインの質においてフランスのそれに肉薄しているとの説がある。

そもそもフランスでワインの生産が盛んになったのは、鈴木(二〇一九)の指摘によると次のような事情がある。ブドウは本来はイタリアやギリシャといった地中海性気候に適合した植物であった。ところが徐々にフランス内陸部のテロワール(terroire)と呼ばれる、土地、気候、日照に適した地域でもワインの生産がなされるようになった歴史がある。フランスのワイン生産地として有名なブルゴーニュ、シャンパーニュ、そしてボルドー地区は必ずしも地中海性気候ではなく、ワイン生産者がこれらの地域でも良質なワインが生産できるように努力したおかげなのである。

さらに、近代になってオランダ、イギリスといった国が経済的に豊かになって、ワインを多く消費するようになったのでフランスワインへの需要が高くなったことも、フランスのワイン生産の増加と更なる品質改良を促したのも大きい。十九世紀になるとフランスのワインは世界の中でも最高級品というイメージが定着し、「ワインの国、フランス」が世界を席巻するようになったのである。

例えば、世界で最高級ワインとされるブルゴーニュの「ロマネ・コンティ」は一本が数百万円もするとされ、庶民には縁遠いワインもある。

ところが既に述べたように、アメリカ大陸においてもワイン生産が増加し、しかも品質もそこそこ充実してきたので、フランスが唯一の上質ワインの提供国という姿はやや落ち目になっている。世界のワイン市場は、従来からのスペイン、イタリア、ドイツといったヨーロッパでの生産国を交えて、アメリカ大陸の諸国や他の諸国とも競争の中にいるのである。例えば、オーストラリア、ニュージーランドといったオセアニア地域、南アフリカや日本、そして中国もワイン生産地としての地位を高めつつある。さらには、ブドウ発生の地であるグルジア、そしてその近隣のトルコでもワイン生産は盛んである。今やワインは、世界の各地で生産されるグローバル飲料なのである。

『鳥獣人物戯画・甲巻』（カエルとウサギの相撲の場面）
四巻ある絵巻の中の甲巻はもっとも優れているとされる。蛙、兎、猿を中心に描かれている。動物の動きがどこかユーモアに満ちているので、マンガの起源ともみなせる。

日本料理の一例（京都にある料理旅館玉半の伝統的な朝食）
日本料理はダシに特色があり、昆布やかつおぶし、煮干しなどを用いる。味付けは砂糖、醤油、味噌、酢などを用いて、淡白を旨とする。材料は魚介類、鶏肉、野菜が中心であるが、後になって牛肉、豚肉も用いる。

はじめに

明治時代から現代まで、日本はフランスへの一方的な憧れの片想いであった。明治時代には日本が欧米より、政治、経済、科学、学問、技術、文化などの分野で未発展であることを認識し、それに追い付け追い越せの一存で、欧米から学ぼうと必死であった。その努力によって日本は一応先進国の仲間入りを果たした。その歴史のことをここまで述べてきた。特に美術、音楽、学問などの新しい西洋文化はまったく知らなかった分野なので、珍しいものを吸収しようとする気持ちが強く、この分野において特にフランスに強い憧れを抱いたのは自然なことであった。

とはいえ一方的な憧れだけでは恥ずかしいと思ったのか、「和魂洋才」という言葉で象徴されるように、日本独自の文化・思想を大切にして、西洋文明・西洋思想の一色に染まってしまうのを排除したいと考えた歴史もあった。逆に西洋の方も日本文化に憧れた歴史があり、代表的にはフランスの印象派の画家たちが浮世絵に夢中になったことは既に本書でも述べた。

時代は進み、最近になると欧米、特にフランスが日本に強い憧れを抱くようになった分野がある。代表的にはマンガ・アニメと日本料理である。他にも日本の工業技術や経済の強さなど、欧米から注目を浴びている分野もあるが、これらは特にフランスで顕著とはいえない。マンガ・アニメと日本料理はフランスで目立つのでここで論じてみよう。

1　マンガとアニメ

日本のマンガとアニメ

日本のマンガは平安時代の『鳥獣戯画』で代表されるように古い歴史がある。江戸時代には浮世師の一派がマンガを書いていたし、明治時代に入ると欧米から物語性のあるマンガの手法を取り入れて、新聞や雑誌にそれらを連載するようになった。

マンガが一気に開花したのは第二次世界大戦後であった。特に重要なのは手塚治虫（一九二八—八九）の『鉄腕アトム』であり、これが日本のマンガ文化の先駆けとなった。さらにこれがテレビでのアニメ作品となり、マンガとアニメが同時進行する姿がこの時代に始まり、今やこの形式が全盛期を迎えている。あるいは長谷川町子（一九二〇—九二）の新聞連載の『サザエさん』、武内つなよし（一九二二—八七）の『赤胴鈴乃助』などが人気を博した。

一九六〇（昭和三十五）年前後になると、『少年マガジン』（講談社）、『少年サンデー』（小学館）といった週刊漫画雑誌が創刊された。しばらくしてから『少年ジャンプ』（集英社）が創刊され、大手出版社が漫画本を数多く発行するという漫画ブームが起こったのである。一九六〇年代、七〇年代にブームを起こした作家と作品は、赤塚不二夫（一九三五―二〇〇八）の『おそ松くん』、藤子・F・不二雄（一九三三―九六）の『ドラえもん』、池田理代子（一九四七―）の『ベルサイユのばら』など枚挙にいとまがない。『ベルサイユのばら』は経営が少し不振になっていた宝塚歌劇の復活への起爆剤になったことは既に述べた。

一九八〇年代になると、新しい動きが起きた。アニメの人気が特に高くなったのである。マンガとの共同作業も定着した。代表作として、宮崎駿（一九四一―）の『未来少年コナン』や『となりのトトロ』、鳥山明（一九五五―）の『Dr.スランプ』や『ドラゴンボール』がある。一九九〇年代後期からは尾田栄一郎（一九七五―）による『ONE PIECE』が爆発的な人気を博し、現在まで合計四億部前後に近い総発行部数を誇っている。「もっとも多く発行された単一作家によるコミックシリーズ」としてギネスの世界記録に載ったほどである。

画期的なことがアニメ業界に起きた。二〇〇二（平成十四）年のベルリン国際映画祭において、宮崎駿監督のアニメ『千と千尋の神隠し』が金熊賞を受賞したのである。アニメ映画として最初の金熊賞であったし、日本のアニメ作品の優秀さが世界で認知されたのである。興行的にも大成功した作品であった。

二十一世紀に入ると、マンガ・アニメブームにも多少の蔭が忍び寄り始めた。漫画雑誌に関してはピーク時一九九五（平成七）年には推定販売部数が一三億四三〇〇万部だったところ、二〇一七（平成二十九）年には二億六五九八万部にまで下落した。スマートフォンの普及で子どもの娯楽が多様化したことと、子どもの数そのものが少なくなったことが影響している。出版業界の不況がマンガにもおよんでおり、むしろ期待はアニメにあるかもしれない。

フランスにおける日本のマンガとアニメ

一九七〇年代あたりから、日本のマンガとアニメがフランスで導入されるようになった。その後の発展をも含めて、ブルネ（二〇一五）を参照した。

日本のアニメがフランスのテレビで初めて放映されたのが一九七二（昭和四十七）年であった。『ジャングル大帝』であるが、さほど注目されなかった。なぜフランスで日本のアニメが放映されるようになったのか、それはフランスのテレビ業界が安い価格で新しいタイプの作品を探していたところ、日本のアニメがそれに合致したとのことである。当初はそれほど人気はなかったが、日本でヒットした『名探偵コナン』『ドラゴンボール』『Dr.スランプ』『キャプテン翼』などが人気を博すようになった。当時のフランスでは水曜日が学校休みだったので、子どもが水曜日にこれらのマンガ・アニメを見たいと希望する姿が、ブルネの書物のタイトルになったのである。

『キャプテン翼』は日本のサッカーマンガであったが、アニメ化されたものである。日本においては中田英寿（一九七七―）、川口能活（一九七五―）などのスター選手が観ていたが、ヨーロッパでも観られるようになった作品である。サッカーのスター選手（例えばフランスのジダン、アンリなどを筆頭に、スペインのイニエスタ、シャビ、トーレスなど）が子どもの頃に『キャプテン翼』を観てファンになった、との話を何度も聞いた記憶がある。

『キャプテン翼』以外でもフランスで人気のあったマンガ・アニメは、『ドラゴンボール』『NARUTO』など多くがある。『ルパン三世』はフランスの作家モーリス・ルブラン（一八六四―一九四一）の『怪盗ルパン』をベースに、怪盗ルパンの孫を主人公としたモンキー・パンチ（一九三七―二〇一九）原作のマンガ・アニメのシリーズとして日本からフランスに逆輸入されたという意味で、日仏のつながりを理解できる。なお、二〇一四年に日本のマンガがフランス全体のマンガ売り上げの三割を占めているというから、かなりの日本マンガ人気の高さがわかる。

ではなぜ日本のマンガ・アニメがフランスで人気を得たのか、いろいろな理由が考えられるが、自説を述べておこう。第一に、例えば『NARUTO』で代表されるように忍者に関するテーマは、フランスからすると完全に異文化なので、エキゾティックな香りが魅力となる。

第二に、日本のマンガ・アニメは日本人の手先が器用であることを反映して、画面が精巧につくられているので、子どもが見ても大人が見ても大変迫力があり、かつストーリーが楽しめるようになっている。さらに、物語が延々と長く続くし、次はどうなるかと人々に期待を抱かせるように構成されているので、関心を長く持ってもらえる。

第三に、題材もヒーロー物、ロボット物、SF物、軍隊ないし戦争物、スポーツ物、サムライ物、少女・女子の好む恋愛物、といろいろな題材を扱っているので、子どもから大人まで、男も女もといったように各層の人に観てもらえるような作品づくりをしている。

第四に、出来上がった作品の価格が比較的低価なので、フランスのみならず外国の興業主が買いやすいようになっている。日本のマンガ・アニメの制作は大人数によるグループ作業が徹底しているので、生産性の高い作品作りが可能なのである。すなわち一人ひとりの持ち場が明確なので、得意の分野で質の高い作業ができる。とはいえ、一方でこの業界は「ブラック企業」が多いとの説も根強くあり、低賃金なり過重労働のお蔭があるかもしれず、手放しで高生産性を容認できないかもしれない。

第五に、宮崎駿の『千と千尋の神隠し』で代表されるように、プレスティージの高い映画祭で最高賞を受賞すれば、日本のマンガ・アニメはすごいというイメージを多くの人に抱かせる価値がある。そうすると人々は自然と日本のマンガ・アニメを信頼して観てみようという気になる。実はフランス人の間でもっとも名前の知られている日本人は、現代では「ミヤザキ・ハヤオ」なのである。

第六に、日本のマンガ・アニメが海外に輸出されるようになった一九七〇年代から八〇年代にかけては、日本が経済成長を遂げて世界の先進国の仲間入りをした頃である。世界における日本の地位が高まった頃でもあるので、日本という国の認知度が高まった時期に相当する。そうであれば、日本発のいろいろな作品に興味を持ってもらえる素地があったと言ってよい。マンガ・アニメもその対象の一つとなったし、魅力のある作品に接したので人気が一気に高まったのである。

最後に、二〇一八（平成三十）年七月十二日のＮＨＫ・ＢＳで報告されたことであるが、フランスで人気の高い日本のアニメは次の通りであった。第一位、ＳＦアニメの『新世紀エヴァンゲリオン』、第二位、ロボットアニメの『天元突破グレンラガン』、第三位、時間ループものの『STEINS;GATE』である。

最後に蛇足を一つ述べておこう。おととしに筆者のフランス人経済学者の友人が孫を二人連れて京都にやってきた。目的を聞くと、京都にあるマンガミュージアムを見学したいとの孫の希望であった。会食したときに、日本のマンガ・アニメの名前が続々孫から発せられたので驚きであった。フランスの学校でも高い人気とのことである。時代の移り変わりを体験できたのであった。

2　日本料理の人気

日本料理の特色

後に日本料理がフランスのみならず、外国で人気を高めている現状を追跡するが、その前に日本料理の特色を認識しておこう。

日本料理とは「和食」とも称されることがあるように、「西洋料理」が明治時代以降に入ってきたことにより、それに対比する形で生まれた言葉である。従って、明治時代以前に日本人が料理し、かつ食べていたものが元々の日本料理なのであるが、西洋料理に対比する意味で日本料理という言葉が意味を持ち始めたのである。特に外国において日本料理の人気が高まるとともに、日本人自身が日本料理をますます意識し始めたのである。

日本食は主食と副食に分けられるが、主食は言うまでもなく米であった。もっとも貧乏人が食べるとされた大麦も主食であったが、あくまでも米が中心であった。農業の中心は米作であったし、大名や武士の所得も米の石高で表現されたほどだったのである。小麦を原料にしたパンも庶民の間で人気があるので、今では主食は、米とパンの併用と言ってよい。もっとも懐石料理や会席料理のように、ややフォーマルで外食という純粋な和食という形で賞味するときには、パンはほとんど提供されない。

副食に関しては、ここに日本料理の特色があると考えてよい。調理法としては、蒸す、焼く、茹でる、煮る、揚げるといった基本的な方法に加えて、素材を生かすために生で食べる慣習もある。刺身がその代表であるし、野菜も生で食べるものが多い。

日本料理を特徴づけるものとしてよく挙げられるのが、昆布、鰹節、煮干し、しいたけといった「ダシ」の多用、塩、砂糖、味噌、醬油、酢といった調味料をうまく利用する点である。油をあまり用いないのも特色である。食材としては魚介類、海藻、野菜が中心であり、牛や豚の肉類の使用は明治時代以降であり、鶏肉や鳥肉はそれ以前でも用いられていた。乳製品（ミルク、バター、チーズなど）の利用も明治時代以降である。ところですき焼き、てんぷら、寿司といった料理は日本人が生み出したものなので、今日では日本料理の顔の一つにすらなっている。

なお、日本料理の提供の仕方、あるいは食べ方は大別して二つある。第一は、主食、副食を食卓に同時に出して一挙に食べる方法で、家庭料理や懐石料理が相当する。第二は、客を接待したり会席料理のように一品一品が順次出されて、それを順に食べていく方法である。一般に西洋料理の出し方は第二の方法である。

ところで忘れてならないのは、食事時に日本料理には「お酒」の付くことがあり、西洋料理にビールやワインの付くのと同じである。日本料理においてもビール、ワインを飲むことが多いので、日本酒は常に日本料理と同時にサービスされると考えてはいけない。逆に西洋料理にも日本酒の出されることがある。

フランスにおける日本料理の人気

二〇一八年七月十三日（金）のＮＨＫ・ＢＳ番組において、「フランスにおける日本料理」という番組が放映され、フランスにおいて日本食が人気を博している現状が報告された。一九八〇年代にパリにおける日本料理店の数はわずか五〇軒ほどだったが、二〇〇〇年代になると三〇〇〇軒を超すほどの人気と報告された。この数字には過大評価があると思われる。ジェトロ（日本貿易振興機構）のパリ事務所の報告によると、二〇一四年の数字で七四六店なのでかなりの違いがある。なお、この数字はYellow Pagesの記載数である。

その違いを説明する要因としては次のようなことが考えられる。第一に、レストランがビジネスとして当局に営業を登録している場合と、そうでなくて私的に経営している場合があるので、その差はかなり大きい。換言すれば、Yellow Pagesに載せていないレストランが相当数あると考えられる。第二に、うどん、ラーメン、お好み焼き、カツ丼、おにぎりだけといったように、単品しか提供していない日本料理店がかなり存在し、これらのレストランを公的な数字に入れていない可能性があるので、こういう数字まで考慮するとレストランの数はかなり増加することになる。

この乖離の原因を探ることが本稿の目的ではないので、これ以上の追及はしない。むしろ、日本料理のレストランが増加しているのは確実なことなので、その理由を探求する方がより興味深い。いくつかの理由を考えてみよう。

第一に、日本料理は健康に良いというイメージが定着しており、ヘルシーフードとして食べたいという希望がある。それは肉類よりも魚介類を多く食材として用いること、油を多く用いて調理しないこと、タレも濃厚なものではなく「ダシ」で代表されるように薄味である、できるだけ素材を生かす調理を目指す、といったことから日本料理の健康志向は歓迎されている。

第二に、日本食の味付けとして、昆布、鰹節、しいたけ、煮干しといったものがあると述べたが、これらは西洋料理の得意とする濃い目のソースとは異なる味であり、エキゾティックでしかもおいしさを感じてもらえる。

第三に、料理の出し方として日本食は見た目の美しさを大切にするために料理を並べたり、単品料理にすらこだわるので、レストランで日本食に接した人にとって、これが魅力になっているし、食べてみたい気になるのである。

第四に、以上はコース料理を中心に述べてみたが、日本料理のうち単品、例えば焼きそば、おにぎり、ラーメン、うどん・そば、カツ丼などの料理に関しても、以上で述べたことが当てはまるし、これら単品だけを出す日本料理店の人気も高くなっているのである。

第五に、一昔前の外国での日本料理レストランは高級というイメージ、あるいは高価格との理解が強かったので、庶民には縁遠く思われていた。しかし食材を現地かあるいは現地に近い地域から調達する方向に進んだので、価格を低下させるのに成功したのである。これは多くの人が日本レストランに行ける可能性を高めたのである。ラーメン、うどん・そばなどの単品しか出さないレストランも、同じく低価格にあると言ってよい。

第六に、食材に関しても、日本食品の原材料を販売する店舗が現地（例えばパリ）で増加したので、レストランはこれらの店から原材料や調味料を簡単に調達できるので、これも日本レストランの調理と経営を容易にしたし、低価格化に貢献した。

このようにしてＮＨＫが報道するほどパリやフランスでは日本料理は人気を博するようになったが、次のような課題が残っている。

第一に、日本料理のレストランで日本食を楽しむ人の数は非常に増加したが、まだ家庭で日本料理をつくるという時代にはなっていない。果たして寿司やラーメンを家庭でつくっているフランス人はどれほどいるのであろうか。これは逆のケースを考えればわかりやすい。日本のどの家庭でもイタリア流のスパゲティ料理をつくっているのと好対照である。日本食を外国の家庭でもつくって食べてもらうようにするには、料理本の普及や食材の調達といった点で、一工夫も二工夫も必要である。これが成就されるのは大分先のことと予想できる。

第二に、日本料理のレストランの経営者や調理人には日本人もいるが、中国や韓国を始めとして、さらに東南アジアの人が多いとされる。グローバル化の進んだ今日において、これは気にする必要のないことかもしれないが、真正の日本料理が提供されないことが起こりかねないので、日本料理を良く知る日本人の関与がこれまで以上にあってよいと思われる。

フランスにおけるフランスレストランでの日本人シェフ

この小見出しを挙げた理由の一つは、直前に述べたことと関係がある。本書の出版に際して日本の料理学校でヒアリングをしたとき、衝撃を受けた事実を一つ学んだのである。それは日本の料理学校で学ぶ生徒の九割ほどが西洋料理を学んでいるというのである。逆に言えば、日本料理を学んでいる人が少なければ、日本でのみならず外国においても日本料理の調理人の供給に支障をきたす恐れがある。

一九七〇年代あたりから日本の料理人がフランスのレストランで働くようになり、中にはミシュランの一ツ星、二ツ星を得る人が出てきて、日本人シェフの優秀さが認知されるようになった。ミシュランというのは、フランスの元々はタイヤ会社だったのであるが、観光ガイドやレストランガイドにも進出し、レストラン評価において質の高さから一ツ星、二ツ星、三ツ星とランクを付けたのである。三ツ星が最高のランクであるが、例えばフランスのガイドで三五〇〇ほどのレストランが掲載されているが、二十数軒の三ツ星レストランしかなく、とても希少価値がある。そして一割から二割のレストランに星印が付いているにすぎず、星印があると質の高さの証明となっている。

ミシュランのレストラン評価は、匿名の調査員がレストランに行ってから料理の内容と質、サービスの程度、店の雰囲気などを採点して評価を下している。なお、調査員の名を明かしてからの試食調査というのも兼ねている。ミシュランの星を得ると売り上げが増加するとされるので、一応は権威のあるレストランガイドとなっている。人間の行う評価なので様々な課題は指摘されている。とはいえ一つの評価法としての存在価値は否定できない。なお、本国フランスのみならず、日本を含めて世界各国においてミシュランガイドは発行されている。

このミシュランガイドのフランスレストラン版において、日本人シェフが一ツ星で初めて登場したのが一九七九（昭和五十四）年の中村勝宏であり、オーナーシェフ（レストランを経営しながらのシェフ）

としては二〇〇二（平成十四）年の平松宏之であった。その後日本人のシェフで星を獲得する人が増加したが、二〇一四年で星付きの日本人シェフは二〇軒ほどとされる。とはいえまだ三ツ星を得た人を聞いたことはない。

これら日本人シェフのキャリアは、日本の料理学校で西洋料理を学んでからフランスに渡り、いくつかの有名レストランで修業をしてから、有名レストランの二番手シェフになったり、独立したりすることが多い。筆者が二〇一七年にフランスのリヨンに行ったとき小さなフランスレストランのシェフが日本人だとわかり、驚いた記憶がある。もっともこのレストランはまだ星を獲得していなかった。日本人の料理人が海外で活躍する姿については本田（二〇一四）で知ることができる。

『ニューヨーク・タイムズ』紙は二〇一六年四月二十九日号で、日本人シェフがフランスで活躍している姿を記事にしている。それによると、二つのタイプがあって、伝統的なフランス料理法に固執する派と、超モダンなフランス料理を作る派、の二つに区別されているようだ。

もう一つの特色は庶民に受けの良かったビストロ風のレストランと、質の高いフランス料理と組み合わせた「ビストロノミ」という新しい呼び名のレストランにおいて日本人シェフの活躍している姿を『ニューヨーク・タイムズ』紙は報告している。「ビストロ（大衆食堂）」と「ガストロノミー（美食）」を合成した言葉が「ビストロノミ」である。フランス料理には高級さないし格式張るイメージがあるところへの新しい動きに、日本人シェフが関与していると理解しておこう。

このように日本人のシェフが本場のフランスレストランで活躍する姿は、マスコミでも報道されるほどであるが、まだその動きは始まったばかりである、と理解した方が正しいと思われる。まだ数としては少ないし、三ツ星の獲得にまで到達したシェフはいない。フランス料理を本格的に学び始めてから数十年にしかすぎないし、日本人シェフが外国で働くという習慣もここ最近になって目立ち始めたにすぎないので、今後に期待というのが偽りのないところであろう。

日本料理シェフの活躍

フランス料理のシェフとして活躍する日本人もさることながら、日本料理のシェフとしてフランスで活躍する人がいる。これはフランスにおける日本料理の人気振りを既に紹介したが、それを支える日本人シェフということになる。

例えばレストラン「ＯＫＵＤＡ」のシェフは奥田透であり、一ツ星を獲得した。もともとは「銀座小十」「銀座奥田」という日本料理店が二〇一三年にパリに進出したものである。同じく渡邉卓也がシェフの「仁―ＪＩＮ―」もパリの日本料理店で一ツ星を獲得した。このようにしてフランスで、いくつかの日本料理店は地位を高めつつある。

これら一ツ星の日本料理店のＨＰを見ると、値段のやや高いことが気になる。星付きであればやむをえない側面もあるが、なんといっても食材の確保に費用がかかるのであろう。ＨＰで述べているように、一部は日本から食材を調達しているのであれば輸送費用のかかるのは容易に想像できる。

こういう高級店のみならずパリ、フランスにはラーメン店、うどん・そば店、おにぎり店といった大衆向きの日本料理店が数多くあるので、質と価格に関して日本料理店では二極化が進行していると思われる。

むしろ課題は日本人料理人の確保にあるのではないだろうか。既に述べたように、日本料理店のオーナーや料理人には日本人以外の人が多数派になっていることがそれを物語っている。さらに、日本からの供給としても、日本の料理学校で学ぶ生徒の大半が西洋料理を専攻するというから、日本料理を得意とする料理人の供給が限られている。これに加えて言葉の問題、最近のヨーロッパ諸国における移民、外国人排除の動きによって、日本人料理人が労働許可を受けるのも容易でなさそうである。

最後に、フランス料理と日本料理の融合の進んでいることを述べておこう。それは一九七〇年代に来日したフランス人シェフ、例えばポール・ボキューズ（一九二六—二〇一八）、アラン・シャペル（一九三七—九〇）、若き日のジョエル・ロブション（一九四五—二〇一八）などが、日本料理に接してから、日本料理に特徴的な昆布、鰹節、醤油などを使ったダシに感激して、それをフランス料理に活かせようとした。従来のように油が濃く、さらにバターなどを多く使うフランス流の濃いソースに替えて、それを薄目にする動きが始まった。さらに肉料理と同時に、魚介料理を重視する姿勢もこの流れの一つである。

この動きを助長したのは、一九七〇年代あたりから日本人の料理人がパリの一流レストランで修業するようになったが、ここでも日本人料理人の助けがあった。本場フランスのフランス料理店においても、味が薄めの料理を出すようになったし、盛り付けに際しても和食のように見た目の美しさに配慮するようになったのである。この動向は最近になって日本人シェフの経営するフランスにおけるフランス料理のレストランでも見られるようになり、日仏料理の融合が進んでいる証拠の一つとなっている。

日本人シェフの中から、アラン・デュカス、ポール・ボキューズ、ジョエル・ロブションなどの世界的なシェフの出てくるのは、意外と近い将来かもしれない。

おわりに

日本がいかにフランスに片想いを続けてきたか、わかっていただけただろうか。現代に至って国際的な視野に立ってフランスを評価したら、その地位の低下は否めない。フランス語は外交用語として英語とともにその地位が高かったが、今や英語の独壇場である。国際学会においてフランス語による発表に接すると、会場からほとんどの人が席を立つ時代である。ビジネスの世界でも圧倒的に英語であると聞く。せめてもの救いは、オリンピックでの場内放送は、クーベルタンに敬意を払って、まずはフランス語、次いで英語の順での放送である。

なぜフランスの地位が高かったのか。それは本書でも強調したあらゆる文化活動における優位性にあった。とはいえ英仏西などが、アフリカ、アジア、南米などを植民地にして政治的な影響力が強かったからでもある。いわば悪いことをやった末の成果でもあった。しかし今の世界の経済情勢は、アングロ・アメリカン諸国、ないし中国の台頭であり、フランスの相対的地位は低下した。それは例えばファッションの世界にも表れていて、パリに並ぶ都市としてミラノ、ニューヨーク、ロンドンが際立っている。

本書を書き終えて気付いたことがある。オリンピックの行事以外、フランス人がスポーツで世界を席巻したことは何も書かれていない。世界でフランスを有名にしているのは、ツール・ド・フランス（自転車競技）位である。筆者のスポーツ好きのことを知る人からすると、意外であるかもしれない。

筆者がフランスにいるとき、オリンピックの冬季競技でフランスが惨敗した年があり、「フランスのスポーツを強くするにはどうしたらよいか」というテレビ番組を拝聴した。識者がいろいろ発言していたが、記憶にある一つの発言が忘れられない。「フランスは文学、絵画、音楽、学問などあらゆる文化活動において世界の最優秀にいるので、野蛮人の行うスポーツなどどうでもよい。イギリス人好みのラグビーは男による肉弾戦などホモの行事だ。フランス人は恋愛を好むのだ」というものがあった。やや誇張を含み、とても過激な発言ではあるが、フランス人の思いを、大なり小なり代弁していると思った。

フランスが一九九八年のワールドカップ・サッカー（男子）で優勝したときがあったが、そのチームのメンバーの大半はアフリカ系・アラブ系の選手であり、伝統的なフランス人はほとんどいなかった。二〇一八年のときもほぼ同様であった。スポーツはまだ白人系のフランス人には根付いていないことを実感させた。逆の見方をすれば、世界の先進国の中で、フランスにおいては人種差別はそれほど強くなく、良い側面であると評価している。

今後もフランスが、文学、美術、音楽、学問などの文化の分野で世界の最先端を続けられるかどうか筆者にはわからない。しかし、日本がフランスに一方的な片想いを続けてきた歴史的な事実だけはわかってほしいし、逆の方向として、今後も続けて日本のマンガ・アニメや日本料理が、フランスをはじめ世界の人々を魅了できるかどうかを見守りたい。

本書の企画に際しては、筆者の勤務する京都女子大学の同僚の先生方に大変お世話になった。ここに氏名を記して感謝申し上げたい。山田雅彦（フランス史）、小林亜美（フランス文学）、成実弘至（ファッション研究）、青木美保子（服飾史）諸教授のアドヴァイスはとても有益であった。ヒアリングを受けられた方々、山内秀文（辻料理教育研究所）、森田優二（前パリ大学都市の日本館長）、杉浦勉（パリ日本文化会館館長）の諸氏にも感謝したい。

本書は藤原書店社長の藤原良雄氏の快諾によって成立した。藤原さん自身の知識の豊富さにより、フランス文化の評価に関して有益な助言をいただいた。心より感謝したい。編集担当の小枝冬実・中島久夫の両氏は拙稿をよくするために多くの改良点を指摘され、かつ手際よい作業をされたので御礼を申し上げたい。

最後になったが、本書の内容に筆者による記憶の間違い、あるいは独断と偏見があって、読者に嫌悪感を与えたことがあれば、それは偏に筆者の責任に帰することと述べておきたい。

橘木俊詔

参考文献

青木美保子（二〇一六）「一九六〇年代　日本におけるオートクチュールの受容――大丸百貨店と大丸ドレスメーカー女学院にかかわった礒村春の活動を手がかりに」関西意匠学会会誌編集委員会『デザイン理論』六七号、関西意匠学会会誌編集委員会
秋山徳蔵（二〇〇五）『味――天皇の料理番が語る昭和』中公文庫
阿部良雄（一九六二）『若いヨーロッパ――パリ留学記』河出書房新社
飯島耕一（二〇〇一）「永井荷風論」『飯島耕一・詩と散文〈4〉』みすず書房
石井好子（二〇一二）『石井好子――思い出はうたと共に』日本図書センター
磯田光一（一九七九）『永井荷風』講談社
今谷和徳・井上さつき（二〇一〇）『フランスの音楽史』春秋社
岩井忠熊（二〇〇三）『西園寺公望――最後の元老』岩波新書
上田敏（一九〇五）『海潮音』本郷書院
薄井憲二（一九九八）『バレエ　誕生から現代までの歴史』音楽之友社
老川慶喜（二〇一三）『井上勝――職掌は唯クロカネの道作に候』ミネルヴァ日本評伝選
大江健三郎、尾崎真理子（二〇一三）『大江健三郎 作家自身を語る』新潮文庫
大杉栄（一九六三 a）「労働運動の哲学」『大杉栄全集　第一巻』世界文庫
大杉栄（一九六三 b）「自叙伝」「日本脱出記」『大杉栄全集　第三巻』世界文庫
大友義博監修、ミュシャ財団（二〇一七）『もっと知りたいミュシャの世界』宝島社

小倉孝誠編著（二〇一四）『十九世紀フランス文学を学ぶ人のために』世界思想社
小野博正（二〇一九）「井上毅――明治国家の骨格を造った思想家・大法制家」米欧亜回覧の会編『岩倉使節団の群像――日本近代化のパイオニア』ミネルヴァ書房
尾崎正明（二〇〇六）「藤田嗣治について」『生誕一二〇年藤田嗣治展』ＮＨＫ、日本経済新聞社
鹿島茂（二〇一一）『渋沢栄一――算盤編・論語編』文藝春秋
カンティヨン、リチャード（一七五五）『商業一般の性質に関する論文』（"Essai sur la Nature du Commerce en Général"）
木々康子（二〇〇九）『林忠正――浮世絵を越えて日本美術のすべてを』ミネルヴァ日本評伝選
木下杢太郎（一九七九―八〇）『木下杢太郎日記』岩波書店
桐敷真次郎（二〇〇一）『近代建築史（建築学の基礎５）』共立出版
楠木誠一郎（二〇〇九）『秋山好古と秋山真之』ＰＨＰ研究所
越澤明（二〇一一）『後藤新平――大震災と帝都復興』ちくま新書
小林茂（二〇一〇）『薩摩治郎八――パリ日本館こそわがいのち』ミネルヴァ日本評伝選
小林道夫他編（一九九九）『フランス哲学・思想事典』弘文堂
後藤新平他（二〇〇七）「世界の後藤新平／後藤新平の世界」学芸総合誌・季刊『環』藤原書店、vol. 29
司馬遼太郎（二〇一〇）『坂の上の雲 全八巻セット（新装版）』文春文庫
公益財団法人渋沢栄一記念財団編（二〇一二）『渋沢栄一を知る事典』東京堂出版
島田紀夫（二〇〇四）『印象派美術館』小学館
渋沢栄一（一九八五）『論語と算盤』国書刊行会
清水唯一朗（二〇一三）『近代日本の官僚――維新官僚から学歴エリートへ』中公新書
真銅正宏（二〇〇二）「永井荷風――墓地とオペラの巡礼者」和田博文・他『言語都市・パリ――1862-1945』藤原書店

鈴木隆芳（二〇一九）「フランスワインとグローバリゼーション」『大阪経大論集』第六九巻五号、大阪経済大学
スミス、アダム（二〇一三）『道徳感情論』高哲男訳、講談社学術文庫（“The Theory of Moral Sentiments”, 1759）
スミス、アダム（二〇〇〇）『国富論』水田洋監訳、杉山忠平訳、岩波文庫（“Wealth of Nations”, 1776）
相馬正一（一九八二）『評伝太宰治　第一部』筑摩書房
高田賢三（二〇一六）『私の履歴書』日本経済新聞　記事十二月掲載
橘木俊詔（一九九八）『格差社会——何が問題なのか』岩波新書
橘木俊詔（二〇一一）『京都三大学　京大・同志社・立命館』岩波書店
橘木俊詔（二〇一二）『課題解明の経済学史』朝日新聞出版
橘木俊詔（二〇一五）『フランス産エリートはなぜ凄いのか』中公新書ラクレ
橘木俊詔（二〇一六）『東大vs京大——その〝実力〟を比較する』祥伝社新書
橘木俊詔（二〇一七a）『遺伝か、能力か、環境か、努力か、運なのか』平凡社新書
橘木俊詔（二〇一七b）『お金持ちの行動学』宝島社
橘木俊詔（二〇一九）『日本の経済学者』文化書院（近刊）
千葉功（二〇〇三）「西園寺公望」御厨貴編『歴代首相物語（ハンドブック・シリーズ）』新書館
辻邦生（二〇〇四—〇六）『辻邦生全集』新潮社
辻惟雄・泉武夫（二〇〇九）『日本美術史ハンドブック』新書館
辻調グループ辻静雄料理教育研究所（二〇一二）『フランス料理ハンドブック』柴田書店
永井荷風（二〇〇二）『あめりか物語』岩波文庫
永井荷風（二〇〇二）『ふらんす物語』岩波文庫
中条省平（二〇〇三）『フランス映画史の誘惑』集英社新書

成実弘至（二〇一六）『二〇世紀ファッションの文化史——時代をつくった一〇人　新装版』河出書房新社
西井易穂（二〇一九）「長与専斎——医療法制・衛生行政の父」米欧亜回覧の会編『岩倉使節団の群像——日本近代化のパイオニア』ミネルヴァ書房
西田幾多郎（一九九八）「フランス哲学についての感想」木田元編『日本の名随筆（別巻九二）　哲学』作品社
根岸謙（二〇一九）「山田顕義——ナポレオンに傾倒、軍事家から法律家へ」米欧亜回覧の会編『岩倉使節団の群像——日本近代化のパイオニア』ミネルヴァ書房
野田宇太郎（一九八〇）『木下杢太郎の生涯と芸術』平凡社
野田宇太郎（一九八四）『パンの会——近代文芸青春史研究（近代作家研究叢書〈33〉）』日本図書センター
バドゥー、リュシー（一九七九）『ユキのうちあけ話』河盛好蔵訳、美術公論社（"Les Confidences de Youki", Librarie Artheme Fayard, 1957）
早川雅水（二〇〇二）『フランス生まれ——美食、発明からエレガンスまで』集英社新書
林洋子（二〇〇八）『藤田嗣治作品をひらく——旅・手仕事・日本』名古屋大学出版会
林洋子他（二〇一八）「特集　藤田嗣治と五人の妻（おんな）たち」『芸術新潮』八月号、新潮社
バルザック、オノレ・ド（一九九九）『ペール・ゴリオ』鹿島茂訳、藤原書店（"Le Père Goriot", Revue de Paris, 1819）
ピケティ、トマ（二〇一四）『21世紀の資本』山形浩生訳、みすず書房（Thomas Piketty, "Le Capital au XXIe siècle", Seuil, 2013）
広岡裕児（一九九八）『皇族』読売新聞社
福田眞人（二〇〇八）『北里柴三郎——熱と誠があれば』ミネルヴァ日本評伝選
プーラン、ジャン＝ピエール／ネランク、エドモン（二〇一七）『フランス料理の歴史』山内秀文訳、角川ソフィア文庫（Jean-Pierre Poulain et Edmond Neirinck, "Histoire de la Cuisine et des Cuisiniers", Delagrave, 2004）

ブルネ、トリスタン（二〇一五）『水曜日のアニメが待ち遠しい——フランス人から見た日本サブカルチャーの魅力を解き明かす』誠文堂新光社
フロベール、ギュスターヴ（一九四九）『ボヴァリー夫人』伊吹武彦訳、岩波文庫（"Madame Bovary",『パリ評論』1856）
ブロム、エリック編（一九九三）『ニューグローヴ世界音楽大事典』講談社（"The New Grove Dictionary of Music and Musicians", Macmillan, 1954, その後改訂版あり）
本田直之（二〇一四）『なぜ、日本人シェフは世界で勝負できたのか』ダイヤモンド社
ボワイエ、ロベール（二〇一九）『資本主義の政治経済学——調整と危機の理論』山田鋭夫監修、原田裕治訳、藤原書店（"Économie politique des capitalismes", La Découverte, 2015）
宮内淳子（二〇〇二）「木下杢太郎——医学と芸術の間で」和田博文・他『言語都市・パリ——1862-1945』藤原書店
三宅一生（二〇一三）『三宅一生　未来のデザインを語る』岩波書店
三輪英夫（一九九三）『明治の洋画家たち』大月書店
村上紀史郎（二〇〇九）『「バロン・サツマ」と呼ばれた男——薩摩治郎八とその時代』藤原書店
村上信夫（二〇〇二）『私の履歴書　帝国ホテル厨房物語』日本経済新聞社
村上浩昭（二〇〇三）「東久邇宮稔彦」御厨貴編『歴代首相物語（ハンドブック・シリーズ）』新書館
モーム、サマーセット（一九九七）『世界の十大小説』西川正身訳、岩波文庫（Somerset Maugham, "Ten Novels and Their Authors", Vintage Classics, paperback, 2011）
森英恵（二〇一一）『森英恵　その仕事、その生き方（別冊太陽）』平凡社
山口信夫（二〇一〇）『フランス思想史序説（岡山大学文学部研究叢書30）』岡山大学文学部
山崎美和恵編（一九九五）『湯浅年子　パリに生きて』みすず書房
山下政三（二〇〇八）『鷗外 森林太郎と脚気紛争』日本評論社

山田登世子（二〇一五）『「フランスかぶれ」の誕生――「明星」の時代 1900-1927』藤原書店
立命館大学西園寺公望伝編集委員会（一九九〇）『西園寺公望傳』岩波書店
渡辺一夫（一九五六）『師・友・読書』河出書房
ワルラス、レオン（一九八三）『純粋経済学要論』久武雅夫訳、岩波書店（"Éléments d'économie Politique Pure, ou Théorie de la Richesse Sociale", 1874, 77）
ル＝ゴフ、ジャック／ソブール、アルベール／メトラ、クロード／ジャンナン、ピエール（二〇一二）『フランス文化史』桐村泰次訳、論創社（"France, Culture Vivante", 2 vols., informations et culture, 1967）

ら 行

わ 行

ま　行

や　行

な 行

は 行

た　行

さ 行

か 行

人名索引

「はじめに」から「おわりに」の範囲で人名を拾い，五十音順に配列した。なお，外国人の姓以外のファースト・ネーム等は頭文字のみの表記とした。また，本文中で別名表記がなされている場合は，（　）内に別名を表記した。

あ　行

著者紹介

橘木俊詔（たちばなき・としあき）

1943年兵庫県生まれ。小樽商科大学卒業。大阪大学大学院，アメリカのジョンズ・ホプキンズ大学大学院で学ぶ。Ph. D.（博士号）を同大学より取得。その後フランスに渡り，INSEE（国立統計経済研究所）とOECD（経済協力開発機構）で研究員生活を送る。日本では大阪大学教養部，京都大学経済研究所，経済学部で助教授・教授職。その後同志社大学で特別客員教授を経て，現在は京都女子大学客員教授。京都大学名誉教授，元日本経済学会会長。その間イギリスのエセックス大学，LSE（ロンドン経済政治学院），アメリカのスタンフォード大学で客員教授，ドイツのIFO，ベルリン・マネージメント・センターで客員研究員。

専攻は労働経済学，公共経済学。日本語・英語の書籍は編著を含めて100冊以上。主な著書に，『格差社会』『21世紀日本の格差』『教育格差』『家計の経済学』（岩波書店），『女女格差』『日本人と経済』（東洋経済新報社），『青春放浪から格差の経済学へ』『福祉と格差の経済学』（ミネルヴァ書房），『安心の経済学』『実学教育改革論』（日本経済新聞出版），*Confronting Income Inequality in Japan* (MIT Press), *Wage Determination and Distribution in Japan* (Oxford University Press)。フランスに関する著書として，『フランス産エリートはなぜ凄いのか』（中公新書ラクレ）。他に英・仏・日の学術論文多数。

“フランスかぶれ”ニッポン

2019年11月10日　初版第1刷発行©

著　者　橘　木　俊　詔

発行者　藤　原　良　雄

発行所　株式会社　藤　原　書　店

〒162-0041　東京都新宿区早稲田鶴巻町523
電　話　03（5272）0301
ＦＡＸ　03（5272）0450
振　替　00160 - 4 - 17013
info@fujiwara-shoten.co.jp

印刷・製本　中央精版印刷

落丁本・乱丁本はお取替えいたします
定価はカバーに表示してあります

Printed in Japan
ISBN978-4-86578-246-2

アナールの「死の歴史」の到達点

死とは何か 上下

〈1300年から現代まで〉

M・ヴォヴェル

上 立川孝一・瓜生洋一訳
下 立川孝一訳

心性の歴史家、プロヴァンスの革命史家ヴォヴェルの主著。宗教、哲学、文学、科学等の文献から、絵画、彫刻、建築に至る膨大な資料をもとに、西欧世界を展望。

A5上製　**カラー口絵各一頁　各六八〇〇円**
上 五九二頁（二〇一九年一月刊）
下 六六四頁（二〇一九年二月刊）
◇上 978-4-86578-207-3
下 978-4-86578-211-0

LA MORT ET L'OCCIDENT: DE 1300 À NOS JOURS
Michel VOVELLE

従来のパリ・イメージを一新

パリ・日本人の心象地図

〈1867-1945〉

和田博文・真銅正宏・竹松良明・宮内淳子・和田桂子

明治、大正、昭和前期にパリに生きた多種多様な日本人六十余人の住所と、約百の重要なスポットを手がかりにして、「花の都」「芸術の都」といった従来のパリ・イメージを覆し、都市の裏面に迫る全く新しい試み。

写真・図版二〇〇点余／地図一〇枚
A5上製　三八四頁　**四二〇〇円**
（二〇〇四年二月刊）
◇978-4-89434-374-0

西欧での日本研究の実態に迫る！

国境を越えた日本美術史

〈ジャポニスムからジャポノロジーへの交流誌1880-1920〉

南明日香

書簡や資料写真などの一次資料から、百余年前の西欧でトレッサン、ミュンスターベルクら在野の研究家が、欧米と日本で情報を交換し、互いの知識を深め合いつつ日本美術作品の背景や精神性までをも追求しようとした軌跡を明らかにする初の試み。**カラー口絵一六頁**

第36回ジャポニスム学会賞
A5上製　四〇〇頁　**五五〇〇円**
（二〇一五年二月刊）
◇978-4-86578-012-3

十九世紀小説が二十一世紀に甦る

バルザックを読む

Ⅰ対談篇　Ⅱ評論篇

鹿島茂・山田登世子編

青木雄二、池内紀、植島啓司、髙村薫、中沢新一、中野翠、福田和也、町田康、松浦寿輝、山口昌男といった気鋭の書き手が、バルザックから受けた“衝撃”とその現代性を語る対談篇。五十名の多彩な執筆陣が、多様で壮大なスケールをもつ「人間喜劇」の宇宙全体を余すところなく論じる評論篇。

各四六並製　Ⅰ三三六頁　**二四〇〇円**
Ⅱ二六四頁　**二〇〇〇円**
（二〇〇二年五月刊）
Ⅰ◇978-4-89434-286-6
Ⅱ◇978-4-89434-287-3

一九九五年二月二七日第三種郵便物認可　二〇一九年一〇月一五日発行（毎月一回一五日発行）

月刊
機
2019
10
No. 331

発行所　株式会社 藤原書店©
〒一六二-〇〇四一　東京都新宿区早稲田鶴巻町五二三
電話　〇三・五二七二・〇三〇一（代）
FAX　〇三・五二七二・〇四五〇
◎本冊子表示の価格は消費税抜きの価格です。

編集兼発行人
藤原良雄
頒価 100円

昭和の名優としてだけでなく、名随筆をものした〝最後の文人〟。

全著作〈森繁久彌コレクション〉遂に発刊！

——没十年記念出版——

森繁久彌さんが亡くなって十年。「夫婦善哉」「社長シリーズ」「屋根の上のヴァイオリン弾き」など映画や舞台の活躍のみならず、心にしみる著作を、二十三冊も遺した森繁久彌。ユーモアとウィットに富んだ達意の名文を集大成した全五巻のコレクションを発刊する。この十月十八日には有楽町マリオンで、発刊を記念した盛大なシンポジウムを、生前縁のあった方を交えて開く。本号では、発刊を記念し、様々な方の心に遺る森繁久彌さんをご紹介します。

編集部

●一〇月号目次●

推薦のことば

石原慎太郎（作家）
——ヨットの思い出

天下の名優、天下の才人、森繁久彌を海に誘い百フィートの大型ヨットまでを作り、果ては三浦半島の佐島にヨットハーバーまで作らせたのはかく言う私で、後々にも彼の絶妙な色談義を交えたヨット談義を堪能させられた。森繁さんの海に関する物語は絶品の本にもなるだろうに。

加藤登紀子（歌手）
——森繁さんと再会できる

私にとって運命の人、森繁さん。満州から佐世保に引き揚げた日がわが家と森繁家は数日しか違わない！　そう解ったのは「森繁自伝」でした。森繁さんの声が聞こえて来そうな名調子に魅せられて、何度も読みました。

「知床旅情」が生まれた映画「地の涯に生きるもの」と「屋根の上のヴァイオリン弾き」という貴重な足跡からも、他の誰にもない熱情を受け止めてきました。

没後十年で「森繁久彌の全仕事」が実現。もう一度じっくりと、森繁さんと再会できる！　本当に嬉しいです。

山藤章二・画

黒柳徹子（女優・ユニセフ親善大使）
——森繁久彌さんのこと

森繁久彌さんは、面白い人だった。この本を読むかぎり、相当のインテリだけど、私に会うたびに「ねえ！　一回どう？」と最後までささやいて下さった。何歳になっても、ウィットのある方だった。セリフのうまさは抜群で、私は長ゼリフなど森繁さんから習ったと思ってる。カンニングしながらでも、その人物になりきっている森繁さんに、ちっとも嘘はなくセリフは真実だった。そして何より、森繁さんは詩人だった。もっと長く生きてほしかった。

松本白鸚（歌舞伎俳優）
——〝森繁節〟が聞こえる

「この人は、いまに天下とるよ」。ラジオから流れる森繁さんの朗読を聞きながら、播磨屋の祖父（初代中村吉右衛門）がポツンと言いました。子どもだった私が、森繁さんを知った瞬間です。祖父の予言どおり、森繁さんはその後、大活躍をされ、日本を代表する俳優の一人となられました。

『勧進帳』をこよなく愛し、七代目幸四郎の祖父、父、私と、三代の弁慶をご覧になり、私の楽屋で、勧進帳の読み上げを朗々と披露してくださいました。それはまさに祖父の弁慶の科白廻しそのままでした。

本書には、多才で教養に充ち、魅力溢れる森繁さんの「人となり」が詰まっていて、読んでいると、在りし日の「森繁節」が聞こえてくるような気さえします。

山田洋次（映画監督）
——天才

演じても歌っても描いても語っても、何をしても一流だった。こういう人を天才というのだろうが、そんな言い方をされるのを死ぬほど嫌がる人でもあった。

◎森繁久彌　略年譜（1913-2009）

大正2(1913)　[0歳]大阪府枚方市に生まれる。

大正4(1915)　[2歳]父・菅沼達吉が死去。

大正9(1920)　[7歳]母方祖父の姓を継ぎ、森繁久彌と改名。

昭和10(1935)　[22歳]早稲田大学商学部に入学。演劇研究部で活躍するが、脱退して人間座を結成。東宝に入社。

昭和11(1936)　[23歳]東宝新劇団に入団するが、解散し東宝劇団歌舞伎、ロッパ一座に移る。

昭和14(1939)　[26歳]NHKアナウンサー試験を経て、満洲の新京中央放送局に勤務。

昭和20(1945)　[32歳]新京で八月の敗戦を迎える。

昭和21(1946)　[33歳]新京で劇団コッコ座を結成。十一月、家族とともに帰国。

昭和22(1947)　[34歳]帝都座ショウ、空気座などを転々とする。「女優」で映画初出演。

昭和24(1949)　[36歳]新宿ムーラン・ルージュに参加。

昭和25(1950)　[37歳]「腰抜け二刀流」で映画初主演。

昭和26(1951)　[38歳]日本初のミュージカル劇「モルガンお雪」に出演。

昭和27(1952)　[39歳]映画「三等重役」「続三等重役」公開。

昭和28(1953)　[40歳]「半七捕物帳　十五夜御用心」でテレビ初出演。

昭和30(1955)　[42歳]映画「警察日記」「夫婦善哉」が大ヒット。

昭和31(1956)　[43歳]ブルーリボン賞、毎日映画コンクール主演男優賞を受賞。「社長シリーズ」始まる(〜昭和45年)。

昭和33(1958)　[45歳]「駅前シリーズ」始まる(〜昭和44年、24作)。

昭和35(1960)　[47歳]初プロデュースの主演映画「地の涯に生きるもの」。撮影の際に「知床旅情」を作詞・作曲。

昭和37(1962)　[49歳]森繁劇団旗揚げ公演「南の島に雪が降る」。

昭和42(1967)　[54歳]ミュージカル「屋根の上のヴァイオリン弾き」初演。(昭和61年に九百回)

昭和48(1973)　[60歳]映画「恍惚の人」がヒット。

昭和50(1975)　[62歳]紫綬褒章を受章。

昭和51(1976)　[63歳]ゴールデンアロー賞を受賞。

昭和59(1984)　[71歳]文化功労者に顕彰される。

平成3(1991)　[78歳]俳優としての初の文化勲章を受章。

平成16(2004)　[91歳]映画「死に花」に最後の映画出演。テレビドラマ「向田邦子の恋文」で俳優として最後の演技。

平成21(2009)　[96歳]十一月十日、老衰のため東京都内の病院で死去。12月、国民栄誉賞が追贈。

全著作〈森繁久彌コレクション〉
全5巻

内容見本呈

推薦　石原慎太郎／稲盛和夫／老川祥一／岡田裕介／加藤登紀子／黒柳徹子／堺 正章／玉井義臣／野村正朗／橋田壽賀子／橋本五郎／松本白鸚／萬代 晃／山田洋次／由井常彦／吉永小百合

2019年10月発刊（隔月刊）　各2800円
四六上製カバー装　各600頁平均
各巻に**解説**、**口絵**、**月報**を収録

I　道 —— 自伝　　解説＝鹿島 茂

文人の家系に生まれその流れを十二分に受け継ぎ、演劇の世界へ。新天地・満洲での活躍と苦難の戦後、帰国。そして新しい日本で、俳優として活躍された森繁さん。人生五十年の“一応の区切り”として書いた『森繁自伝』、『私の履歴書』他。

〈付〉「森繁久彌前史」（楠木賢道）／年譜／人名索引

月報＝草笛光子／山藤章二／加藤登紀子／西郷輝彦

640頁　ISBN978-4-86578-244-8　［第1回配本／2019年10月］2800円

II　人 —— 芸 談　　解説＝松岡正剛

「芸」とは何か、「演じる」とは何か。俳優としての森繁さんは、自らの“仕事”をどう見ていたのか。また俳優仲間、舞台をともにした仲間との思い出を綴る珠玉の随筆を集めた『品格と色気と哀愁と』『もう一度逢いたい』他。［次回配本］

III　情 —— 世 相　　解説＝小川榮太郎

めまぐるしい戦後の社会の変化の中で、古き良き日本を知る者として、あたたかく、時にはちくりと現代の世相を見抜く名言を残された森繁さん。『ふと目の前に』『左見右見』他。

IV　愛 —— 人生訓　　解説＝佐々木 愛

俳優として芸能界の後輩に語るだけでなく、人生のさまざまな場面で、だれの心にもしみる一言を残してくれた森繁さん。『わたしの自由席』『ブツクサ談義』他。

V　海 —— ロマン　　解説＝片山杜秀

人と文化をつなぐ“海”を愛し、「ふじやま丸」「メイキッス号」などの船を所有し、78歳で日本一周をなしとげた森繁さん。『海よ友よ』を中心としたエッセイなどを収録。［附］著作一覧

昨日の朝顔は、今日は咲かない

森繁久彌

「真中《まんなか》は誰でも出来る」

十五年も前に書いた本『森繁自伝』だが、今読みかえして何とも稚拙な文章で恐れ入る。がそれにも増して自分を小気味のいい、小ぎれいな男に仕立てあげているのが鼻もちならぬ感じがする。

この本の原題は〝奈落から花道まで〟であったが、それはまあいいとして、〝花道から舞台へ〟の第三の人生は、芸能界への愛憎の中で、業に煮えてのたうちまわる何十年、これこそ克明に書いてみたいと、あれからしばしば思ったのだが、さてといって筆がすすまない。

ああ書こう――が、こう書きたい――になり、また、こう書くとアレがアレだから、それはとばして――と逡巡するうちに、筆欲は消え、危きを避けようとする老いの心根が、ぐっと私を制圧してしまうのだ。

誰をも傷つけることなく、自らもほおかむりをして静かにこの身と一緒に焼いてしまおうという気になる。

思えば、この三十年は、私を嘘つきにしてふくらませたようだ。でもその嘘つきの己れに奸知をはたらかせ、たくみに仕事（役者）の上に投影して、観客の笑いを買い、役者稼業の糧としたことはいなめぬ。

しかし――結論めいた話になるが、今日、六十数歳になって、役者は技巧だけではどうにもならぬものと悟らされた。役者はその人物の持つ魅力が第一で、それを役者の華とでもいうのだろう。つまりは役の人物と本人とをまぜ合わせてお客の心に生きるようにならねば、人は銭を払って見に来てくれぬことと知った。

私が世に出て映画俳優なるものに籍を置いて、さて役者のコツはどこにあろうかと、役が大きくなるごとにその悩みを深くしたが、昔からファンであった大先輩に一度、恥をしのんで聞いてみようと決心したことがある。

折よく、その人と伊豆のロケーションが一緒だったのを幸い、或る夜、お部屋に伺ってお話を聞かせていただきたいと願い出たが、相手は浮かぬ顔で、持参の

ウイスキーをただ黙々と飲むばかり、でもこの好機を逸してはと、恐る恐る、

「役者のコツは……」

と切り出した。

しばらくあって、その口から、

「役者はピンとキリを知っておれば、真《まん》中《なか》は誰でも出来ます」

と、ただこの一言洩れた。

今日まで実はこの一言が私の役者道にも人生にも、それを左右するほど影響したことは言をまたない。

成程、貧苦も死線も越えて来た私は、十分キリの方を身につけて来たが、さてピンを知ることは誠にむずかしいことであった。金を不必要に持ったところで、ピン性が身につくわけでもない。

が、真中は誰にも出来る——の一言は、考えれば考えるほど、含蓄のある言葉であった。役者に限らず、文士も絵画きも、或いは実業家も、組合の幹部ですら、真中のなまぬるいところで天職ここに尽きる——くらいな気ぐらいをもって生きているのだろうが、その仕事の中に人生の哀歓の深みも何もないことが多いのではあるまいか。（中略）

役者の舞台は、「燃焼芸術」

下手の横好きというか、私はこうして作文し、めちゃくちゃの絵も書き、書も我流の大家だ。よせばいいのに詩を作り、曲までつけて恥を巷間にさらしているが、実は本業の役者もそれに準ずる万年素人であるようだ。

が、ひと言ここでタンカを切るなら、文も絵も書も後世に残るものだが、**役者の舞台は瞬間を生きるもので、それらは網膜に残影を残して終りである。**

私はこれを燃焼芸術と呼んでいる。

そのはかなさと、その〝時〟の流れに芸術する精神と肉体を芸術体とするなら、これらに一切の過去はないと見ていい。もちろん、積み重ねて来た過去の体験は必要だが、今日《きょう》の新聞のように、今日の民衆の中で生きるその華々しさが演劇の華であろう。

昨日の新聞はもう、畳の下に敷かれ、襖の中張りになり、焼芋の袋となる。**この世界の過去は生きるべくして当人の中に生きられぬ。その絶対が役者の生命であろう。**

この本が私より長い時代を生きるかも知れぬが、それは今日を生きる私には、関知する必要のないことであり、或いは邪魔なことであるかも知れぬ。

目覚めて今日を燃やし、幕が下りて今日を終る。それが役者のなりわいだ。

昨日の朝顔は　今日は咲かない

明治以来、日本はなぜフランスに恋い焦がれてきたか？

社会科学者の眼でみる〝フランスかぶれ〟ニッポン

橘木俊詔

憧れのフランス

近代日本の作家はフランスに大変憧れを抱き、〝フランスかぶれ〟と称してよいほど、フランス文学を愛して、フランスの放つあらゆる文化、文芸作品を吸収しようとした。もとより、英文学、独文学、露文学に魅せられた文人も多くいたが、フランスへの思い入れは異常と言ってよいものであった。萩原朔太郎の有名な言葉として、「ふらんすへ行きたしと思へども、ふらんすはあまりにも遠し……」というのがあり、死ぬほどの思いでフランスへの憧憬を詩に託した。

日本の画家も作家に負けていない。日本画家はともかく、洋画を志す大半の画家は、できればフランスに行って、かの印象派のフランス画家の描くフランスの風景、人物、静物を自分の目で確かめて、しかも画風や描き方を学びたいと熱望した。現に日本人の画家が大挙してフランスに渡ったのである。中には成功して有名になった画家（代表例は藤田嗣治）もいたが、そのかなりの人は夢破れて画業を諦めたのである。筆者の在仏中に、画家崩れがパリのラーメン屋で働いているという声を耳にしたことがある。

ここまでは文人、画家といったやや特殊なプロフェッショナルな職に就く人を考えてみたが、ごく普通の人にとってもフランスは憧れの対象であった。それは本屋さんに行けば、数多くのフランス人作家の文芸作品（小説、詩歌、戯曲など）が書棚一杯に陳列されていることでわかるし、時折開催されるモネ、ルノワール、セザンヌ、ミレーなどフランス画家の展覧会はいつも満員の鑑賞者で埋め尽くされている。一般の人も〝フランスかぶれ〟の中にいるのである。

何を隠そう、この筆者もその〝フランスかぶれ〟の一人である。文学、美術の世界からとても遠い場所、すなわちなんと経済学という、夢も希望もない、俗世間の真中にいる学問を専攻しておきながら、フランスには格別の思いを抱いていた。

経済学者としてのフランスへの関心

▲橘木俊詔（1943- ）

フランスはケネー、サン＝シモン、セイ、シスモンディ、ワルラス、クールノーなど傑出した経済学者を生んだ。これらの経済学者の書物や論文は全てフランス語で書かれていて、外国の人はフランス語で読むか翻訳書に頼ったのである。当時はフランス語が国際語であったし、経済学においてもがフランスは世界のリーダーだったからである。

私は結局フランスに四年間研究職として滞在した。大学院生活のような貧困すれすれの生活ではないし、時間もふんだんにあったので、フランス文化の吸収に全身全霊を傾けた。フランス語は当然として、パリにおれば容易に読める日本語の文献も多数あるので、吸収には何も問題はなかった。それに何よりも現地で見聞を広め、生活体験できることが大きかった。日本にいた頃、そこそこの知識しかなく、格別にフランスモノに接していなかったハンディはあったが、小説、美術、音楽、その他あらゆることを積極的に学ぼうと取り組んだ。在仏中に本格的に〝フランスかぶれ〟になってしまったのである。帰国後は経済学者として大学に在籍したが、同時にフランスへの関心は持ち続け、自分なりに研鑽に励んだし、何度も渡仏したので、それらの成果が本書である。

（後略　構成・編集部）

（たちばなき・としあき／京都大学名誉教授）

「中村桂子コレクション・いのち愛づる生命誌」（全8巻）第3回配本

とらえにくくなった「生きもの」としての子ども

高村　薫

「生きもの」としての全存在から

　一人の多感な少女が長じて生物学者中村桂子になる。彼女はさらに結婚して母になり、老いてなお生命科学のあるべき姿を追い求め続けながら、いま新たに「子どもとは何か」と問いを立てる。女性として人並みに子育てを経験し、さらには自身が館長を務めるJT生命誌研究館（大阪府高槻市）を中心に長年多くの子どもたちと接してきたにもかかわらず、抽象的な概念としての「子ども」を語るのは苦手と告白し、なぜ苦手なのだろう、概念化された「子ども」のとらえにくさはどこから来るのだろうと自問しながら、である。

　こうして日々の暮しから研究まで、おおむねすべてのことが「なぜ」という自問から始まるのが、中村桂子という人間の存在の原理である。生命科学研究の最先端にありながら、彼女の場合、人間あるいは「生きもの」としての素朴な感覚が、ときどきになにがしかの違和感を察知して「なぜ」という自問になると同時に、その視線は自身の研究分野を超えて異なる分野へ、生物全体へ、科学全般へ、地球の歴史へ、宇宙の成り立ちへと広がってゆくらしい。そうして遠くへ達した視線は再び自身の研究に反射して響き合い、重層的な厚みと複雑さを備えてゆくのだが、それでもその軸足はけっして「生きもの」である自分自身や、自らの「内なる自然」を離れることはない。「子ども」をめぐる問いが「生きもの」としての中村桂子の全存在から発せられた問いとなり、同時に本書を手にする私たちの「生きもの性」を問うものとなっている所以である。

とらえにくくなった「生きもの」としての子ども

　彼女の研究者としての業績の一つは、あらゆる生命現象を分子レベルに還元する最先端のゲノム研究の世界を、「生きもの」という壮大なくくりへと広げて、「生命誌」という考え方を確立させたことである。分類学・形態学・発生学・遺伝学・生化学などの個別の研究分野を生命という視座で俯瞰する生命誌は、生命科学の地平を三八億年前の生命誕生へと遡らせるだけでなく、人間という生命が生みだす社会的文化的活動にまで押し広げるものとなっている。

　またそれだけではなく、彼女が目指す生命誌は、すみずみまで言葉で「物語る」ことを目指す世界であり、それゆえ大人から子どもまで一般の人間が広く共有できる「知識」となる。しかも、本書でも世界じゅうの子どもに親しまれているA・リンドグレーンの童話『やかまし村の子どもたち』とそのシリーズが随所で引用されているように、**彼女が語る言葉はどこまでも平易でやわらかい。**これまで化学式や数値で表されてきた世界が、「ひらく」「つなぐ」「ことなる」「はぐくむ」といった日常のやさしい言葉に変換されることで、私たちは初めて広大無辺な生命の地平を覗き込み、その地平と自分自身の心身をなにがしかの回路で結ぶことができる。そこここで「なぜ」が生まれ、不可思議やとらえがたさや違和感が、心身と直結したかたちになるのである。

中村桂子氏（下）と髙村薫氏（上）

　そのような「生きもの」という地平に立って、彼女は私たちに問いかける。**この現代社会は人間が「生きもの」であることを忘れてつくられているのではないだろうか。私たち大人の「内なる自然」が危機にさらされているために、「生きもの」としての子どもをとらえにくくなっているのではないだろうか、と。**

（後略　第Ⅳ巻解説より／構成・編集部）

（たかむら・かおる／作家）

中村桂子コレクション
いのち愛づる生命誌　全8巻

＊各巻に口絵、解説、月報　＊季刊　＊内容見本呈

1 **ひらく**——生命科学から生命誌へ　解説・鷲谷いづみ　[第2回配本]二六〇〇円
2 **つなぐ**——生命誌の宇宙《コスモロジー》　解説・村上陽一郎
3 **ことなる**——生命誌からみた人間社会　解説・鷲田清一
4 **はぐくむ**——生命誌と子どもたち　解説・髙村 薫　[第3回配本]二八〇〇円
5 **あそぶ**——12歳の生命誌　解説・養老孟司　[第1回配本]二二〇〇円
6 **いきる**——17歳の生命誌　解説・伊東豊雄
7 **ゆるす**——宮沢賢治で生命誌を読む　解説・田中優子
8 **かなでる**——生命誌研究館とは　[附]年譜、著作一覧　解説・永田和宏

ピエール・ブルデューが遺した最大の問題作、ついに完訳刊行迫る！

名著『世界の悲惨』を語る（続）

――ブルデュー『世界の悲惨』（全三分冊）、発刊迫る――

前号に続き、世界を代表する社会学者ピエール・ブルデューが、畢生の大作『世界の悲惨』の狙いを語った、加藤晴久氏によるインタビューを抄録する。（編集部）

ピエール・ブルデュー

「社会分析」という方法

加藤晴久（以下同）一部には、あなたやチームのメンバーによる社会学的コメントを付さずに、生のままのインタビュー記録を出せばよかったのに、という声がありましたが。

それは非常に重要な問題です。私たちはこの方法を「**社会分析**」socio-analyse と呼んでいるわけですが、私がこの方法を去年、日本で説明したときに、いったいどこが新しいのか、そんなことは皆やっている、というようなことを言った人たちがいました。

面談は、それだけで、孤立して機能することはできません。語り手の存在条件の厳密に構築された記述を付さなければなりません。この記述は面談と一体をなすものです。これらの記述なしでは多くのテクストは公刊できません。たとえば人種差別的な信念が吐露されている場合があります。個人攻撃がおこなわれている場合があります。こうしたテクストをそのまま読者に提供することはできません。なぜ語り手がそのようなことを言うのかを読者が理解しうるように、語り手の社会的特性を記述した分析を添える必要があります。語り手に対してその聞き手が示すであろう態度を読者に代って取る、ということです。これは成功したと思います。**私たちが意図したのは、まさに、社会学的まなざしの所産を、社会学的問いかけの成果を示すことでした。**

同時に、社会的まなざしの原理、つまりこう話しかければ、こう問えば、語り手はこう話す、ということを示すこと、**人を理解するためにはどのようなまなざしを注ぐ必要があるかを示すことでした。**

反省性による調査方法

――でも、こう言う人がいませんか。そのように前もって面接調査を準備するというようなやり方は、被調査者、つまりインタビューされる人々に調査者が自分を投影していることにならないか、と。つまり、そうした方法は科学的客観性を保証しうるのか、と。

それは実に素朴な考えです。それでいながら学問的だと信じ込まれている考え方です。**最悪なのは素朴実証主義です。**素朴実証主義の立場からそういう異論が出てくるのです。**前提なき科学という幻想です。ニーチェはそれを処女懐胎の幻想と呼んでいます。**私たちが批判した「審問」的な調査というのは、まさに典型的な実証主義なのです。その調査の特徴は何かといいますと、問いを発する人が、みずからの問いそのものに関しては問いかけないという点です。このような調査をする人は、例えば今何をしているのですか、どこで働いているのですかといった質問が中立的で客観的だと考えています。しかし、もしこれが失業者に対する質問であった場合、それは相手の罪責感をかき立てるようなものとなってしまいます。

▲P・ブルデュー
(1930-2002)

それに対して、**私たちの調査方法の特徴は私が反省性《レフレクシヴィテ》と呼んでいるものです。つまり、調査者は被調査者との関係を把握する努力をするということ**です。面接記録に付したコメントでは、例えば、両者はどのようにして知り合ったのか、つき合いは長いのか、社会的格差はあるのか、同じような社会環境に属しているのか、あるいはインタビューがおこなわれたときの社会関係の性質はどのようなものであったか、これらすべてが明らかにされるということです。

調査者の問いかけ自体を批判するために、大きな努力がなされているということです。実証主義的調査はこの努力を一切しません。客観性と言いますが、客観性とは主観のゆがみを批判することを前提としています。質問を受けている人の立場に立つために、質問する者の主観のゆがみを批判しなければならないのです。質問する者が受ける者の社会的立場に立ったら、どのように言うだろうかを自省しなければならないわけです。

（加藤編『ピエール・ブルデュー 1930-2002』より抄録）

〈世界システム〉概念で社会科学の全領野を包括した社会学者、死去

〈特別寄稿〉ウォーラーステインを悼む

山下範久

アメリカの「外」における声望

去る八月三一日に、イマニュエル・ウォーラーステインが亡くなった。週末のことで、公式の告知がないなか、彼と親交のあったイギリスの社会学者クレイグ・カルフーンのツイートが起点になって訃報が急速に広まり、それを受けて、私のところにも新聞社などからの照会が相次いだ。私はビンガムトン大学の旧知の先生方を通じ、ご家族からの話として訃報を直接知らされていたものの、その間、アメリカのメディアの反応が皆無だったのに対して、ヨーロッパやラテンアメリカ、さらにはトルコやイランといった国々で独立系のメディアや個人のSNSが続々とウォーラーステインへの追悼コメントを発している様は印象深かった。

思えば、一九九五年の秋、ビンガムトンで私が初めて彼のセミナーに出たときにも、日本から来た私だけではなく、ヨーロッパ、ラテンアメリカ、あるいは中東などから世界システム論に志して集まった国際学生と、たまたまいる有名教員の授業にとりあえず登録してみたという感じのアメリカ人学生とに、教室の空気は二分されていた。

もちろん（「左翼」としてはかなり異例なことに）アメリカン・アカデミーのフェローにまでなったウォーラーステインが、自国で冷遇されていたとはいいがたい。しかし彼の声望がむしろ本国の外で世界的に高かったことは、世界システム論の歴史的意味の一部として小さくない事実であろう。多くの人々にとって、それはまずアメリカのヘゲモニーに対する批判の理論であり、そしてその背後にある資本主義に対する批判の理論であったということだ。

資本主義の「知」そのものへの批判

世界システム論を学知として評価しようとすれば、マクロな歴史社会学理論として、マルクス主義の国際関係理論とし

て、あるいはグローバル・ヒストリーの先駆的業績として、さまざまなディシプリンにおけるさまざまな切り口がありえるだろう。どの切り口をとっても、それぞれのディシプリンのなかで確実に教科書の一ページを占める意義を有することはまちがいない。

だが、そうした個別のディシプリンの文脈に押し込めた評価は、部分的なものにならざるを得ないだろう。世界システム論は、そうしたディシプリン化された知のあり方の批判を目指すものでもあったからだ。

▲I・ウォーラーステイン（1930–2019）

後期の著書のひとつ『新しい学』の原題である The End of the World as We Know It において、"know" の意味の二重性（経験として／認識として「知っている」）にかけて要約されたように、**資本主義の歴史的ダイナミズムに対する批判と、その資本主義のダイナミズムを正当化する知的枠組みに対する批判**というウォーラーステインの二つの批判の前線は、世界システム論者としての彼のキャリア全体のなかで、**前者から後者へとシフトしながら、たえず両面的に展開してきた。**

システムの変化に参加し続けること

二つの批判の前線はさらに、そのそれぞれが知的な批判と政治的な批判を横断するものでもあった。いいかえればそれは、既存のディシプリンの枠組みを超えた問題領域・研究領域を切り開くものであると同時に、権力に対抗する新しい言語やオルタナティブな視点を提供しようとするものでもあったということである。

ビンガムトンの教壇を去った直後から、彼が二〇年以上にわたって毎月二回欠かさず書き続けてきた時事問題へのコメンタリーは、そうした横断的な批判の営みの場でもあった。今年二月に入院したのちも中断することなく、死の前月に五〇〇号を迎えて自ら筆を折るまで続けられた。

絶筆は、彼が一貫して主張してきた史的システムの移行期において、変化に参加することのクリティカルな重要性を強調するものであった。彼のもとに学んだひとりとして、あらためてその意味を噛みしめる思いである。合掌。

（やました・のりひさ／立命館大学教授）

ウォーラーステイン好評既刊書

ポスト・アメリカ【世界システムにおける地政学と地政文化】
丸山勝訳　【4刷・品切】三七〇〇円

脱=社会科学【19世紀パラダイムの限界】
本多健吉・高橋章監訳　【9刷】五七〇〇円

アフター・リベラリズム〈新版〉【近代世界システムを支えたイデオロギーの終焉】
松岡利道訳　【3刷】四八〇〇円

社会科学をひらく
山田鋭夫訳／武者小路公秀解説　【2刷・品切】一八〇〇円

転移する時代【世界システムの軌道1945-2025】
丸山勝訳　【3刷】一八〇〇円

ユートピスティクス【21世紀の歴史的選択】
松岡利道訳　一八〇〇円

新しい学【21世紀の脱=社会科学】
山下範久訳　【2刷】四八〇〇円

入門・世界システム分析
山下範久訳　【5刷】二五〇〇円

知の不確実性【「史的社会科学」への誘い】
山下範久監訳　二八〇〇円

脱商品化の時代【アメリカン・パワーの衰退と来るべき世界】
山下範久訳　【2刷】三六〇〇円

ウォーラーステイン〈時事評論〉集成

時代の転換点に立つ【ウォーラーステイン時事評論集成 1998-2002】
山下範久訳　三六〇〇円

世界を読み解く【2002-3】
山下範久訳　二〇〇〇円

イラクの未来【世界を読み解く'04】
山下範久訳　二〇〇〇円

近刊

エッセンシャル・ウォーラーステイン
山下範久訳　現代アフリカ政治研究から、近代世界システムと資本主義世界経済の危機、そして新しい知の構造まで、主要論考を集成

リレー連載　今、中国は　3

「闘争」の復活

王柯

建国七十周年の日を前に、習近平は九月三日に中共中央党学校で講演し、中共の一党独裁と中国の社会主義制度、「中華民族の偉大な復興」などに危害を加える「リスクと挑戦」に、「闘争」をしなければならないと訓示した。習が最高指導者になってから、「闘争」は政治用語として復活した。二〇一七年十月に習は、三万字以上の中共十九回大会政治報告の中で「闘争」を二三三回使ったが、わずか二千三百字の今回の講話では五八回も使われた。実は習以前の胡錦濤時代には、胡は調和のとれた「和諧社会」の構築、「不折騰」(政治運動をしない)を約束し、「闘争」という表現を避け、中共政権樹立六十周年記念式典の講話では全く使わず、「平和」と「和諧」を十回以上繰り返した。

習の「闘争」謳歌は、中国人の歴史的記憶を蘇らせた。かつて「闘争」を最も愛用したのは毛沢東で、その目的は「敵」をでっち上げて緊張が高まった民衆の関心を政治闘争に誘導することだった。一九六二年九月に毛は「階級闘争を忘れてはならぬ」と言い出したが、背景にあったのは中ソ関係の悪化、大躍進運動と人民公社制度による数千万人の餓死であった。その失政に対する批判に直面し、毛は最も重要なのは社会主義路線と資本主義路線の間の「闘争」だと言い張り、敵の再設定を通じて批判の矛先をそらした。その後、毛は「闘争」路線を続け、文革を発動して政敵を追放し、最高権力を完全に掌握した。一連の「闘争」で最大の被害者は、実は民衆だった。

習近平は「毛沢東語録」も持ち出して「闘争」を唱え、一九六〇年代の中国政治を彷彿とさせた。経済の悪化、香港市民の離反、中米貿易摩擦の激化、国家主席の任期制の撤廃に対する社会の反発などを、習は自分の失政によるものではなく、すべて中共の一党独裁体制にとっての「リスクと挑戦」だとして問題の本質を隠した。「闘争」の復活は中国にとって福音ではないが、政治的危機を乗り切る手段として「闘争」の思想が復活したことは興味深い。(おう・か/神戸大学教授)

リレー連載 近代日本を作った100人 67

桂太郎――軍から政治家を経て政党へ

千葉 功

陸軍官僚として

桂太郎を近代日本を作った代表的人物と言ってよいかは議論がわかれるであろうが、陸軍官僚から政治家へ、そして最後は政党を結成するなど、その歩みを近代日本に重ね合わせたとき、興味深いものがあるのは確かである。

桂は、討幕において原動力となる長州藩の萩に、長州藩士の長男として出生した。世代としてぎりぎりではあるが、戊辰戦争で従軍経験のあることが、のち元老に加えられる要因となった。

戊辰戦争での従軍後の明治初年にドイツへ留学し、ドイツ軍制を研究したが、そのとき「ミリタリー（軍事）」の周辺に広がる「アドミニストラシヲン（行政）」を学ぶ必要性に気づく。帰国後は、陸軍の実力者山県有朋の信認をえて、軍務官僚として順調に出世していく。一八九八～一九〇〇年には四代の内閣で陸軍大臣をつとめ、軍政面で辣腕を発揮した。

政治家として

一九〇一年には伊藤博文・山県有朋ら元勲の次の世代として、内閣を組織する。この第一次桂内閣は、国内では、元老の伊藤が率いる衆議院第一党の立憲政友会と租税問題で対立をかかえていた。他方、国外では、満州・朝鮮における両国の勢力範囲をめぐってロシアと対立、結局、日露交渉は決裂して日露戦争へと突入する。このように、国内外の難関を切り抜けた桂は、第一次内閣を終えるころには大きな自信を抱くことになる。

さらに、桂は第一次内閣の末期に、政友会との妥協体制（桂園体制）を構築することに成功する。その桂園体制を背景に、第二次内閣は、戦前には珍しい長期で安定的な政権となった。すなわち、国内では衆議院が二期連続で満了となるとともに、外交では各国との間で構築した多角的な同盟・協商網をバックに韓国併合を「達成」したのである。

ただし、桂園体制には、桂や陸軍・山県閥側と政友会側が体制維持のために自己主張を抑制するという相互補完的な側面とともに、両者ともあきたらないがために体制を破壊しようという衝動をいだく対立の契機も内包していた。

政党指導者として

一九一一年、内閣を政友会総裁の西園寺公望に譲った直後に起こった辛亥革命に対して、西園寺内閣は無策であると桂には思われた。再々登板をする機会をみすえつつ、桂は一九一二年、ひさしぶりの訪欧に旅立つが、その目的の一つにはイギリスでの政党調査があったという。政友会との妥協体制に拘束されないためには、非政友会勢力を糾合した政党を組織して、みずからそのトップに立つことが必要であると考えたのだろう。

帰国後の桂は内大臣に任じられ、内閣再組織から遠ざかったと思われた。それが、西園寺内閣が二個師団増設問題で倒壊したあと、紆余曲折の末、桂は第三次内閣を組織することができた。

しかし、西園寺内閣倒壊の背後には陸軍や桂がいるとして、桂内閣へは強い非難がおこった。そこで桂は政党組織計画を前倒しして、一九一三年一月、新党構想を発表する。これは、伊藤亡き後の元老筆頭は自分であるとの自信を背景として、衆議院のみならず、貴族院や官僚をも網羅した政党である「立憲統一党」を結成するというものであった。ただし、最終的には衆議院の、それも反政友勢力である立憲国民党脱党組が中心となってしまったために、「立憲同志会」へと落ち着いてしまった。

桂はこの後一年もせずに死去してしまったために、政党指導者としては十分な活動はしなかった。ただし、桂のつくった政党は「立憲同志会」として、立憲政友会との「擬似的二大政党制」を形作ることになるのである。

（ちば・いさお／学習院大学教授）

▲桂太郎（1847-1913）
長州藩士の長男として萩に出生。戊辰戦争に従軍後、1回目は私費留学生として、2回目は公使館付武官として、ドイツへ留学、ドイツ軍政を調査・研究した。帰国後は参謀本部や陸軍省の要職を歴任して、軍制改革を実施した。日清戦争時には第3師団長として出征した。日清戦争後には台湾総督に就任するが、数ヵ月で辞任した。その後、1898-1900年、4代の内閣で陸軍大臣をつとめた。1901年には第一次内閣を組閣、途中、日露戦争の開戦と終戦・講和を経て、1906年初頭までつとめた。さらに、1908-11年という長期にわたって、第二次内閣を組織した。しかし、大正政変という政治混乱を前に、第三次内閣は2ヵ月弱という短命に終わった。

連載　今、日本は　6

加害者の無知

鎌田　慧

八月下旬、「カトリック正義と平和協議会」という団体が主催する、日韓合同の脱原発ツアーのひとたちを、青森県六ヶ所村の核再処理工場や大間原発現地に案内した。

マスコミがお先棒を担いで「嫌韓」や「断韓」と煽り、挙げ句の果てに「無礼」などとわめく大臣まであらわれたこの時代に、韓国のひとたちと小型バスで下北半島をまわることに、わたしは意義を感じていた。広大な陸奥湾を抱えた下北半島には、海軍の要港大湊があった。そこに大量の朝鮮人「徴用工」が集められ、軍港と鉄道工事を押し付けられていた。まだ十代だったわたしの長兄も「徴用」だったが、待遇は天国と地獄のちがいだったようだ。まだ幼稚園生だったわたしは、母親に連れられて面会に行った記憶がある。その兄が、後年、「朝鮮人が可哀想だった」と漏らしたことがあった。

韓国の大法院が戦時中の「徴用工」への賠償責任を認めた、として安倍政権は対抗措置、「輸出規制」に踏み切った。一九六五年の「日韓国交正常化」のときに、経済協力金を支払ったからといって、個人の請求権までは消滅していない。それを隠して言い募る安倍政権が、日本で支持されている。

津軽海峡にそって、下北半島の北辺を大間崎にむかって西北へ、細い道が走っている。その途中、ところどころ、崖の中腹にコンクリート構造物の残骸がある。未完のまま放り出された軍用鉄道の跡だ。それを説明して、わたしは謝った。

使役されていた朝鮮人が、戦争が終わった四五年八月、大湊港から釜山にむかった。「浮島丸」(四七三〇総トン)だが、舞鶴港で機雷に触れて沈没、五〇〇人余が死亡した。故郷を前にして遭難した人びとの悲痛を思えば、声もない。

炭鉱、港湾、道路建設に使役された、死者もふくめた朝鮮の人びとに補償も謝罪もせず、報復などと騒ぎ立てる政府とその支持者を、わたしは恥ずかしく思う。七四年が経っても遺跡は残っている。

(かまた・さとし/ルポライター)

■〈連載〉沖縄からの声［第VI期］3（最終回）

沖縄移民青年の意義

比屋根照夫

〝戦争と革命の時代〟と言われる二〇世紀の初頭、北米西海岸一帯（ロサンゼルス、サンフランシスコ）に渡った沖縄移民青年群像の希望と挫折を、在米時代の宮城與徳《よとく》とその周辺から見てみよう。これらの先進的な青年群像は、この激動の時代に三つの国家体制に抵抗し、それに翻弄され、それぞれ非業・非命の最期を遂げた。

與徳は、ファシズム体制下の日本で、ゾルゲ機関の中心人物の一人として逮捕され、一九四三年、拷問のすえに東京で獄死。一方、與徳の同志たち、照屋忠盛・宮城與三郎・島正栄・又吉淳・山城次郎らは、一九三二年、ロングビーチ事件で米官憲に逮捕された。亡命地として彼等自身が選択した「労働者の祖国」ソ連で、照屋以外は無残にも、スパイ容疑で銃殺刑に処せられた。

二〇世紀初頭、自由と解放の夢を描いた沖縄人移民青年群像が、三つの国家体制に包囲され、無残な運命を辿った。

その三つとは、米国の冷徹な資本主義体制、日本の軍国主義＝ファシズム体制、ソ連の粛清国家体制であった。

これら沖縄青年の運命は、単に運動史的な位置づけだけではすまされない大きな問題をはらんでいた。米国人にもなれず、日本人としても扱われなかった沖縄人移民、沖縄移民青年――。彼らは一九二〇年代から三〇年代にかけて、沖縄移民青年を中心にロサンゼルスで「黎明会」を結成、それを母体にして被抑圧者、弱者の解放を目指す運動を展開した。そこに、差別と疎外の「受苦」を背負い、この時代を駆け抜けた沖縄人青年の生き様を見ることができよう。

黎明会の活動は、ロサンゼルスにおける社会運動の先駆的な形態であり、日本人青年団体にも大きな影響を及ぼした。

とりわけ、沖縄にとってゾルゲ事件と宮城與徳の問題は、決して単なる歴史上の問題ではない。「日米同盟」神話を至上命題とし、一切の軍事機能が沖縄に集中される現在、「反戦平和」・「反植民地主義」の旗印を高々と掲げた宮城與徳らの運動は、まさに今日に継承されるべき思想的遺産である。

（ひやね・てるお／近代沖縄精神史）

Le Monde

■連載・『ル・モンド』から世界を読む［第Ⅱ期］　38

メッカ詣で

加藤晴久

イスラム教徒には五つの義務が課せられている。①**信仰告白**（「神の他に神はなし。ムハンマドは神の使徒なり」と宣明する）。②**礼拝**（毎日決まった時刻に）。③**喜捨**（弱者救済）。④**断食**（ラマダン）。⑤**メッカ詣で**（少なくとも生涯に一度）。

メッカへの旅はイスラム教徒にとっては「夢であると同時に一生の目標」である。

メッカを管理するサウジアラビアは、イスラム諸国それぞれに一定数のビザを割り当てている。非イスラム国の場合は、いくつかの認定旅行社に一定数のビザ（無償）を割り当てている。フランスの場合は、毎年、二万二千から二万五千件のビザが、約六〇社に配分されるが、その大半は大手五、六社に優先的に配分されている。

メッカ詣での費用は、旅費プラス滞在費（宿舎・食事）のセットで、二週間で約四四〇〇ユーロ（約五三万円）、三週間で五五〇〇ユーロ（約六六万円）が標準。

今年、三千から五千人のフランス在住信徒が、費用を支払ったのに、八月九日に始まった巡礼に参加できなかった。サウジアラビアがビザ数を減らしたせいもあるが、実は、以前から蔓延《はびこ》っている詐欺の犠牲になったからである。

敬虔かつ善良なアラブ人信徒の大半は、大手の認定旅行社に申し込まず、モスクの幹部とか説教師、身近な「信頼できる」知り合いに相談する。ここで旅行社と結託したブローカーが介入することになる。ブローカーはパスポートを預かり、前払い金を受け取り、旅行社に獲得した客を売り込んで手数料を貰う。客はある段階でセット代金の総額を、しばしば現金で、領収書もなしに支払ってしまう。いざ出発という時点になって「ビザが取れなかった」でお終い。支払ったお金は行方不明、という次第。

フランス政府、イスラム教徒団体も規制装置を確立しようとしているが、足踏みしている。アラブ人識者に言わせると、「フランスの現行の消費者保護法を適用すれば済む話」。

「メッカへの旅　騙《だま》される巡礼者たち」と題する八月二七日付記事を紹介した。

（かとう・はるひさ／東京大学名誉教授）

■連載・花満径　43

春服の儒者

中西　進

『論語』に、何遍も講演などで問題にしてきた個所がある。

巻六先進篇、孔子が弟子たちに将来の夢を聞く件りである。

子路たちが国家経営について語るなかで曽皙《そうせき》一人が「暮春《ぼしゅん》のころ春服をきて、冠者童子たちと雨乞いの岡で、風に吹かれながら歌いたい」と言った。ところが孔子は他の言をすべて否定して、皙のことばをよしとした。

論語らしくないといわれることもあるが、逆に儒者本来の自在な到達点を示すのではないかと、わたしは思う。その一端は「春服」からも知られまいか。

暮春とことわるのは、折おりに定められた祭服があり、暮春の祭天の中で風にひるがえる呪服を指すのだろう。

衣服が魂を包むものであったことは、日中をとわず古代の精神であった。

しかも曽皙の表現は、沂水《ぎすい》に祓をし舞《ぶ》雩《う》の風に吹かれてと、きわめて具体的な祭天の呪《いの》りを述べており、単なる愉悦の気分を述べるのではない。

その上春服は女が織る。そのこともふくめて、中国古代の『詩経』の詩は、よく衣服を恋の比喩に使われる。

そして、このような春の衣服を口にしながら、女たちが恋心を訴えるのも、日本中国を問わない古代の習慣だった。

『万葉集』にも、こんな一首がある。

君がため　手力《たぢから》疲れ　織りたる衣《きぬ》ぞ
春さらば　いかなる色に　摺《す》りてば
好《よ》けむ　（巻七　一二八一）

（あなたのために苦労して織った布なの。春の野山を彩るどんな色で、摺り染めにしたらいい）

『論語』の周辺に生きていた男女も、同じような恋歌をとり交していたに違いない。

少くとも先進篇に登場する春服の儒者は、こんな思いをまといつかせた春服を着ていたはずだ。

曽皙が思い描いていた理想の儒者は、爽やかな大義に生きる理想の儒者であって、もちろん無為自然の徒ではなかったのである。

（なかにし・すすむ／国際日本文化研究センター名誉教授）

〈連載〉生きているを見つめ、生きるを考える 55

新しい言葉を覚えたくさせる発見

中村桂子

N・チョムスキーが主張する「生成文法」という考え方を御存知の方は多いだろう。言葉をもつのは人間の特徴であり、これを司るのが脳とはわかっているが、その能力はどのようにして身につくのだろう。

さまざまな言語の発音や単語は、周囲の人々が話すのを聞いて覚えるに違いない。しかし、言葉を操る能力は生れつき備わっており、言葉の秩序も身につけているというのがチョムスキーの考え方である。チョムスキーの考え方を支持する事実として、「プラトン問題」がある。子どもは、周囲の人々が話すのを聞いて言葉を覚えていくが、実際に耳にする言葉は限られており、間違った文を聞くこともある。それなのに聞いたこともないような文も話せるようになるのはなぜか。教育を受けたことがないのに高い知性を持つ人がいることにプラトンが驚いたところから、この問いを「プラトン問題」と呼ぶ。

生得的に文法を知っていると考えればよいというのがチョムスキーの答だ。そこで、脳の中に実際に文法を司る場所を見つけようと考え、挑戦したのが酒井邦嘉東大教授である。「失語症」の研究から、発語（出力）と理解（入力）の障害については、前者は「ブローカ野」、後者は「ウェルニッケ野」のそれぞれが関わることがわかっている。酒井教授は、明らかに「文法」の機能を失ったと考えられる症例で、入力された言葉を分析して理解することと、言葉を合成して出力することの両方に関わる場を見出し、そこを「文法中枢」とした。具体的には、「太郎は　三郎が　彼を　ほめると　思う」というような文の理解について調べたのである。文法中枢は左脳の下前頭回にあり、短期記憶の場と近いがそれとは異なることも確かめた。

この興味深い発見から、第二言語を学ぶ時も、母語と同じようにすることが脳にとっては自然だとわかる。確かに多言語地域に暮らす人は、複数の言語を自然に身につけている。新しい言葉を覚えてみようか。ちょっとそんな気になる。

（なかむら・けいこ／JT生命誌研究館館長）

連載　国宝『医心方』からみる　31

柿の効能

槇　佐知子

中国では柿の実を柿子といい、別名を錦葉・蜜丸・朱実といった。子は実の意で、日本では女性に子ができるようにと名前に子をつけるようになった。温帯植物で日本でも古くから栽培するが、原産地は中国の長江沿岸とされている。

果実だけでなく、果皮・葉・花・根・蔕《へた》・渋・干柿に吹いた白い粉も、柿霜といって薬用にする。

私が昨年、脳梗塞で入院したとき、福島県立医科大学のK教授が、名産のアンポ柿やチョコレートを送って下さった。「食物繊維や葉酸が多い食品です。葉酸は細胞分裂を促す作用があるので、回復に役立つと思います」と、お心のこもるお手紙が添えられていた。

古代中国の医学者たちも、

○干柿は脾《ひ》胃《い》を温めて消化吸収力を正常にし、瘀血《たまりち》を散らす

○鼻や耳の気を通じ、虚損・労傷を回復する　（孟詵）

○鼻や耳の気のめぐりを良くし、下痢疾患による体力の消耗や気血の不足を主治する　（『本草』）

○下痢を主治し、からだの内外の腫れものや口腔内のやけど、舌の爛れを治す　（崔禹錫）

としている。

但し、下痢治療説には異論があり、

○腹痛をおこしたり、下痢するから、多食してはならない

と『膳夫経』ではいう。過ぎたるは及ばず、である。

○火を通した柿は毒を消し、金属による傷、やけどなどを主治する

○生《なま》の果肉は痛みを止める　（蘇敬注）

○日に当てて乾燥したものは出血や吐血を治す

○たくさん食べればシミ・ソバカスを除く　（『拾遺』）

一口に柿といっても、生柿は冷が最も強く、日に干したものは冷、火でいぶしたものは熱を断つ性である、と本草学者陶弘景は説く。

（まき・さちこ／古典医学研究家）

九月新刊

宮脇昭はいかにして「森の匠」となったか

いのちの森づくり 宮脇昭自伝

宮脇 昭

世界中での"森づくり"に奔走する人生を貫く、"いのち"への想い。日本全国の植生調査に基づく浩瀚の書『日本植生誌』全一〇巻に至る歩みと、"鎮守の森"の発見、熱帯雨林はじめ世界各国での、土地に根ざした森づくりを成功させた"宮脇方式での森づくり"の軌跡。九一歳の今こそ、"森"が育む全ての"いのち"への想いを伝える。

口絵八頁

四六変上製 四二四頁 二六〇〇円

「私が何をしているのか知りたくて、私は本を書いた」

書くことと生きること

ベルナール・マニエとの対話

D・ラフェリエール
小倉和子訳

『ニグロと疲れないでセックスする方法』で「黒人作家」という"レッテル"を鮮やかに転倒してみせたラフェリエール。ハイチでの幼年期、亡命を強いられた父、九歳でチェリーのカクテルを飲みつつアンドレ・モーロワを読んだこと、「アメリカ的自伝」と題した自伝的小説群。

四六上製 四〇〇頁 二八〇〇円

女性の力を見出した知られざる歴史家

メアリ・ビーアドと女性史

日本女性の真力《まぢから》を発掘した米歴史家

上村千賀子

男性に従属した存在としてではなく、歴史を主体的に創り出す「女性の力」を軸とする歴史観を樹立し、日本におけるGHQの女性政策にも大きな影響を与えた女性史研究のパイオニア、決定版評伝。

口絵八頁

四六上製 四一六頁 三六〇〇円

生誕百年！ 俳壇を超えた総合誌、第三号

兜太 *Tota* vol.3

［特集］キーンと兜太——俳句の国際性

〈編集主幹〉黒田杏子 〈編集長〉筑紫磐井
〈編集顧問〉ドナルド・キーン／瀬戸内寂聴／芳賀徹／藤原作弥

〈寄稿〉金子兜太／嵐山光三郎／井口時男／いせひでこ／河邑厚徳／キーン誠己／D・キーン／木内徹／木村聡雄／黒田杏子／酒井弘司／坂本宮尾／下重暁子／関悦史／筑紫磐井／董振華／J・バイチマン／橋本榮治／福島泰樹／藤原作弥／古川日出男／細谷亮太／堀田季何／横澤放川／吉田眞理ほか 〈画〉中原道夫

A5判 二〇〇頁 カラー口絵八頁 一八〇〇円

東アジアの市民社会の思想史的意味を考える

社会思想史研究43号

〈特集〉東アジアの市民社会 理論、統治性、抵抗

社会思想史学会編

梶谷懐／森宣雄／石井知章／上田悠久／高木裕貴／山尾忠弘／蔭木達也ほか

A5判 二三二頁 二五〇〇円

読者の声

転生する文明■

▼一気呵成に拝読いたしました。凄い、とにかく凄い御本と驚嘆するばかり、でした。たとえば十数階のデパートの屋上から、地上を歩くひとの何と小さいこと。そのひとが伝え、学び、想像し、普遍化する文明の偉大な創造力と開花。そのひとびとの英知を追体験され、覆われていた文明を明らかにされていかれた、この御本の稀有なる偉大さ。ご出版を感謝いたしました。

（東京　荒木稔恵　70代）

中国が世界を動かした「1968」■

▼特に第四章を読みたいと思って購入したが、他の章も非常におもしろかった。

当時私は十八歳。毎日の新聞記事の重みが、今とは全くちがう記憶がある。

先日、暮しの手帖社『戦中・戦後の暮しの記録』三七頁「内モンゴルの天国と地獄」を読んで、内モンゴルの知識が皆無なのに気づいたので、関連図書を読んでゆきたい。

（埼玉　農業　山本孝志　68歳）

長崎の痕《きずあと》■

▼息子（六十二歳）が買ってくれました。わたしは天眼鏡で読みました。難しい本でしたが、何日もかかってがんばって読みました。

（福岡　江藤良子　82歳）

象徴でなかった天皇■

▼天皇を神聖化し、元首かつ大元帥という権威を利用して国民を忠君愛国の臣民に教導し、他国への侵攻と勝利を「御稜威《みいつ》」のおかげとし、天皇を親、国民をその「赤子《せきし》」とする「神聖家族国家」という幻想に陶酔させる、狡智の極みの支配層。

明治天皇は戦争を好まなかったことを、この本で知りました。山県有朋は極悪人だったと言えますね。これも発見でした。岩井忠熊先生と広岩近広さんの二重唱はすばらしいです。

（京都　須田稔　87歳）

▼大日本帝国憲法の成り立ちがわかりやすく、五箇条の誓文や、日清戦争の開戦に天皇陛下は反対だったようで……。

反核、平和を願い乍ら……

（長崎　画家　一瀬比郎　84歳）

姉弟私記■

▼北田（耕也）先生の事故による突然の訃報は本当に悲しい無念な出来事でした。

この本が最後の作品になりました。最後として考えられていた「イリュージョン」は文字通り「幻視」となりました。「あとがき」にありますように社長以下御社のみなさまの優しさによるものでしょう。今後とも御社のご発展をお祈りいたします。

（東京　上川昌利）

▼今は亡き著者に代って、遺書同様のご本をおとどけ下さり、まことにありがとうございました。

貴社から三部作をつくっていただいて、さぞ本望だったことでしょう。仏様に代りまして、弟分の私からも、あつくおん礼申しあげます。

（神奈川　藤岡貞彦　84歳）

▼『下天の内』『一塵四記』、そして今回自己の生立と逃れえない過去をこれ程迄に深く掘りさげ、みつめ続けた作品を私は知らない。大音寺一雄というペンネームは又、大きく響くようなペンネームですね。先生の御冥福を祈ります。（高知　自営業　辻高志）

「雪風」に乗った少年■

▼「海軍特別年少兵」の存在や従軍の実態を初めて知った。

西崎信夫さんが生きて、帰るまで

の凄まじい体験に目が離せなかった。戦況が厳しい中、「絶対に死にたくない、何がなんでも生きてやる」という母との約束を胸に、日々を生き残ることを大切に、駆逐艦「雪風」の乗組員が初代寺内艦長とのチームワークに深く携わっていることが感じられた。一方、巨大戦艦「武蔵」や「大和」は短い生涯を閉じ多数が犠牲になった。西崎さんは現在も犠牲となった兵士の無念を思い、戦争に反対し、その真実を語り継がれている。「戦争は恐ろしく、残酷であり、戦争がもたらすものは悲惨でしかない。」言葉が重くひびく著作だった。

（兵庫　会社員　**稲垣雅子**　43歳）

▼昭和十九年に予科練として電測学校を経て現在の大和市にあった海軍の「302空」に転属した私は、そこで多くの若い水兵達に会った。それが特別年少兵出身であることが、この本を読んで初めて分った。

　当時を想い感慨深いものがある。

（宮城　**熊谷昭一朗**　89歳）

▼私も海軍志願兵として、勤務した体験がありますので共感共鳴する事、多く、よく理解ができました。又以前、PHP文庫本の雪風、立石優著、を読んでいましたので、よく理解できました。

（島根　農業　**藤原信夫**　89歳）

▼戦争を体験した人がいなくなって残念。この本を読んでほしい。政治家で戦争体験した人がいるか。

　天皇が靖国神社に参拝出来る様になればいいと思う。

（新潟　元農家　**和田勇作**　78歳）

▼実戦を経験したものにしか書けない内容に感動しました。

　駆逐艦といえば、私十歳のとき、大分県佐伯湾で「あけぼの」を見て海軍にあこがれた。昭和十八年ごろであろう。その後艦名が消されたという（すべての艦船）。「あけぼの」はどう戦ったのか、教えて下さい。

（兵庫　元公務員　**濵田良之**　86歳）

▼西崎氏の貴重な体験、心して拝読いたしました。

　戦争は仕掛けてはならぬもの。今の平和は守りつづけて行かねばなりません。

　西崎氏のご健勝を心より祈り上げております。

（神奈川　主婦　**飯田真巳**）

▼駆逐艦雪風が幸運艦だったことは聞いたことがありましたが、実際乗組員だった方がどのような体験をされていたのかは知らなかったため、今回この本を読み非常に多くのことを学ばせていただきました。

　私はこの本の中で非常に心に残った一節があります。それは三二一頁の二行目から始まる「自分の国だけに目を向けるのではなく、例えば米国人だったら、中国人だったらと、それぞれの立場になってあの戦争を考えることにより、様々な現実を自分の身に受け止めることができるのではないだろうか。」という文です。私の夫は中国系タイ人で、彼の祖母は著者が復員輸送で行かれた中国・汕頭の出身です。私はこれまで日本目線の歴史ばかりを追究してきましたが、タイ人目線、中国系タイ人目線で戦争の歴史を見るとより当時という時代が立体的に見えてくる気がしました。「太平洋戦争があった」という表面的な事実だけでなく、当時を生きた方だからこそ伝えることのできる命の重さをこの本から強く感じました。生きていることに感謝し、戦争についてもっと知りたいと思いました。

（神奈川　主婦兼通信大学学生
ヴィーラパタラクル文恵　30歳）

▼「雪風」は太平洋戦争で数多くの海戦に従事しながら、生残った不沈艦として有名ですが、戦後七〇年以上も経過しているにもかかわらず、乗組員が健在で、しかも当時のことを鮮明に記憶されているのに驚きました。少年時代に受けた軍事教練は大変厳しかったことがよくわかりますが、若い時に体や頭脳を鍛えておくと、頭脳が年老いても衰えないのでしょう。そういう点では海軍の

教育は意義があったと思います。なお雪風が生き残ったのは単に運がよかったからではなく、乗組員の不断の努力によるものであったことがよくわかります。
（三重　会社員　**竹村和久**　60歳）

宿命に生き　運命に挑む■

▼橋本五郎先生が好きで、書かれた書物、新聞記事などはよく読んでいる。語り口が好き、人をよくほめる、家康、為君難などのお話（文章）のような物が好きです。身近に編集にかかわる人がいたし、政治家とか役人がいたので、どちらかというと興味があります。年老いて、時間もできたので、少々難解な文章も読みたいと思って、時々このような本に手をだす事もあります。普通は、ミステリー、大衆小説を読む。
（宮城　元教師　**柏倉貴美子**　84歳）

▼読後、あとで読み直してみたい本として残しておきたい。
（群馬　会社役員　**大淵広明**　71歳）

※みなさまのご感想・お便りをお待ちしています。お気軽に小社「読者の声」係まで、お送り下さい。掲載の方には粗品を進呈いたします。

書評日誌（八・八～九・一六）

(書) 書評　(紹) 紹介　(記) 関連記事
(テ) テレビ　(ラ) ラジオ　(イ) インタビュー

八・八　(記)丹波新聞「長崎の痕」（「丹波春秋」）

八・一七　(記)台湾研究資料「後藤新平賞＆シンポ」（「黒柳徹子氏が『後藤新平賞』を授賞」）
(記)読売新聞（夕刊）「後藤新平の会」（「Culture」／「後藤新平の志考えるシンポ」／「東京復興、防貧的政策…色あせぬ魅力」／小林佑基）

八・一八　(紹)毎日新聞「別冊『環』25　日本ネシア論」（「MAGAZINE」）

八・一九　(ラ)Nらじ「長崎の痕」（「瞳の奥に被爆者の人生を見る　大石芳野さん（写真家）」）

八・二四　(記)毎日新聞（広島版）「ヒロシマの『河』」（「実─つけた！」／「被爆青年らの息遣い　演劇に」／高尾具成）

八・二五　(紹)産経新聞「現代美術茶話」

(紹)クリスチャン新聞「別冊『環』25　日本ネシア論」

八・二七　(紹)毎日新聞（夕刊）「中村桂子コレクション1　ひらく」

八・三一　(紹)週刊東洋経済「転生する文明」

八月号　(紹)サライ「長崎の痕」（「長崎に落ちた原爆の〝今〟を切り取る」／角山祥道）

(記)六月の風「現代美術茶話」（「小耳のサンポ」）

八・九月号　(紹)ユースフルエイジ「人生の選択」

(紹)美術新聞「現代美術茶話」

夏季合併号　(書)サンデー毎日「金時鐘コレクションⅣ」（岡崎武志）

九・一　(書)産経新聞「詩情のスケッチ」（「勁さと繊細さ同居した筆」／先崎彰容）

九・六　(書)毎日新聞「ヒロシマの『河』」

(記)公明新聞「移動する民」（「移民・難民を考える」／宇波彰）

九・一四　(記)朝日新聞「「地政心理」で語る半島と列島」（「ひもとく　日韓関係」／「『反』『親』より『知』こそ重要」／小倉紀蔵）

九・一六　(記)毎日新聞「雑誌　兜太」（「詩歌の森へ」／「金子兜太生誕百年」／酒井佐忠）

九月号　(紹)月刊アートコレクターズ「現代美術茶話」

(書)Wedge「「雪風」に乗った少年」（足立倫行）

(書)改革者「対ロ交渉学」（「木村ロシア学の結晶を読む」／佐瀬昌盛）

(書)月刊書道界「現代美術茶話」（「書巻の気188」／「ズバと切り込む縦横無尽の批判眼と諧謔と」／臼田捷治）

十一月新刊予定

都市研究の大家による最高の都市論

都市と文明 I（全３分冊）

文化・技術革新・都市秩序

ピーター・ホール

監訳＝佐々木雅幸

都市論の古典であるマンフォード『都市の文化』を凌駕し、「都市の文化と産業の創造性」を基軸に人類の歴史を代表的な都市の歴史に置き換えてダイナミックに展開した、壮大なスケールの「創造都市論」、ついに邦訳刊行開始！〈第Ｉ分冊〉文化のるつぼとしての都市（アテネ／フィレンツェ／ロンドン／ウィーン／パリ／ベルリン）

〝アメリカ外交〟三部作の端緒の書！

大陸主義アメリカの外交理念

チャールズ・A・ビーアド

訳＝開米 潤

アメリカで建国以来堅持されてきた外交理念とは何か。十九〜二十世紀前半の「帝国主義」「国際主義」の失敗の後、第二次大戦初期の世界情勢を眼前に、歴史家ビーアドがアメリカの「大陸主義」の決定的重要性を説く。戦争責任を苛烈に問うた『ルーズベルトの責任』他と三部作をなす理論的前提の書、待望の完訳。

われわれは二十一世紀をどう生きるか？

ベルク「風土学」とは何か

近代「知性」の超克

オギュスタン・ベルク＋川勝平太

和辻哲郎『風土』を継承して、地理学者ベルクが提唱した、場所と人間の不可分の関係に根差す存在論＝「風土学」とは何か。「モノ」と「文化」を包含するグローバルな経済史を構想する歴史家・川勝平太が、二十一世紀の「共生」を問う根本思想としての「風土学」を徹底的に解き明かす。

どのように一国の経済と主権を守るか？

崩壊した「中国システム」とEUシステム

主権・民主主義・健全な経済政策

F・アスリノ、E・トッド、藤井聡、田村秀男 ほか

編＝荻野文隆

ユーロ体制下で経済活性と民主主義を喪失するフランスと、長期デフレ下での緊縮財政・消費増税に苦しみながら、拡大する中国システムに巻き込まれてゆく日本。健全な経済と政治のために、東西の知が結集。

〈特別収録〉アスリノ氏来日対談―山本太郎、大塚耕平、海江田万里、田村秀男 他

〈寄稿〉小沢一郎／安藤裕／中野剛志／柴山桂太／浜崎洋介 他

10月の新刊

タイトルは仮題、定価は予価。

全著作〈森繁久彌コレクション〉 発刊 全5巻

[1] 道——自伝 ＊ （全5巻） 口絵8頁
〈解説〉鹿島茂
月報＝草笛光子・山藤章二・加藤登紀子・西郷輝彦
四六上製 六四〇頁 二八〇〇円 内容見本呈

〝フランスかぶれ〟ニッポン ＊ 口絵8頁
橘木俊詔
四六上製 三三六頁 二六〇〇円

中村桂子コレクション いのち愛づる生命誌 （全8巻） ＊
[4] はぐくむ 〈解説〉髙村薫 口絵2頁
生命誌と子どもたち
月報＝米本昌平／樺山紘一／玄侑宗久／上田美佐子
四六変上製 二九六頁 二八〇〇円 内容見本呈

11月以降新刊予定

都市と文明 I （全三分冊） ＊ 発刊
文化・技術革新・都市秩序
P・ホール 佐々木雅幸監訳

大陸主義アメリカの外交理念 ＊
Ch・A・ビーアド 開米潤訳

ベルク「風土学」とは何か ＊
近代「知性」の超克
A・ベルク＋川勝平太

崩壊した「中国システム」とEUシステム ＊
主権・民主主義・健全な経済政策
F・アスリノ／E・トッド／藤井聡／田村秀男 他 編＝荻野文隆

世界の悲惨 （全三分冊） ＊ 発刊
P・ブルデュー編
監訳＝櫻本陽一・荒井文雄

金時鐘コレクション （全12巻） 内容見本呈
[10] 真の連帯への問いかけ 講演集 I
「朝鮮人の人間としての復元」ほか
〈解説〉中村一成 口絵4頁

近代的家族の誕生
天皇制・キリスト教・慈善事業
大石茜

消えゆくアラル海
石田紀郎

好評既刊書

いのちの森づくり ＊
宮脇昭自伝
宮脇昭
四六変上製 四二四頁 二六〇〇円 口絵8頁

雑誌 **兜太** *Tota Vol. 3* ＊ カラー口絵8頁
〈特集〉**キーンと兜太**——俳句の国際性
編集主幹＝黒田杏子 編集長＝筑紫磐井
A5判 二〇〇頁 一八〇〇円

書くこと 生きること ＊
ベルナール・マニエとの対話
D・ラフェリエール 小倉和子訳
四六上製 四〇〇頁 二八〇〇円

メアリ・ビーアドと女性史 ＊
日本女性の真力を発掘した米歴史家
上村千賀子
四六上製 四一六頁 三六〇〇円 口絵8頁

社会思想史研究43号 社会思想史学会編
〈特集〉**東アジアの市民社会** ＊
理論、統治性、抵抗
A5判 二三二頁 二五〇〇円

気候と人間の歴史 I （全3巻）
猛暑と氷河 一三世紀から一八世紀
E・ル＝ロワ＝ラデュリ 稲垣文雄訳
A5上製 七三六頁 八八〇〇円

国難来
後藤新平 鈴木一策＝編・解説
B6変上製 一九二頁 一八〇〇円

＊の商品は今号に紹介記事を掲載しております。併せてご覧戴ければ幸いです。

書店様へ

▼8／31（土）米社会学者・歴史学者のイマニュエル・ウォーラーステインさん逝去。享年88。心よりご冥福をお祈り申し上げます。追悼フェア用パネル等拡材ご相談ください。▼9／14（土）『朝日』読書欄「ひもとく・日韓関係」にて小倉紀蔵さんが**『「地政心理」で語る半島と列島』**を絶賛紹介！▼『東京人』10月号苅部直さん書評に引き続き、9／1（日）**『産経』**にて先崎彰容さんが**『詩情のスケッチ 批評の即興』**を絶賛書評！▼9／24（火）『毎日』「火論」にて玉木研二さんが後藤新平**『国難来』**を紹介！ 7月刊**『後藤新平と五人の実業家』**とあわせて大きくご展開ください！▼生誕百年となる故金子兜太さんのイベントが各地で開催。雑誌**『兜太 Tota』『存在者 金子兜太』**をはじめ、関連書籍多数ご用意しております。▼9／1（日）『熊本日日新聞』書評（堀川恵子さん）と共に、同日『毎日』書評欄にて**『ヒロシマの『河』 劇作家・土屋清の青春群像劇』**を紹介！ 今後もパブリシティの予定が続々ございます。在庫のご確認お願いいたします！**（営業部）**

ミシェル・アジエ氏来日！

7月刊『移動する民』が話題の気鋭の人類学者M・アジエ氏が来日決定。11/28（木）には「21世紀の都市を考える――グローバル世界におけるローカルからの応答」シンポジウム（於・日仏会館）に登壇！

没十年記念テレビ番組

森繁久彌 没十年
人生はミラーボール
～息子が語る父の軌跡～

10/20（日）18時～19時55分
BSフジ　サンデースペシャル

描き続けた平和へのメッセージ

四國五郎展

10/1～12/27（月曜休館）
9時30分～17時30分　入館無料
於・平和祈念展示資料館（新宿住友ビル33階）

詩人・峠三吉や画家・四國五郎らの群像を描く、土屋清の名作戯曲『河』を論じた7月刊『ヒロシマの『河』』。絵本「おこりじぞう」の挿絵でも知られる四國五郎の作品展が東京・新宿にて開催中！

▲装画も四國五郎

出版随想

▼昔の読書人ならイマニュエル・ウォーラーステインと聞くと、「ああ、あの従属論の」とわかるはずだが、その従属論者がいつ「世界システム」論者になったかだ。'70年代の世界の学問状況は、「'68年革命」後どんどん変わっていったといってよい。社会科学の王者、マルクス主義の衰退が目立ち始め、それに代わる新たな世界認識、社会認識の方法の模索の時代の始まりであった。歴史学、社会学、経済学、精神分析（心理学）……。クーンの『科学革命の構造』も。自然科学でも「ゆらぎ」「複雑系」……等、新しい概念での捉え返しがあった。又、DNAやゲノム等の発見で、生命科学が誕生したのも。とにかく'70年代は模索の時代。後半期には、〝性〟にまつわる思想、歴史的な新しい捉え方として、セクシュアリテやジェンダーなど、フーコーやイリイチから鋭い提起があった。フェミニズム抬頭もこの頃だ。

▼ウォーラーステインが「世界システム」論を引っさげて登場するのがこの頃だ。「国民国家《ネーションステート》」の枠組みでは捉えられない、この五百年の「近代世界システム」の提唱である。従来のマルクス主義の枠を超えた試みであった。日本でも八一年に『近代世界システム』が翻訳紹介された。八九年、来日中のウォーラーステイン氏とお会いした。彼の肩書きに何かを感じていたので、「あなたとブローデルはどういうご関係？」とまず聞いてみた。彼は、待ってましたとばかり、「ブローデルの後を継いでるのは、私だ！」と胸を張り、「今のアナール学派は、ブローデルからどんどん遠くに離れていってる」と。その後、色々と談笑が続いた後、「これからのあなたの仕事の邦訳出版権を戴けますか」というと、「喜んでお渡ししましょう。今契約書にサインしよう」と書いてくれた。世界の知識人は、そういう実務的なことは、とにかく素早い。時間が惜しいのだ。イリイチもブルデューも……。

▼ウォーラーステインの本は、現在二十点弱、小社から出版されている。A-G・フランク『リオリエント』も副産物。この四、五年氏との便りも途絶えていた。斃れる寸前まで、現在の世界の状況分析の文章を書いていたようだ。巨きな人だった。残念である。合掌　（亮）